超级IP

个人品牌与知乎营销实战手册

余味 著

中国铁道出版社有限公司
CHINA RAILWAY PUBLISHING HOUSE CO., LTD.

内 容 简 介

本书是一本打造个人品牌的实用指导书，揭示了个人品牌是如何炼成的。

如果你已经建立了自己的个人品牌，或许这本书的内容将会帮助你升级个人品牌，进一步扩大影响力，提升品牌势能。

如果你从未有打造个人品牌的想法，这本书会让你明白为什么要打造个人品牌，重点是教你如何拥有属于自己的个人品牌。

图书在版编目（CIP）数据

超级 IP：个人品牌与知乎营销实战手册 / 余味著. —北京：中国铁道出版社有限公司，2022.5（2022.6 重印）

ISBN 978-7-113-28737-5

Ⅰ. ①超… Ⅱ. ①余… Ⅲ. ①网络营销－手册 Ⅳ. ① F713.365.2

中国版本图书馆 CIP 数据核字（2022）第 000983 号

书　　名： 超级 IP——个人品牌与知乎营销实战手册
CHAOJI IP：GEREN PINPAI YU ZHIHU YINGXIAO SHIZHAN SHOUCE
作　　者： 余　味

策　　划： 张潇予　　**编辑部电话：**（010）51873004　　**邮箱：** luckyuzhang@foxmail.com
责任编辑： 张亚慧
封面设计： 宿　萌
责任校对： 安海燕
责任印制： 赵星辰

出版发行： 中国铁道出版社有限公司（100054，北京市西城区右安门西街 8 号）
印　　刷： 中煤（北京）印务有限公司
版　　次： 2022 年 5 月第 1 版　2022 年 6 月第 2 次印刷
开　　本： 700 mm×1 000 mm　1/16　印张：26.5　字数：367 千
书　　号： ISBN 978-7-113-28737-5
定　　价： 88.00 元

自序

让你未来财富倍增的秘密

10 万现金与 10 万粉丝，你会怎么选择？

聪明人肯定会选 10 万粉丝。当你拥有属于自己的粉丝群，后续会源源不断地产生获益可能，远远超出了 10 万现金的价值。让人不可思议的是：如果要求人们做出选择，大多数人倾向于马上得到 10 万现金，而不是倾向于积累 10 万粉丝。

仅仅从这个角度而言，两者之间的最大区别在于：前者善于积累无形的虚拟资产，后者注重获得具体的实物收益（把这句话再读一遍）。

个人品牌等于虚拟资产！

你是不是很好奇：在互联网，那些大咖的影响力是如何来的？为什么有些人靠一个账号就能源源不断地创造财富？为什么有些人只需发一条朋友圈就能开启收钱动作？当你知道了背后的秘密，你也可以。

2019 年，我在互联网公开分享了两个重要概念：流量体和流通体（“超级个体”）。简单来说，就是懂得如何引流和成交的人。而在这之前，我也早在我的付费社群和学员分享这样一个观点：不要执迷卖货，而是要思考自己是不是流量体和流通体。

流量体：手握流量之时，就是创造财富之日。

你发现了吗？2019 年的“双 11”，只要是拥有流量的公众号、抖音号等自媒体，几乎都开启了带货模式，甚至有些还直接开启了直播卖货的模式。比如，脱不花在“双 11”当天一场直播销量高得惊人。有大家熟悉的知名主播，而后面还有一些小的个体，他们或许没有那么出名，也没有那么大的影响力，但并不影响他们在互联网这座金矿上掘金。

你再想一想：那些在互联网创业的普通人，是不是很多都是因为流量的红利而逆袭的？比如十年前的电商，六年前的公众号、微商，以及近几年流行的短视频和2020年大火的直播，无一例外。

流通体：货卖出去才叫钱，卖不出去只叫债。

在商业世界，只有能够流通的东西才值钱，才能产生更大的价值。而如果你有让产品“流通”的技能，本身就是一种永恒的红利。让产品卖出去，既是一项高收入的技能，也是不变的市场需求。比如，有手握流量但转化率很差的人，也有握有大量资金但投放效果不好的公司。

而个人品牌，本质上就是掌握了“流量”与“流通”的技能。

在本书中，我总结了一套个人品牌的实用流程。这套经典的流程也让我的很多学员受益。同时，打造个人品牌做好传播非常重要，在本书中，我以“知乎”为例，告诉你为什么要通过知乎建立个人品牌，以及如何做好知乎营销，为自己个人品牌提升影响力。

接下来，我将会一步步教你如何打造个人品牌（我喜欢叫“超级个体”）。希望用我所总结的营销方法，帮助你武装大脑，帮助你成为“超级个体”。换言之，这是在构建让你财富倍增的虚拟资产。

关于这本书，我最想对你说的三句话：

请认真阅读并好好实践，这是我自己多年实践后的重要心得。看到的不是你的，用起来才是你的。

如果看完本书有喜报，期待你和我分享。我的微信公众号：余味（关注后可以获得我的私人微信）。

如果看完本书特别有用，我想邀请你帮一个小小的忙，欢迎将这本书推荐给你最在乎的人。

余　味

2021 年 8 月 27 日于深圳

目 录

传播

普通人如何打造影响力

流量

如何搭建你的引流渠道

成交

如何快速提高成交能力

定价

如何给用户掏钱的理由

财富

如何升级个人品牌

营销

如何像高手一样做营销

后记

如何成长为一个向上生长的人

总论

普通人如何打造个人品牌

这是一个面临大变局的时代，是一个充满机遇与挑战的时代。

互联网的崛起，让每个人都有同样的机会。只要你有一项自己的技能，互联网就是你的放大器，几乎不存在才华被埋没的现象。最好别听什么“低调”之类的说法，你完全不应该辜负这个时代给你的机会。如果你正好看到了本书，我强烈建议你去好好抓住一个领域，打造自己的个人品牌。

互联网上有很多人将个人品牌说得煞有介事。事实上，个人品牌并不是什么新鲜的事物。也有很多人总以为个人品牌跟自己没有任何关系，总觉得离自己非常遥远，或者以为是什么传奇自媒体大咖之类的人物才能入门的领域。

事实上，这是一个极大的误区。

举个例子。

熟悉我的读者应该都知道，我之前在某个家居上市公司做战区营销总监。六年前的我，需要经常出差去各个城市，帮助加盟商打开市场。既然要干业绩，自然就离不开渠道。所以，在每个城市的加盟商那里我们都会布局一个渠道：社区群主。也就是每个小区都会有多个小区业主群，有人专门负责把小区内的业主聚集起来。

在我们与这些社区群主谈好合作之后，这个群主就会把小区内的邻居带到加盟商的门店，然后帮他们设计好小区户型方案，以团购价的方式进行转化。之后，再返给社区群主一定的佣金。

这个群主，不就是一个“个人品牌”吗？

他前期把大家聚集起来，然后总是在群里帮助大家解决一些问题，或者组织一些线下活动，建立信任，拉近距离。大家都觉得他不错，愿意信任他，也就有了后续的准话价值。你看，你是不是把个人品牌这件事想复杂了？每个人都可以拥有自己的个人品牌，只是个人品牌有大有小而已。

听着：打造个人品牌，是你必须要做的事情。

之所以下这个结论，首先要从互联网的环境和商业结构说起。我们知道，之前只要一说起电商购物，基本上都是以“淘宝、京东、唯品会”之类的大平台为主，互联网的零售市场份额大部分被这些平台占据。

像淘宝之类的电商平台，从本质上来说都属于中心化的逻辑，所有流量都牢牢掌控在平台手中。也就是说，入驻淘宝的商家，如果现在不花钱进行推广，几乎不会有消费者下单，甚至不会有人看到商家的店铺。

然而，随着移动互联网的真正崛起，从近两年的趋势来看，以后的流量一定会变得越来越分散，慢慢会形成无数个“泛中心”。比如微信体系内出现了无数个超级 IP，抖音短视频也出现了大量的超级 IP。也就是说，以后你不一定只在京东、淘宝这样的平台购物，未来的每一个商家、每一个个体、每一个 IP 都将变成一个平台，有自己的固定群体在消费。

甚至，这样的趋势最近几年已经出现了。比如，你现在刷着抖音，突然刷到一个自己喜欢的产品，那么你就会点击购买。再如，前面提到的现在有很多公众号、抖音号都开始兴起了好物推荐、直播卖货。又如，每个社区都会有一个自己的团购群。特别是近几年社交电商的出现，让每个消费者都可以变成“平台”。

所以，这就是互联网给普通人带来的好机会。

那么，我们该如何做好个人品牌呢？

不论你是做自媒体也好，还是做个人品牌也好，大体上的思路都一样，只需做好这四个字：定、传、引、卖。也就是定位、传播、引流、成交。当然，每个环节会存在大量的细节，比如“卖”这个环节，涉及定价和产品设计等。

一、定位

定位的意义，在于定义自己。只有定义好了自己的角色，才会明白自己什么事情应该去做，什么事情不应该做。管别人是日入十万还是年入百万，都是确定之后开始行动，聚焦自己的事情。

就拿引流来说，但凡有一定转化动作经验的人，都知道精准用户特别重要。如果定位不准，你就不知道自己的目标群体。连自己的目标群体都不清晰，又怎么可能吸引他们？

所以你要清楚自己的定位。不论你是想做公众号、自媒体，还是想打造自己的个人品牌，这一步都是必需的。

关于定位，可以从三个角度切入进行分析：爱好、市场、对手。

（一）从爱好切入

做个人品牌，首先考虑的是从爱好入手。

所谓品牌，并不是投机取巧，而是需要时间沉淀的。如果没有“热爱”这个内因，而只看到了“赚钱”这个结果，往往是坚持不下去的。就像张学友一样，因为他喜欢唱歌，他热爱唱歌，所以他可以做到，给钱也唱，不给钱也唱。真正要做好一件事情，要的就是这种状态。

所以，优先考虑从爱好入手。

比如，有些女性平时喜欢买买买，在互联网时代，就有了自己的发展出路。可以在网络上教人如何穿搭、打理个人形象等。

再如，有些人平时喜欢用信用卡，研究怎么样提额等。那些卡也并没有白刷，有点想法的也开始在教别人如何用好信用卡。

（二）从市场切入

要想在一个领域基业长青，必须要考虑市场的两个重要因素——“体量”和“刚需”。也就是说，不仅仅从爱好入手。市场大当然是最好的，但是更要考虑是不是刚需。

比如我有一个学员，本职工作是做主持人（一般是婚礼主持）。平时也会做做副业，开办普通话训练营，教大家说一口标准的普通话。

请思考一分钟：你觉得学普通话的需求大吗？

一般来说，在成年人这个市场，对于绝大多数人来说，学好普通话，并不算是一个特别刚性的需求。对一些人甚至是一种可有可无的需求。普通话能标准最好，但说不标准，大概也不会过于影响未来的发展。

假如换一个定位呢？所以，我给她的建议是：做声音感染力训练。通过声音的感染力去影响他人，让自己变得更有竞争力，更有说服力。

你看，是不是一下子就变得更有需求，更刚需了？

（三）从对手切入

简单来说，做一下竞品分析，也能找到不错的定位。

比如我的一位学员，之前做销售还不错。去年朋友圈成交的训练营比较火，他分析别人的训练营是只讲怎么发朋友圈，而不讲一对一私聊成交。所以，他做的就是教别人一对一私聊成交，进行了差异化定位。

当然，有些人一开始会比较混乱，既搞不清楚自己的爱好，也分不清自己的定位。这种情况下最好的方式是先做事，结果和你的用户会告诉你是什么定位。而不是整天在那里想怎么定位，因为定位并不是拍脑袋出来的。定位，来自你做过的一些事，来自你走过的一些路，而不是虚无缥缈的由所谓“拍脑袋策划”而来的“人设”。

没有定位的人，要学会先上路，先去赚钱。上了路，赚到钱，定位自然而然就来了。定位，永远在腿上，而不是在嘴上。

记住：定位是一切的基础。只有做好了定位，后面搭建的环节才会一路顺畅。最终，“条条大路通罗马”。

二、传播

什么叫品牌？从某个角度来说，品牌就是一种资产。而这种资产是长年累月传播积累的。打造个人品牌，你必须要去传播自己，传播自己的思路，传播自己的经验，传播自己的观点。而要传播自己的观点，你必须了解平台的属性。也就是，你要寻找到你的流量渠道。

（一）流量平台

如何传播自己？流量可以说是最重要的，因为没有一定的流量，个人品牌也就做不起来，所以我们要找到合适的流量渠道。流量平台，简单分为三类：音频类、文字类、视频类。

音频类：喜马拉雅、荔枝、蜻蜓、企鹅等平台；

文字类：简书、豆瓣、知乎、今日头条等平台；

视频类：抖音、快手、视频号、小红书等平台。

这些流量平台，流量都是非常巨大的。一般来说，建议先深耕一个平台，或者说一种形式。把任何一种形式用到极致，曝光量都相当可观。

当然，也有一些个人类的平台，相对来说会更容易取得战绩。比如某种垂直的圈子，如某个付费社群等。因为短时间内，一个普通人如果想成为大 V，在没有资源的情况下往往不太实际，更多还是坚持靠内容输出一类的细水长流的方式进行积累。

所以，相对于写文章、拍视频这样的路径，通过做好一个社群去打造自己的个人品牌会更靠谱一些（一般是要有门槛的社群，或者是付费的社群，免费与低价的群，几乎没有价值）。

原因有两点：用户比较精准，同时又能快速取得效果。

比如你是做读书会的，那么你加入一个学习社群，这个社群的人多数本来就有读书、学习的需求。相当于别人已经帮你把你未来的潜在顾客给聚集起来了。而你要做的就是：提供价值，传播自己。

（二）创作内容

内容，是个人品牌中比较核心的部分。而做内容，最重要的是独家感。坚持做自己，不要总是想去追热点，要成为你潜在顾客的“热点”（把这句话再读一遍）。

所以我建议靠内容引流。

什么才叫作好的内容呢?

用户爱看的，就是好内容。

大体上来说，一般用户比较爱看的内容主要有两种：一种是需要思考的内容；另一种是不需要思考的内容。

所以，如果你的用户群体如果不喜欢思考，那么就制造有趣的内容，有共鸣的故事，帮助他们打发时间。

现在需要打发时间的用户，一般集中在短视频领域，毕竟这种形式大众喜闻乐见。

一般来说，喜欢看文字的读者会比较喜欢思考。如果你的用户是喜欢思考的，那就要写自己的真实经历、经验、感悟以带给他们启发，让大家觉得你是需要的。

当然，我反复在强调，有用不一定是所谓的干货。干货不干货的，也因人而异。对于有的人来说，一句话就可以改变人生轨迹；而对于另一些人来说，哪怕列出了一二三，他也会觉得那是“鸡汤”。

用户需要的内容，那就是干货。这里也有一个非常重要的秘诀，就是简单的四个字：

感同身受。

记住以上四个字，它价值百万。如果你要做自媒体，特别是做一些女性、情感类的领域，感同身受特别重要。在大多数领域，这四个字都是非常有用的秘诀。

比如为什么一些短视频的创作者，辛辛苦苦、老老实实地分享干货，反而没什么人关注，没什么人点赞。数据统计显示，干货创作者的数据，永远没有故事型和搞笑型内容的作者数据好看。

为什么一些整天在那里拍故事的，说一些励志金句的创作者，一般数据要好看得多呢？

就是因为大多数人在短视频不想看干货，更多的是情绪传递和共鸣。至少，我没有见过哪个讲干巴巴的干货的短视频创作者有什么前途的（特别是普通短视频创作者）。更多的还是以“感同身受”的方式在演绎。

另外一点，我觉得真诚最重要。做内容，真诚和有用，最重要。

比如，徐霞客为了写好游记，就是四处旅游。而现在很多人缺乏这种精神，为了做而做，四处拼凑，没有验证，没有独立思考，也就没有自己的核心主张和价值，当然越做越累了。

起码你要保证你的内容是新鲜的，你做过、见过、思考过，是你此时此刻真正的认知。

（三）可持续性

任何不能持续的事物终究会消亡。作为一个个人品牌，你要有可持续性的输出能力。

不然怎么叫品牌呢?

当你持续性去输出的时候，总会有流量的。具体流量的大小，由你的市场、价值等因素决定。

比如有的人坚持分享，当用户看到觉得有用、觉得有趣的时候，转发其实是顺理成章的事情。

没有人喜欢三天打鱼两天晒网的人，平台也不喜欢。平台喜欢的是那些有稳定输出能力的创作者。

如果你指望发几篇文章、拍几个视频，就能快速引流，哪有这么容易的事情呢？这个概率小到跟买彩票中五百万一样。

你能稳定输出优质内容，就能增加平台用户的黏性，平台自然会喜欢你。而且，你持续地输出，也会给自己的账号增加权重。在很多平台，权重高了，自然推荐多和热度也会比较高。

所以，一个强大的 IP 个体，背后必然是一个热爱学习和善于学习的人。他们有自己的实战能力、学习能力、思考能力，可以源源不断地分享知识和感悟。

想要做到可持续，前期最重要的是降低行动的门槛。比如说不要一开始就要求自己每天写一篇长文章，可以试试从最简单的朋友圈开始输出，哪怕是每天的感悟、读书笔记等。因为简单，行动起来就不会有过多的阻碍，保证可持续。

关于传播，我比较推荐在知乎上传播，通过知乎打造、传播个人品牌有很多好处，知乎有较独特的价值（具体在知乎第一章进行说明），而对于新人来说，也较容易保证可持续性。

三、引流

很多人对引流这件事，还停留在先前的时代，总想着靠“技巧”的方式加粉。比如进入一个群之后，什么也不说，什么也不做，直接一上来就开始大量加人。这样的方式不仅多无效，现在很少有人会通过，即使真的加上了，也几乎不会产生价值。如果你想打造个人品牌，你应该学习恋爱中俘获姑娘芳心的方法，先让他们对你产生兴趣，而不是你傻傻地穷追猛打。

而且你要做的是吸引精准用户，不要执迷于数量。千万不要引来了一堆数字，结果万年不买单。这就是为什么有些几十万，甚至是百万大号很难变现的本质原因。

引流做得好，后面吃得饱。

比如为什么有些女性在豆瓣上进行分享，最后在引流的时候，会主动做这样一个小提示：只加女生。当然是因为她们只做女性的生意。如果一些男士加她们，又不买她们的产品，加来不是浪费位置，就是徒增烦恼。

所以，一定要学会精准引流。前面讲了一些主流的渠道，对应去传播自己的内容就会有用户来关注。接下来跟大家讲讲引流的思路。

实际上，引流的核心无非就是明白别人为什么加你？想清楚了这一点，引流就会变得很简单。正所谓：天下熙熙，皆为利来；天下攘攘，皆为利往。

那么，应该如何设计好引流？

举个例子。

我有一个学员是做读书会的，有自己的读书社群。有天她问我，为什么她的引流效果不好呢？

我问她，你拿什么引流？然后她说，她拿了一本电子书。

我建议她换一个引流产品，比如自己的读书笔记。引流，是创业者每天都需要做的工作，但是我们一定要设计一个合理的引流动作。

首先，引流产品要跟你的主产品相关，不然引来一堆非潜在用户，会浪费你的精力，也浪费你的坑位。

其次，产品含金量要高。为什么我建议换成她自己的读书笔记，而不是别人的电子书，就是因为电子书随处可见，而自己做的读书笔记含金量高一些，至少付出了很多的时间成本。

简单来说，你引流的用户，要和你有关系，不然你的资源几乎就浪费了。而你的引流产品，要和用户有关系，他们才有动力进一步和你产生联系。

所以，并不是引流难，而是你根本没有吸引潜在用户关注你。

四、成交

我曾经说：微信体系，目前是普通人创业的最好赛道，没有之一。理由非常简单：几乎所有的个人 IP，仍在往公众号或者个人号导流，虽然平台管控越来越严格。

为什么他们要这么做呢?

很简单，因为有效果。从整个腾讯体系来说，微信体系是最适合我们打造个人品牌的阵地。所以，将你的用户加到微信体系（不论是朋友圈、社群，还是公众号），都是最明智的选择。

实际上，经过了前面三个步骤，到了卖货成交这一步，可以说已经很容易了。你只需有一个刚需的产品或者服务，而不是大家不需要的产品，然后大大方方地卖，就很容易实现盈利。

为什么？因为你前面一直在为潜在用户提供价值，在提供品牌体验。所以，如果到了这一步还不能实现盈利的话，往往是因为之前的价值提供不到位，或者是没有提供价值，总是只想着如何“索取”。

在公众号，建议要做的就是固定时间更新，让大家有所期待；在朋友圈，要做的就是高频出现，让大家了解你、信任你，最终买你的产品。

但是，卖货成交的核心你要记住：所谓的成交，不是你有粉丝，然后你就总想着怎么去掏他们的钱。而是关注你的人相信你有这项技能，相信你能解决他们的问题。有了这个基础，才能去谈销售、做服务。

如果一个人老想着成交，往往都是赚不到钱。真正应该做的是，花大量时间去好好做产品。真正不断成交的，都在想着如何满足他人的需求，让别人变得更好。你如果真有货有料，大家会追着你跑；如果你的产品没什么价值，自然也就很难再消费第二次。不要总是想着成交而忽略了价值，踏踏实实地把事情做好，腰杆挺直了，一手交钱一手交货。心术正，套路少一点，变现很简单；心术不正，有再多套路，也都不会长久。不论你是个人还是一家公司，千万要记住：成交的原则，一定是你提供了某种价值在先，然后有人强烈要求你做一件事，为你的价值买单。

举个例子。比如一个大号，天天给读者分享怎么理财，结果大家去别的地方买理财产品的时候，就会觉得麻烦，于是就让博主开了一家店。因为博主的分享是免费的，有些人过意不去，而有些人想要更多，这些人就会成为潜在客户。这才叫真正的卖货盈利。

当然，任何事情都有流程和方法，一个不能创富的 IP，也不能算是 IP。在本书后面的章节，我会分享一些非常经典有效的成交方法。这些方法经过了市场大量的实践验证（不仅是我自己，还有我的企业客户、学员以及大量的同行）。

写在最后：

个人品牌，是一件非常值得去经营的事情。正所谓：这是一个最好的时代，再小的个体也可以有自己的品牌。每一个优秀的你，都值得好好升级自己，可以让自己更有价值。

接下来的章节，让我们一起完成“个人品牌”的打造之旅，做一个超级个体（本书内容环环相扣，建议每天坚持阅读一章收获会更大）。

定位

如何设计有“钱”途的定位

定位：引流的背后是定位，而最好的定位是你过去的自己。

定位是一切的基础。我在前面总论中提过：如果我们想要打造个人品牌，首先要有一个清晰明确的定位。有了明确的定位，就有了明确的方向，后续的很多问题都可以迎刃而解。

在总论这一节中，我已经分别从兴趣、市场、同行三个维度告诉你如何找到个人定位。不难发现，以上三个维度都是围绕着“稳定性、价值性、独特性”设计。稳定性，意味着这是你所热爱的领域，可以持续。价值性，意味着有市场，是用户所需要解决的问题；独特性，意味着是你个人品牌的核心竞争力。

如果把定位比喻成方向，那么本书所提供的传播、引流、转化、成交、知乎就是通往正确方向的路径与方法。当你方向对的时候，哪怕方法不是特别高明，相对来说也容易出结果；而方向不清晰的时候，就会感觉特别累，恐怕有再多方法，也会感觉怎么也到不了自己想去的地方。

一、重新认识定位

为什么你要做个人定位?

实际上，之所以要做个人定位，是因为我们必须不断地去传播自己、推广自己。请注意我这里的词：不断地传播。想要打造个人品牌，你必须要不断地传播自己。既然需要传播自己，就必须要有一个比较精准的定位，形成独特的记忆，才能加深大家对自己的印象。做营销也好，做销售也好，最重要的是什么？是让别人能够记住你。

而定位的核心，通俗地说，就是“占领”用户的心智。所以，我们就需要用最简单直接的方式，让潜在用户对我们有印象、感兴趣。这样，当别人有需求时，就会第一时间想到你。这就是定位的意义。

比如你今天晚上突然嘴馋，想吃一顿烧烤，但是你又怕上火，那你第一时间想到的是喝一罐加多宝。因为加多宝的定位就是“怕上火”，而且它也一直不断地在宣传。

注意前面提到的关键词叫作“不断地传播”。那么不断地传播到底有多重要呢?

这里举一个比较接地气的案例，帮你更好地理解。

在我开办的第五期超级个体特训营，有一位学员叫作叶展。其实，我的学员有很多，比如社群也招了快上千人，特训营也有好几百人，加上其他的企业客户和读者，那么多人，我是没有办法一一记住的。但是，我对刚刚说到的叫作叶展的这位学员，印象比较深刻。

为什么我会对他印象比较深刻呢?

首先，他刚开始是加入了我的跃龙门营销社群。然后有一次，他在群里说他把我在知识星球分享的所有内容全部看完了。要知道，我当时在知识星球分享了600条左右的内容。他都看完了，可以说决心非常大，也很有耐心。

所以，我当时就在想，这个小伙子非常可以，非常有决心，应该会有前途。然后，过了一段时间，他又在微信上向我提问。他跟我说在做微商，然后听了我的话，走的是高单价模式，而不是走薄利多销的模式，转化了一些用户，获得了一些盈利。

后来，基本上我也快忘记这件事了。有一次，有人发出了一些不友好的评价（作为一个个人 IP，总会有人喜欢有人不喜欢，总会有人爱你有人贬你，这些都属于正常现象，一定要做到心如止水），具体内容我已经记不清楚了。

叶展当时就在社群替我说话。大概的意思就是替我抱不平，回应了他们几句。然后，说他一直在跟我学习，对他的帮助很大。

我对不友好的话并没有太在意，因为不管怎样总会有人质疑你。我是不会去记这些事情的，这会浪费自己的时间和精力，所以我记不清楚，也懒得搭理。

不过，我看到叶展为我说的话之后，我想起了他，就问了一下他在做什么。后来，他说在搞直播，我也就指导了一下他直播中的一些问题。当然，后面还有很多的事和细节，我就不展开讲了。

我说这个学员的例子是想说明什么呢？我们要不断地去传播自己，你才有机会被他人发现。就像这位学员一样，不断地去说，不断地去做，肯定会被人发现。而这一切的前提是：你要有一个好的定位，用户会更容易记住你。

如果你没有一个精准的定位，人家不知道你每天要干什么，消费者也不知道你要干什么。所以，他们的钱就不会进行消费，也不会关注你。

二、定位的实用方法

当你准备打造个人品牌时，该如何去定位它的方向？

陌生人对你不熟悉时，如何建立起良好的第一印象？

在超级个体崛起的互联网时代，如果我们想要打造好个人品牌，这些都是我们必须思考且要解决的问题。没有一个有效的定位（标签），终将会被淹没在万般精彩的互联网世界中。

比如，当我们点开微信朋友圈、点开微信头像时，不论是公众号的头像，还是朋友圈或者是知乎、抖音等，做好个人定位都非常关键。

以微信朋友圈为例，往往存在两种极端误区，一种是把淘宝的做法搬到了朋友圈，朋友圈几乎是清一色的产品，给人的感觉就像是一家冰冷的公司。事实上，微信生意做的是关系，用户想看到的是活生生的你，而不是一个机器人。另外一种是看不出来是什么定位，非常的模糊。

在朋友圈，首先大家第一眼看到的就是你的介绍，比如背景图片与个人介绍。如果你的个人定位做得好，就会使大家对你感兴趣，才会去关注你，也就成了你的潜在用户。相反，如果你的定位不清晰，即使你传播再长的时间，也不会有明显的效果。个人品牌崛起的时代，你的个人品牌打造有多重要，朋友圈的建设就有多重要。

现在，你可以打开自己的微信朋友圈看看那些在卖货的人，很多人都不知道自己是什么定位，也不清楚他们在传递些什么。所以，对他们的产品也是一连串的问号。当你面对一个自己打了问号的人，难道你会把辛辛苦苦挣来的钱交给他们吗？几乎不可能。或许你现在可以打开自己的朋友圈，看看你自己的名字、自己的个性签名以及朋友圈背景图是不是也是不知所云。既然你打算要销售你的产品，你就应该把个人真实照片以及定位非常清楚地展示给大家。

一个个人品牌必须有一个较为清晰精准的定位，写在我们的朋友圈封面上或者是个性签名上（其他渠道也不例外）。当顾客看到这个定位，就知道我们卖什么，知道我们的业务是什么。当他有需求的时候就会主动来找你咨询。这就是个人定位起到的作用。比如，我的朋友圈封面就明确介绍了，我是教线上批量成交的，如果你想学习内容引流和批量成交或想转型互联网营销，可能就会第一时间想到我。

那么，要如何找到自己的定位呢？或者说如何做好自己的定位呢？实际上，关于如何设计个人定位的问题也不需要想得过于复杂，做好个人定位只需要想清楚以下三个问题：我是谁？做什么？何以见得？翻译过来就是：一个好名字 + 好介绍 + 好数据，是你打造个人品牌并传播时的三件套。

我是谁？这是定位里面一个很关键的要素。你需要起一个好记又好听的名字，告诉客户你是谁。这里需要注意的是，先要求好记，再追求好听。因为，有的人他的本名可能好听但是不好记，有的人的本名可能不好听也不好记，所以需要起一个朗朗上口的名字作为品牌来传播。

但是很多人取名存在两种现象，一种是比较大众的名字，所以大家不会有什么特别的印象。另一种是比较生僻的名字，很多人从来没有见过，都不知道怎么读，不知道如何发音。我经常在微信中看到这样的昵称。有时候我去外地出差，经常会看到一些实体店的名字招牌，我甚至根本不知道他们在表达什么，更别提会记住。

如果是这样的话，你的传播阻力会比较大。假设一个餐厅的东西很好吃，你下次还想来吃，或者想推荐给你的朋友，但是你回到家之后跟别人提起，你发现都记不清楚这家餐厅叫什么？或者是你想打开大众点评去搜索，却不知道这个字该怎么输入拼音，你也根本没有记住。于是，你就可能懒得去搜索，懒得去介绍。听着：顾客永远比我们想象的要“懒”。

所以，一个好的名字有两个核心作用：好记又好听，目的是降低传播的成本（没错，传播也是有成本的）。另外一点是人格化，让大家第一时间感觉到的是背后是个“人”，而不是一个“物体”。所以，取一个好记又好听的名字特别重要。

如何取一个好名字？经过总结，有四种取名方向比较好（当然，不局限于这四种方式）：

明星效应，比如“广州吴彦祖”“深圳彭于晏”“摄影师张震”。

亲属效应，比如“凯叔说故事”“大表姐”“×× 御姐”“×× 妈妈”。

头衔效应，比如“×× 老编辑”“×× 教授”“×× 校长”“ceo 教练”。

动物植物，比如“入江之鲸”“猫叔”“剽悍一只猫”。

起名的时候按照以上四个方向，就能取出一个好记又好听的名字。以上的思路，从本质上来说都是新事物和旧事物的组合，然后产生一个新事物，让大家觉得有趣和熟悉，所以很容易记住。

比如说亲属效应，如果一个名字带了一些亲属关系，你就会感觉特别容易记，而且最关键的是：瞬间就拉近了距离。这样的取名用户很容易记住。当你进到一个群里，或者是向别人介绍的时候，很容易就引起大家的好奇心，他们可能还会顺便调侃一下。一个好名字不仅可以破冰，而且在一开始就已经让用户记住了你。

取名字你还需要注意两点。一是不要和大牌出现“撞车”的情况，比如你取一个名字叫“京东”，那么所有的搜索流量都会被京东截流，而不会成为你的流量；同时，如果你把个人品牌当作自己的重要事业，从长远角度来说，你取的名字要符合百度的逻辑。也就是你想好一个名字之后，你去百度搜索一下自己的名字，看看显示的结果是怎么样的。

比如，我搜索余味。显示的结果是一些明星和与美食相关的话题，被一些娱乐明星和休闲娱乐新闻占据了。除非我输入的是“余味营销”，才能在百度搜索到我的一些信息。因为我的名字已用了很久，而且关注我的人已经比较多了，所以没有办法随便换名字。但大家要尽量避免这个问题。

最后，当你取好一个名字之后，怎样看一个名字好不好记，有一个非常简单的标准。你可以直接向你的朋友当面说出这个名字，如果他很快就理解，就证明是一个好名字。如果问来问去需要解释多次，就说明不是一个好名字。

你的个人 IP 是做什么的？“做什么”其实包含了几个非常关键的问题：你的目标用户是谁？你能够为用户提供什么？你的内容能够为用户提供什么价值？这就是为什么我经常会强调一个观点：引流的背后是定位。

也就是你是做什么的。比如，我其中一个定位写的是“批量成交顾问”。这样的定位写上去有什么好处呢？几乎每天都会有人来问我：余老师，我是做什么什么的，在成交方面遇到了困难，希望你帮我分析一下。然后可能感兴趣就报名了课程。一个好的定位是能够帮助你直接成交的工具。所以，你一定要把你的定位的标签放置于你的每一条传播渠道。

在给自己做个人定位的时候，有一点非常有必要提醒大家，就是你的定位一定要在细分领域，一定要让大家一听就懂。只有大家理解了你是做什么的，才会来咨询你。不要搞那种高大上但是不知所云的定位，一些非常空泛的定位也不要采用，比如说什么商业顾问、营销专家、健康管家。首先，如果你不是有非常丰富和耀眼的实战经历，你搞这样一个定位就没有说服力。而且商业顾问、营销专家到底是干什么的？别人搞不清楚，因为商业和营销都太大了。比如商业顾问，你到底是研究管理方面，还是股权方面，还是商业模式，等等；比如营销专家，你到底是搞品牌营销、数据调查、SEO，还是文案，等等。

所以，定位要精准和聚焦，千万不要这也想要占据，那也不想放弃。比如，我自己创业经历有四次，对创业我有一定的了解。而作为多家公司的营销顾问，我也经常需要做一些战略营销，关于这方面我也可以教别人，但是我在互联网宣传个人品牌的时候就不会多宣传这些，我只说流量和成交。

这里我也提醒一下大家，虽然我们强调定位要细分和精准，但是也不要定得过于死板。比如你是做抖音的，你就不能说抖音短视频培训。这样精准是精准了，但是前期也把自己给限定死了。相对来说，你说自己是短视频培训会更好一点，这就意味着视频号、快手这些你都可以涉及。

如果不知道自己的定位是什么，怎么办？

其实很多人都有一项不错的技能，却不知道自己的个人定位如何确定。在前面的《总论》中，我给大家分享过寻找定位的三种方式。这里再做一个定位的延伸，给你一个非常有效的定位技巧，只有简单的三个字：金、喜、善。翻译过来就是：找离钱近、你喜欢、你擅长三个圈交集的身份作为你的个人定位。比如，文案培训师 > 写作教练；CEO 演讲教练 > 表达力教练。

那可能很多人就要问了，如何去验证这三点？我们可以举个例子进行说明：

离钱近：帮助人们获得世俗意义上的成功，往往都离钱比较近。比如帮助企业提升销量（懂流量和转化，帮企业提高营收），比如教育考试（帮家长望子成龙）。

你喜欢：如果你有常常忍不住要分享内容的领域，你过去有特别有成就感的事情，你有不顾一切渴望做的事情，往往说明你对这个领域比较喜欢和热爱。

你擅长：如果你身边的同事和朋友经常找你解决某些问题，如果有人请教过你某些问题，找你付费解决过问题，并且你都给出了不错的解决方案，就说明你在这个领域比大多数人更擅长。

这里说明一下：并不是说你现在定位确定了之后就不能改了，这完全是一个误区。每个人随着时间和阅历的增长，定位也会有所不同。没有一劳永逸的定位，都是在不断地磕碰中找寻自己。

我们说了个人定位之后，怎么证明找你就有效果？怎么证明买你的产品就好用？这就像你生产了一个产品，有了产品顾客不一定会买单。所以，还要加上你的价值主张，我们能够给顾客带来什么样的一个效果，给顾客一个购买理由。顾客不但关心你是谁，而且关心认识你能给他带来什么样的好处，所以产品价值非常重要。

你要理解，我们每个人其实都是利己的，这是人类与生俱来的天性，第一反应会关心与自己有关的事情和对自己有好处的事情。所以，大家看到在我的微信朋友圈封面上，写了这样一句话：30 天，教你打造一个超级 IP。那些想要学习互联网营销的人，基本上都会很清楚这是来跟我学流量和被动成交的。

30 天，表明的是一个时间。你的时间不能太夸张，比如一天瘦 10 斤这样挑战认知的内容，完全不符合逻辑，要根据自己真实的产品来设计。比如我的 30 天，这个时间符合常理。系统性学会流量和被动成交的方法和流程，这套系统能够学会，能够理解，能够掌握大家就会产生兴趣，就会来咨询课程什么时候开，自己的行业是否适合等。

这句话最大的作用是什么呢？就是吸引顾客来咨询的。怎么吸引？给他们一个好处，给他们一个效果，就会触发顾客进行咨询。

那么，如何设计这样的价值主张，给顾客一个强有力的购买理由？可以从三个维度去提炼：高感知价值（比如“华莱士吃全鸡，比在家做还划算”）、独特性卖点、易证明效果。

所以大家注意，一定要在你的朋友圈封面或者个性签名上加这样一个价值主张，这样顾客就会对你感兴趣。加上价值主张的时候有一个非常重要的点，就是要尽可能地加上阿拉伯数字。比如掌握超级 IP 的方法，这个当然好，但是需要多长时间？我明确地告诉，就是 30 天时间，顾客就有一个清晰的概念，很容易证明。

举个例子。以下三个阿胶产品你会如何选？

手工熬制阿胶

手工熬制 5 年老阿胶

2 周生发不失眠，手工熬制 5 年老阿胶

这是我接触的一个真实案例，我们可以来分析一下：卖手工熬制阿胶的人有很多，可能在家门口的商场就能买到。“手工熬制阿胶”只有一个产品名称，但没有给顾客一个购买的理由。

而“手工熬制 5 年老阿胶”这个购买理由，可以说精准的将产品卖点提炼出来了。阿胶是越老越好，用 5 年熬制老阿胶作为产品卖点，可以和一些竞争对手拉开差距。虽然不错，但还可以更好。比如说就像很多粥品牌喜欢说“熬制 8 小时，只为一碗粥”。当很多人都在说的时候，顾客的可能会是质疑、甚至是不痛不痒。

而“2 周生发不失眠手工熬制 5 年老阿胶”不仅有独特性卖点，还非常容易证明产品效果。这句话直接戳到顾客的痛点，这是很多成年女性的痛苦。她的阿胶是 5 年陈胶手工熬制、吃了 2 周后就能不脱发不失眠，如果你有这样的烦恼，是不是会马上购买?

为了帮助你更好地梳理个人定位，这里提供一个个人定位梳理模板。这个模板需要考虑并优化好七个要素，然后帮助你建立自己的个人品牌形象，为日后的传播推广打下基础。

行业标签。你是做哪一行的?行业标签不一定是填行业，可以是某个关键词、某个品牌名，比如电商思维、社群营销，或者你的社群名字、团队名称等。

能力标签。你有什么能力，你需要写出来。比如我写的是互联网营销专家，因为我在互联网只做这一个领域，可以得到快速反馈。你根据自己的行业，按照我们所说的标准，一定要尽量细分。

真人照片。我强烈建议你换掉那些不能代表自己定位的头像和背景。你需要有一张真人形象照片，最差也要有一幅“人格化”的漫画头像，不然会显得有些违和，真实感不强。你会轻易相信一个“素未谋面”的人吗?

品牌名字。前面提到过取一个好记好听的名字，可以按照讲过的思路取名，这里就不再多说了。

权威背书。这可以证明你的专业以及增加信任度。核心就是有一些大公司的背景或闪耀的光环。如果刚开始没有什么好的权威背书或没有相关的积累，就放大你的个人能力标签。

数据案例。你过去在这个领域，有什么拿得出手的数据。比如你卖货，如果对整体数据不够有信心，那你就分解来证明，比如一小时卖货 1 000 斤。这样也能显示你的数据和能力。

行动指令。千万不要小看这个行动指令，有行动指令和没有行动指令，成交的情况会大不一样。比如你在淘宝购物的时候，会有一个行动指令提示你，就是“加入购物车”，这个就是行动指令。

最后再提醒大家一点：如果你一时不知道做什么，那么你一定要从模仿开始。找到一个你最喜欢的同行，或者说你最想成为的那个人，去模仿，去复制执行。其实，哪怕你知道自己做什么，你也要对标你的同行。

记住：超级个体的时代，你的个人品牌打造有多重要，朋友圈的建设就有多重要（当然不仅是朋友圈）。一个好的个人定位不仅会吸引潜在用户关注你，也能大大地节省沟通成本。

三、定位的延伸

定位，分内与外。外在的是你想让别人看到的，而内在的是你自己相信的。有的人仅仅只注重外在的定位，但内在的连自己都不相信，这就造成了矛盾。内圣外王，自己相信自己有结果了，自然而然越来越多人相信。专注做好自己的领域，多花大量精力打造一些成功的案例，是最佳路径。

记住：定位不是虚构出来的，也不是凭空想象出来的，而是做出来的。定位是你过去做了一些什么事情然后通过提炼而来，找到用户最需要你的那个点。在你过去的那些经历中，如果有成就最好；如果没有成就，那就找到你热爱的领域去定位。

没有定位的时候怎么办？

对于新人而言，这几乎是每个人都会遇到的问题。我的建议是：先上路，先做事。定位是实践和行动出来的，而不是想出来的。因为你不知道自己要做什么，所以选择上路。如果你一直想，那你永远上不了路，也不会有什么站得住脚的定位。在我的一些学员中有很多人受益于我的这个观点，有的人听了之后甚至短时间内就开始有结果。

比如我有一位学员在字节跳动工作，他擅长的是帮助应届大学生找到好工作。比如做职业规划、写一份好简历等。他因在知乎看到了我的分享而关注我，后来跟我学习时听从了我的建议好好运营知乎。现在已开始了个人品牌的创富，有一个明确清晰的个人定位，在知乎积累了近 7 000 位粉丝。

在没有定位或定位不清晰的时候，不要着急给自己一个明确的定位，专家、教练这些定位都是靠时间磨出来的。你应该先去做事，看看自己什么事情比较喜欢而别人也需要你。我们一定要学会这样做事：比如去做一件你不敢突破的事情，比如先去找一个项目做。

记住：最好的方式是先上路，你的用户会告诉你，“你是谁”。

传播

普通人如何打造影响力

传播：个人品牌崛起的大时代，
每一个个体都可以被看见。

卖得最好的产品不一定就是质量最好的产品，但基本上可以说是营销做得最好的。质量再好的产品，如果卖不出去，也只是徒劳无功。

“你不影响别人，就被别人影响。”

说起影响力，很多人错误地以为：影响力是名人明星的专属。自己作为一个没有资源、没有背景的普通人，拥有影响力简直就是一件可望而不可即的事情。如果你真的有这种想法，或许本篇内容就会改变你的想法。我会告诉你一个改变命运的事实：普通人可以通过传播建立起自己的影响力。

做营销工作这些年，我的确在互联网上见过一个个普通人一跃而起，一个又一个的个人品牌诞生，这其中也包括我自己。在这些建立起影响力的普通人中，不一定就是家喻户晓的大咖，也未必是年入千万的人物。他们可能只是某个行业领域里的“小咖”，也可能只是小区社群的群主，或者是一个微商团队，但都有相对的独到之处，有一定的影响力。毕竟，个人品牌的影响力有大有小，且相对的大小与很多因素有关。

然而，这至少说明：他们可以，你也可以。

一、重新认识传播

在讲如何建立影响力之前，先分享三个案例。现在不妨停下来思考一下，可能会让你更好地理解影响力这件事。

案例一：我个人比较崇拜实干企业家：史玉柱，也就是“脑白金”的创始人。脑白金的广告被评为“中国人讨厌的广告”，穷追猛打坚持了十多年，虽然大家觉得讨厌，但曾经不少人还是要买。

现在请思考一下：尽管我喜欢史玉柱这个人，他在商业圈也算比较出名、比较传奇，但是为什么他的影响力不如雷军？

案例二：我听朋友分享过这样一个案例，有一位微信公众号的作者，他的每篇文章平均阅读量也就是两三百，但是他一直在更新，而且是日更。结果呢？一件非常神奇的事情就发生了：就这样一个阅读量不起眼的公众号，居然卖出了十几万元的课程和服务。请注意：是客单价十几万元的课程，而不是总销量十几万元。

案例三：《乡村爱情》相信大家应该都看过一些，也就是那个东北乡村题材的电视剧。我有一次春节的时候在家里看了一两集。

虽然看得并不多，但是我注意到电视剧里面的一个细节：有一次，村里组织一个会议，就邀请了几个人，好像并没有邀请刘能。刘能的爱人就对他说“别等了，根本不会邀请你”。而刘能的第一反应是说根本不可能，村里就他们几个有影响力（刘能、谢广坤、赵四），不可能他会缺席！大概就是这样一个场景（具体的情节我有些记不太清，可能会有出入）。

现在，我的案例和故事已经讲完了。请暂停一分钟并思考一下：你看了以上三个案例之后，你有什么样的感受？或者说你对影响力这个事，有什么新的思考和新的发现？

不妨先来看第一个案例：史玉柱之所以没有雷军有影响力，最大的原因是什么呢？是因为雷军经常出现在大家的视野中，你经常会听到雷军的演讲。

然而，我一直崇拜的史玉柱性格就完全不一样，而且他已经退休了。他不是太擅长讲话，当众说话都脸红。大概也因为他早已经退休了，抛头露面少了。所以种种原因下来他的影响力没有雷军大。

第二个案例，其实就是一个普通人建立影响力的过程，也是最好的方式。具体如何操作，请允许我先卖一个关子，在接下来的内容中会详细介绍。

第三个案例，也就是《乡村爱情》的案例。尽管不是做什么互联网，跟营销好像也没有什么关系，仅仅只是在一个乡村中，但也证明了影响力的重要性。不得不说，刘能他们几个是真能折腾。

以上这三个案例，最终引出来一个非常重要的问题：影响力到底是如何来的？我猜，聪明的你已经知道答案了：我们想建立影响力，必须要不断地传播自己、推广自己。更重要的是：我们每个普通人都可以拥有影响力，一定程度上也可以说是必需的。哪怕你不是在互联网做营销，你在线下做生意、做销售，你同样也需要多在公众场合多刷脸，让潜在客户记得你这张千篇一律的“面庞”。

之前在我的跃龙门社群，我分享过一个观点：一个不懂传播的人几乎没有魅力，也就没有相应的影响力。因为他不敢讲，不敢表达，又哪来的魅力和影响力呢？

我的超级个体特训营自从全面升级后，其中有个环节会带领大家读书打卡，目的就是突破“读写说”，为特训营后面的营销和影响力课打基础。因为，影响力需要靠时间去积累沉淀出来，并不像变魔术一样可以变出来的。一定要经过时间的沉淀以及不断地传播自己，才能打造个人的影响力，才会形成一个个人品牌。

二、传播的实用方法

普通人如何打造影响力?

以下所介绍的都是最简单最实用的方法，虽然简单，但都是经过大量反复验证的有效路径。这其中就包括我、我的学员，以及你所关注的一些大咖。所以下面我要教你的是，用最简单的方式，去建立你的影响力。

普通人想拥有影响力，在你还不是大号之前，还不是大咖之前，最好的方法就是通过社群去建立自己的影响力。我希望你看了开头的分享知道了影响力是从何而来的。接下来所讲的方法就一定要积极践行，一定要大胆地去突破自己。

很多人说，想要拥有创富的能力。可当我们真正说起创富，又会遇到什么问题呢？说起创富，说起营销，可能很多人遇到的问题是：感觉自己微信里好像并没有多少人，拉微信群也没有几个人，卖货更卖不了多少。关于如何获客的方法在后面会介绍。

我现在更想告诉你的是：任何事情都是从少开始积累起来的。以我自己的个人经历为例，我的很多读者都知道，我是从 2018 年下半年开始在互联网分享的。刚开始在知乎关注我的人也不是很多，而每个月关注我微信的人数也就几十个，真的不多。后来，高峰时期一天会有一千多人关注我的知乎主页。所以，任何事情都有一个积累的过程。当你奋斗路上的方向对了后，只需要安静地等待时间的奖赏。

当然，大家也会遇到一些其他问题。比如真要说起卖货，又会发现不知道应该卖什么产品，拿不定主意，心里总是会感觉卖不出去，总之心里存在着各种阻碍。或者是做着朝九晚五的工作，在业余也完全没有什么收入。更有甚者，天天在网络上看各种副业赚钱之路的内容，好像也没见真的赚到什么钱。而那些整天宣传各种副业赚钱的，或者是要你先交费入代理，然后赚点辛苦钱；或者根本就是在单纯地拉你这个人头，甚至干脆就是骗人的项目。

所以，不赚钱的关键在哪里？

下面这段话非常关键，请你一定要记住并且你要在心里默念几遍：之所以没有结果，也许并不是你不够努力，而是你的努力没有被人看见。既没有人相信你，你也没有开启营收模式，更没有给别人一个向你付费的理由（把这段话再读一遍）。

在讲具体如何打造影响力之前，有必要纠正大家几个误区：

（1）你会不会单纯地认为：比你赚钱多的人，一定都比你厉害？其实如果你脑海里有这个想法，就大错特错了。当然，能赚钱的人肯定有他厉害的地方，但有些人在有些领域真的未必就比你厉害。

比如我现在的营销水平可能比你厉害，然后商业能力可能也会比你厉害。而实际的情况是：每个人都会有比我厉害的地方，也会有值得我付费学习的地方。只是你没有每天去输出价值，别人没看到你的努力而已。有些人不如你，只不过是他们天天在坚持“搞事情”。

（2）别人的项目都盈利，只有你的项目不理想。还是错了，只是他们在坚持积累自己的客群，坚持在积累信用，坚持在积累转变。注意这里的关键词是坚持。坚持行动就对了，你要明白一个道理，别人坚持在做的事情，就证明有效，就证明是盈利的（特别是那些已经获得结果的人）。所以，他们有源源不断的现金流，而你所在的行业波动性不大。

（3）你天真地以为创富需要付出巨大的努力、庞大的资金、完美的策划。很遗憾你还是错了。你只要能够满足需求并兑现价值，然后交付给别人就可以了。不论你卖的是什么，只要记住这一点就好。

这里，分享一个我在 2020 年遇到的案例，或许会让你更有灵感。

一个“95 后”的女孩子，做平面设计的。一般的设计师收入也不是很高，大概月薪平均也就五六千元。如果这个女孩子一直按照这个路径发展，三年的时间能月入过万就算非常不错了，而且薪水几乎没有再增长的空间。大家也不要觉得太残酷，因为真实的商业世界就是这样，永远遵循着价值交换的原则。如果一个人的月收入能超过 8 000 元，其实就算在高收入人群里了。

然而，她做了一件事情，而且是做对了这件事情：做了一个设计教程。也就是可以把自己处理成明星女朋友的换脸教程，然后去教别人，课程定价在 99 元，包教包会。这个傻瓜书式的技术教程，收 99 元不过分吧？这个课，我一段时间后听说有 1 000 多个人买。那她赚了也有 10 万元了吧？你看，赚钱不是非要去解决什么天大的问题，你完全可以针对一些小白，提供一个解决方案。

如果你看过我知乎的分享，其实就会发现我很早之前就分享过这样的操作思路，虽然是免费分享的，但是非常实用。2018 年我在知乎回答过一个问题：一位设计师觉得自己的职业遇到了瓶颈，想知道如何提升收入。我分享过几个思路，如果设计师照做的话，提升完全不是问题。以下是部分内容。

案例：在你所擅长的专业里面，有没有人需要这种技能？比如现在的微商很多图片处理水平都不太高，但是他们的需求又非常大，因为他们每天都需要发大量的产品图片。

那么既然知道存在这样一个市场，作为平面设计专业的你，是不是可以制作一个教程，教别人如何零基础处理好图片？教程不需要太专业，因为你要服务的是非专业人士，讲得越通俗易懂越好。教程细分到一个领域就好，不用太全面。太全面的课程估计人家早都有了，你没有太多好的案例，你也干不过人家。

这其实跟经营一家公司是一样的，如果市场上有成熟的产品就应该另辟蹊径，而不是选择与他们竞争。比如我的 ps 水平就是入门级的，很多时候自己想设计一张海报，不是设计得不怎么好看，就是花费的时间太长（相对于专业设计来说）。

那你是不是可以考虑针对性地为像我这类人群提供一个课程（根据我的观察，这类人的需求其实挺旺盛，但市场上有没有合适的课程我没了解过），然后学习一下怎么引流。如果你的教程很实用，有了口碑之后你的收入就会越来越高。也就是说很多人在朋友圈卖货做微商，但是他们没有设计能力，然后找人做海报的话，经常找也不划算。如果设计师可以做一个傻瓜课程出来，就教微商如何简单快速做海报。这肯定会有一定的市场需求。

所以，这三个误区指出了你也就知道：不论是微信朋友圈还是微信群，其实不必做得那么专业的。哪怕你是将自己的技能做成知识付费，或者是卖自己的服务，也并不是需要那么专业、那么完美才能去行动。

清楚了以上误区之后，普通人应该如何打造个人影响力，最终通过影响力来变现？下面分享几个具体的执行步骤。

首先，前期工作共分为三个部分：

第一步，所有影响你改变的人，都是你的干扰。记住这句话。也就是，所有影响你转型做新业务的，通通都屏蔽掉，不让他们看你的朋友圈，甚至不让他们知道你具体在做什么。比如朋友、同事，甚至是你的家人。只要你觉得会影响你发展的人与事都选择屏蔽，比如你担心他们看到你发朋友圈嘲笑你、质疑你，直接选择不让他们看。如果你发朋友圈做点事情有各种顾虑和阻碍，那你也没办法专注去积累财富。

善护念，就是说要善于守护你的信念。人生本来就无常，会遇到很多的问题，更何况是创业者。创业的人遇到的事情会更多，很多时候会遇到生意上的起起伏伏，团队内部的一些摩擦，市场上的一些变故。创业者体会到的是更多的无常，所以更要懂得善护念。很多公司的老板比较聪明，他会将这些东西写进自己的企业文化里面，时刻地让自己听到和看到，守护自己的信念不断掉。

记住：别人打击你只需要一句话的成本，而你却有可能失去了所有。

第二步，创建自己的免费社群。以不收费的形式进行，只要是想进的人都可以加入你的社群，多少人都没有关系。你可以一一私信联系你的好友，告诉他们你的这个想法。但是不要强拉他们进群，愿意进的就敞开大门欢迎。

第三步，也是最重要的一步。在你的朋友圈公布一个死磕计划。这个计划不关系到别人，只关系到你自己。你公开承诺你要在社群死磕——分享 101 天，这个跟别人没有什么关系。

分享时间可以选择一个固定的时间。比如每天早上 6 点起来，什么都先别干，就先分享。接着，你要每天把在微信群里分享的内容晒到朋友圈，邀请大家一起来见证你的死磕计划。你完全可以承诺：如果有一天没有坚持分享，就发 500 元红包到群里，或者是一个你自己会觉得比较心痛的数字。

当你做了以上这些事情后，大家出于好奇的心理，出于学习的心理，出于不想错过的心理就一定会有人进来看。想看看你到底在搞什么名堂，或者是看看你能不能坚持，不能的话还能领红包。一开始可能会没有人关心，但是做事情就怕有心人，只要你在坚持，每天都坚持死磕分享，持续做到了日更 101 天，结果就会大不一样。

在中途的时候，会有人帮你拉朋友进来围观。你也可以主动去号召他们帮你拉人，比如你可以跟大家说：大家觉得我分享的有启发吗？如果有的话，可以邀请朋友一起来围观，给我继续分享的动力，类似于这样的号召。因为你开始行动了，开始分享了，哪怕分享的不是什么特别独到的内容，哪怕只是看完一本书的一个小节，然后加点自己的感悟与经历的内容也无妨。

记住：分享的内容一定要简短，并且要有一个固定的格式。这样做的目的是至少每天复制起来和阅读起来不会那么麻烦。而且你要知道内容此时并不是最重要的，真正重要的是：让大家见证你这个计划是在动真格的，并不是随便说说。

在这期间，不论你的社群活跃度怎么样，都一定要坚持分享，也不要为了活跃度而特意做一些事。因为在一个群里，其实很多人喜欢潜水从不冒泡。然后每天在群里自言自语、组织一些分享，分享的过程中可以发红包，哪怕五元钱分成几十个红包发放都行，好过没有红包。

分享的内容最好是固定的格式。比如把文字分成一二三段，或者是一段一分钟以内的语音，或者是一个短视频，总之形式要固定。你只要做到死磕，然后看每一天的情况。

如果有人乱发什么广告，或者骂人骚扰人，你直接移除就好。微信群满了一百人的时候，就进不了人了，你需要发朋友圈，并且在评论区讲一下：如果你想进群看我的死磕，在这里回复暗号“进群围观”。我邀请你入群。或者群里的人要邀请身边的朋友进群围观，你就说私信你说一下就好。这样来的人，一定是稳定的，因为你们之间此时没有任何的经济利益，所以自然也就不会有什么特别高的期望。

这期间有人退群，退就退了，反正和你也没什么关系，不要玻璃心，受到什么影响。因为免费，所以无所畏惧。

在做社群分享的时候，一定要记住以下原则：

你不该做的：

最好不要选择群发打扰，你要做的是吸引。

不去其他群里轰广告，那样会非常掉价。

不要强拉他人进社群，他们不是你的用户。

你应该做的：

记得让别人帮你拉朋友围观，前提是在你付出足够多的情况下，并且一定要舍得在社群发红包。所谓：财散人聚，财聚人散。当然，他们应该是你的精准用户，而不是一群只会“贪便宜”的无效用户。

如果有人故意找碴，也不必去和他争吵，也不需要解释。只需要客气地提醒他违反群规了，先提醒一次，如果仍出现第二次违规，直接移除。因为有些人不需要解释，有些人要的也不是你的解释。

群里有人发小广告，可以用小号或者请朋友给出“警告”，不然各种小广告会在你的社群里蔓延。你需要自己出来打圆场，有针对性地说这个广告做得不行，你见过比这个做得好的，然后发进群里开始分享。

以上的步骤只是开始，你还需要有后续动作：

后续第一步，也是最重要的步骤：当你分享到了 101 天的时候，你应该告知大家 101 天已经死磕完毕，感谢 101 天以来大家的支持。然后在群里发一个大红包，说明一下群要解散了，自己只是业余时间在坚持，挑战一下自己。如果大家觉得你的分享还不错，你想建一个真正的社群继续分享。

社群费用建议可以定价在百元以内一年，然后采取阶梯价格的方式快速招人（每满 ×× 人涨价 ××）。当然，社群门槛费用也可以再低一些，只要你认为合适的价格都可以大胆去尝试。一定会有人给你交钱的，因为已经见证了你的分享，最后还留下来的，哪怕你不建群，我相信也会有人给你发红包。

然后 99 元的群先开始运营，继续复制以上的思路。当然，此时你的文案就会变了，变成：每天死磕一条干货，365 天，每天都有分享，每满 100 人涨价 50 元。因为你价格低，你的朋友圈已经习惯了，所以能付费的一定会在 1 ～ 3 个月内给你付费，这样的占一部分人，剩下的还有转化，所以不能停。

做到这个时候，你已经有了种子用户，继续推出 69 元的付费课程，群内的只要半价就可以报名，然后发动大家一起分销。

记住课程一定要用心，你也可以制作一两节试听课。需要注意的是：试听课一定要吐出你肚子里 70% 以上的干货才会比较好转化。然后购买课程的用户可以加入建好的课程群。课程结束之后，群就要解散。而这些买过课的用户，会沉淀在你的个人号，这样操作下来等于你完成了新一轮的引流。最重要的是：你自己能运营什么样的社群，在免费和低价社群的实践过程中得到了验证。

你还可以开启公众号、视频号去死磕。如果短视频做不到，就先死磕公众号，总之有一个适合你的传播渠道就好。写好了就直接在群里分享，不论打雷下雨下冰雹，你都要坚持。哪怕你今天失恋了痛不欲生，也要先把明天要发的内容准备好。

按照以上思路，一百元的社群费用再加上几十元的低价课，就差不多能让你有个几万元甚至十几万元的盈利。接着不能停，继续进入下一个关键动作：这时候要顺势开线下课或线下沙龙，这个价格定在几百元或者一两千元都可以，但是你的内容一定要好好准备。你可能会想，线下课要讲什么呢？非常简单，分享的重点内容就是你之前的盈利心得，你是如何做到的。

需要注意的是：在前期开启免费社群分享的期间，你的朋友圈不能少于三条日更新以及一条招募的介绍。101 天，算是一个积累，而后开启盈利之路。可几个人又有这种耐心呢？大多数人恨不得分享个几天就想开始变现。这是病，得治。大多数搞营销的就病在这里。事情是急不来的，急的永远是人心。

影响力，是一种长期坚持而获得的正反馈，没有捷径。它并不像玩游戏那样，可以获得短期的及时反馈。正反馈也分为两种，一种是短期的及时反馈；另一种是长期的坚持反馈。比如传统的户外广告，几乎是没有办法短时间内获得销量的，这就是一种长期的坚持反馈（通过长期曝光来建立品牌资产）。比如搞促销活动，这是一种短期的及时反馈。类似于一个是工作（马上领报酬），一个是事业（长期收获）。

通过社群建立影响力也是同理。或许当你分享的时候，没有什么人回应你，没有人顺着你的话题往下聊，这时也不要放弃。因为大家的回应只是一种短期的及时反馈，但你的长期坚持却是一种长期的正反馈。哪怕暂时没有人回应你，可通过你的努力和坚持，在他们心中你已经有了影响力。

这里强调一下：核心不是所谓的“割韭菜”，这是最傻的行为，把自己的信用一次性透支完。所以，核心是坚持，而不是割韭菜。如果你是职场小白，或者是什么群也没见过，你通过坚持死磕，证明自己是可以的。而且通过这 101 天时间，你是不是也在持续输出？其实最大的收获不是收了点钱，而是你真的成长了。

免费得到了价值，你也运营了，用户给你付费就变得顺理成章。短时间内你想让别人给你交钱，那样会不情不愿，不太可能。一定要记住：不要去收不认可你的人的钱，更不要用“技巧”去赚短期的钱，这样你会沉迷“技巧”，一天没入账就慌了。锁定一种方式一直干，天天干，出单也干，不出单也干，就能超越 80% 的人。

按照以上的步骤执行吧！超过了绝大多数人的付出会让你改变现状，让自己变得更好。退一万步说，哪怕金钱方面在短时间内没有太大的提升（每个人的积累不一样），你也会发现自己真正地成长了，而且成长得特别快。

三、传播的延伸

通过传播建立影响力有很多种方法，比如成为大咖的助理，或者通过帮助大咖做事，例如帮大咖运营社群、设计海报、制作 PPT 等，先给大咖提供一些价值，成就大咖，再来成就自己。

举个例子。有一位大咖在公众号发布了一篇招募助理的文章，有一位刚毕业的大学生写了一封长长的面试信，成功通过了那位大咖的面试，工作是帮助大咖运营社群。一年之后，这位大学生将大咖的社群营收做到了百万级别，累计有一万多成员加入。我想接下来的事你大概已猜到了——大学生有了大咖的背书和资源，身价和影响力和刚毕业时完全不是一个级别。

实际上这样的案例非常多，帮助大咖做事不仅提升了自己，还积累了一些信任自己的人，一步步地在提升自己的影响力。如果你也有某项优势，不妨好好跟一位大咖深度学习，有可能的话再找机会成就大咖，比如帮助大咖运营社群。经过一段时间的积累，你不仅有了大咖的背书，也积累了很多大咖身边的资源，你还会缺影响力吗？

以上所讲的方法，是普通人最快速建立影响力的方法，也是每个人都可以执行的方法。不仅我自己亲身验证过，经过我大量观察，发现这也是很多大咖前期打造影响力的路径。为了帮助你更好地建立影响力，我想继续分享给你一些要点。在具体执行过程中，以下这些细节请务必重视：

（1）要选定一个刚需主题。比如，你是教写文案的，你就每天分享一个小技巧；你是做皮肤管理的，你就分享护肤知识、保养知识等。总之，一定要是刚需主题，千万不要不痛不痒不聚焦。导致大家不知道你在讲什么，或者不感兴趣。

（2）需求是最好的老师，你要平时用得上你所讲的这个主题的内容。所谓教是最好的学，其实反过来学也是最好的教。因为你所学的，往往就是你所感兴趣和热爱的。

（3）最好有反馈机制，有人监督你，有奖惩措施。不然很有可能你的承诺就变成了愿望，愿望每个人都有很多，完不成也就完不成，没有下文。

（4）要降低行动的阻碍，每天就坚持分享两百个字，或者两三分钟。重要的是质量，和你可以坚持下去。长期坚持，才能得到正反馈（比如影响力）。

（5）不要照抄照搬，那样你自己不会感觉到成长，别人也不会感觉到，一定要用自己的语言和方式去分享。

总之，建立影响力，最好的方式就是不断地传播自己。当你按照以上步骤坚持了 101 天之后，你其实已经是这个主题的小专家，水平会超过很多人，而且，也建立了自己的影响力。

流量

如何搭建你的引流渠道

流量：就像一种无线电，是用户发出的一个又一个信号。

本章，我将带你对流量做一个重新认识，并教你如何正确地在互联网获取客户。首先我会为你分享什么是流量，然后分享三种获取流量的方式，最后我会告诉你关于流量的一些误区，帮助你真正地重新认识流量。

我们总是在说引流，但是，你真的认识流量吗？

实际上，很多人对流量都没有一个清晰的认识。当需要销售产品的时候，总是一上来就想引流、想涨粉，一下子就掉进了盲目努力和追求数量的陷阱。甚至你很难相信，有的人为了引流，竟然去买一些僵尸用户。由此可见，很多人对流量的认识都存在极大的误区。

比如，在微信上采用“暴力加人”的方式（通过技术手段或者人工大量地添加微信好友）。这在过去似乎有一些效果，一方面是因为微信系统的问题，比如之前微信对于大量添加好友是允许的，没有限制；另一方面是因为微信用户前期存在新鲜感。现在已经不具备这样的环境。

一、重新认识流量

我们先来讲一讲：什么叫作流量？我认为想理解流量，首先需要从两个世界开始理解：虚拟世界和现实世界。

所有的流量，都来自线下真实世界的用户在互联网上的搜索、查阅行为，最终形成了所谓的互联网流量。也就是你必须要明白：流量的背后是人，而且是一个个活生生的人。所以，每一个流量的产生，都是因为现实生活中的用户，遇到了什么不清楚的问题，开始在互联网搜索和提问，然后形成了“流量”。

因此，我强烈地认为，搞清楚人的行为，有利于真正理解流量，远比整天研究什么引流秘籍、爆粉方法，这裂变那套路的，要重要得多。很多人在没有理解流量之前，就一味地寻求引流方法，在我看来是一种极其无效的方式。

流量，你可以这样理解：是互联网存在的一个又一个的信号，就好像无线电一样。比如一位妈妈，她在教育孩子的过程中，会有不太清楚的一些关于孩子的问题，所以存在着相关的疑问。于是，她就在互联网发出了搜索的信号，最终变成了“儿童教育流量”。

当你发布信息，用户觉得你的分享对他有用的时候，就会主动询问或者关注。如果你分享的信息，对他根本没用，可能就连看都不会看一眼，直接忽略你的信息。

所以，引流引的是什么？是背后的这个人，是真的有需求的用户，是真正想花钱去解决这个问题的用户。而你，只不过是刚好能提供解决方案。

因此，很多人晒自己流量有多少，结果却是百万公众号出不了多少量，微信五千人的好友，朋友圈搞得惊天动地也没几个能成交，成交了也没几个能复购。这样的话，这个数量又有什么用呢？大概唯一的作用就是可以骗广告费。除此之外，几乎不能带来任何的实际利益。

如果是作为一个超级个体，这种方式就非常不可取。真正要做的一定是追求流量的质量，哪怕只有一百个真正有需求、会消费的人，也比那五千个对你没需求的人要实际。

也就是说，真正的流量是需要你、信任你并且有能力购买你的产品的人。关注你的人不一定都是你真正的流量，他们可能只是单纯地想围观你，只是因为出于好奇而想看一看。

理解了虚拟世界，我们再来分析一下现实世界的流量。所谓线下的流量，我们统称为：客流。也就是你店铺门前经过的人数是多少，然后是进店人数，接着是产生了消费的人数。

在线下，大家都知道，好的地段从某种意义上说就代表着金钱，因为天然地占据了客流量，自然很赚钱。所以，租店铺最终租的其实就是店铺门前的客流量。但是，因为人类与生俱来的一些东西，导致我们每个人的行动成本都很高，到了今天也还是一样。对于绝大多数人来说，如果能少走一百米，就不太可能选择多走一百米。

然而，突然有一天，神奇的互联网横空出世，各种电商平台随之崛起。你只需要通过手机点一点，就能买到自己喜欢的东西。这时候你、我、他，一时间通通都变成了流量。也就是说，流量的背后是不同的人群。

所以，我们不需要把流量想得太过复杂。总结下来，获取流量的方式无非是两种：一种是免费流量，一种是付费流量。免费的流量，就是你做电商，淘宝会分配给你流量；做抖音，抖音也会分配给你流量；你在知乎分享，知乎也会给你流量。

也就是说，在一开始的时候，平台都会给你一定的基础流量。比如抖音，你发了一个短视频，会给你推送几百个可能对你视频感兴趣的人，这就是抖音给你的一个基础流量。但是，如果你的内容做得不好、店铺复购差、顾客看了不下单、视频浏览少、点赞也不理想，平台肯定不会再给你流量。

如果继续给你流量，可能第二天平台就得关门大吉。因为你的产品、你的营销、你的内容等不过关，可能会导致这些用户通通流失掉。你要知道，每个平台获取流量也不容易，平台上的每一个用户都是平台用真金白银换来的，又怎么可能让一个新人白白浪费呢？

所以，以前的电商之所以好做，完全是因为流量在不断暴增。也就是说，以前的商家相对比较少，但智能手机的用户却一直在增长，而增长的这些用户，因为对新鲜事物感到好奇，所以也就什么都跃跃欲试。

比如一开始你买了一部智能手机的时候，就会选择下载各种 App，微信、淘宝、京东、游戏，然后在平台上买东西。大概什么东西都选择在上面购买，感觉一切都是那么新鲜。但是现在呢？恐怕想让你下载一个 App，都不是一件容易的事情。一方面是因为手机的内存有限；另一方面是因为手机里面现有的 App，几乎已经满足了你所有的需求。

所以，App 越来越多，导致流量也就越来越分散。商家、平台不断地在增加，而智能手机用户呢，偏偏在这个时候停止了暴增的趋势，流量的红利几乎被抹平。所以，现在大家都在研究存量市场，从增量市场转向了存量市场。

也就是说，如果你现在开一家淘宝店，可能好几个月都没有什么人气，消费者很难刷到你。因为容易的时代过去了，没有运营能力，没有大量的费用投直通车，你的排名根本不上去，平台给的免费流量根本不够你生存，而且平台为什么要把流量给一个新人？

当然会优先照顾老卖家，给有实力的卖家。换你是平台，相信你肯定也一样。就像万达的商场，怎么可能会给一个不知名的创业品牌低租金或者免租金？要给也是给肯德基、沃尔玛这样的大品牌，它们天然地能给商场带来流量，双方合作共赢。

绝大多数的普通创业者对创业要有理智的认识，市场永远不缺乏参与者。如果你经营不下去了，自然有人顶上来；有人倒下，就有人站起来。

如果想快速获得更多流量，就需要进行付费流量补充。简单地说就是花钱投广告，导致慢慢流量费用就水涨船高，这是一种必然趋势。因此，对于一些创业者和营销人而言，他们最重要的一项工作就是：不停地寻找新的流量红利。

二、获取流量的三种方式

通过前面的分享，我们已经重新认识了什么是流量。接下来，我们再来讲讲流量的获取方式。流量的获取方式大体可分为两种：免费和付费。还可以再细分为：免费流量、付费流量、合作流量。除此之外，别无其他。

免费流量。除了前面提到的平台会给基础流量，免费流量的获取在互联网还可以通过很多种方法，最重要的是：坚持。比如坚持写文章、拍视频、录音频，只要是有人看的地方就会有流量。获取免费流量的平台也非常多，比如主流的有微信公众号、知乎、简书、小红书、抖音等，这些都可以根据自身情况去尝试。互联网的免费流量就像传统线下的跑业务，通过挨家挨户的方式收集意向客户坚持去开发市场才能获得流量。只不过互联网没有了地域限制，可以实现批量引流。

我们以微信公众号为例。公众号，完全是一个流量孤岛。如何获得流量，完全要靠运营者不断去外部扩散，比如读者的转发，其他平台吸引过来的读者，或者是互推换粉，或者是做裂变活动等。

但公众号有个优势，那就是在微信体系内畅通无阻，打遍天下无敌手。不论你在公众号挂什么，只要不出现违规现象，不夸大和过度营销，平台方都不会限制你，这点是其他平台无法相提并论的。

在微信体系，就像第二章内容所讲的一样：最好的流量是公众号和个人号。这两个是要结合起来运营。公众号现在打开率非常有限，所以，如果你要想运营好这些流量，最好选择转移到个人号和社群。因为社群发消息、朋友圈发动态不需要费用，也没有限制，可以重复、不断地启用，并且朋友圈和社群的打开率也非常高。

所以，为什么一直都在说微商好运营？因为流量便宜，方法简单。直接在朋友圈就可以推广、收款、发货，只要不囤货，基本上什么风险都没有。但是，做淘宝店就没有这么简单，还需要修图、上新、运营等，不说其他的琐碎小事，仅仅是这些环节，就已经将很多微小个体拒之门外。

所以整个微信体系，未来三五年内还是处于霸主的地位。因为从社交、流量成本、成交模式以及打开时间上来说，都在互联网平台中位居前列。

你可以理解为：一切外部的免费、付费吸引过来的流量，最终都需要有一个地方进行留存。而微信的公众号和个人号，简直就是留存这些流量最好的土壤，也就是近两年比较流行的“私域流量”。

合作互推。合作，也就是资源共享，大家选择在一起抱团发展。在线下的话，就叫作联盟；在线上，叫作互推。

举个例子，你是开饭店的，我开健身馆的。你的客户吃完饭之后有“罪恶感”，那我们一起合作，推荐来我的健身房吧，凭你的小票，直接打八折优惠。在互联网，我的微信号有五千人，你的号有一万人，我两条广告换你一条朋友圈互推，行不行？

合作的流量比较简单，主要靠自己的谈判能力，如果实在不行，大不了就买他的广告。

付费流量，也就是付费渠道，比如百度的推广、淘宝的直通车、微信朋友圈的信息流广告等。付费推广，一开始的时候最好花小钱去测试，比如你线下开了一个餐厅，那就花点小钱给别人，测试一下效果再决定投不投。

比如有些人专门做微信群团购，那就找他们推一下，在他们的微信群设计几个爆款产品，然后说每天的特价名额有限，需要添加微信预订，这不就是引流吗？成交一个顾客，别人要多少提成，只要合理你就给他计算提成，这点推广费用相对来说很划算，关键是你怎么留存的问题。

线上的付费流量也是一样的逻辑，比如朋友圈投放、微博粉丝通、百度关键词、抖音豆荚，只要是个平台，都会有付费的通道给你选择。付费流量，只要你把这几个主流平台，研究透了其中一个，几乎可以说不用担心流量的问题。

我现在给大家讲一个比较简单的逻辑，也是我过去几年一直在强调的观点：那就是一切引流的目的，都是为了让潜在顾客加微信，或者加公众号关注。比如你做淘宝，如果你不是特别有钱，预算不是特别多，投不起直通车，你就只能把淘宝当转化端，也就是不信任的客户，可以从淘宝下单。

把淘宝当作转化端，把微信当作流量池。千万不要把淘宝当作流量端，除非你有足够的钱去投放，淘宝的自然流量也要往微信体系导流。而微信端，你要把它当作流量池来运营。

以上逻辑说下来，虽然你认识了什么是流量，也知道了流量获取的三种方式，但是在认识流量这个环节，我还不敢放你下山，我怕你会走很多的弯路。所以，我们还需要对流量的理解进行排毒。

流量，说到底是需要多渠道进行引流、然后汇总，之后过滤，最后建立自己的流量池。但是，你引流成功了，并不代表他们就会消费。所以，流量又分为泛用户、精准用户和铁杆用户三种类型。

大多数人的营销方式确实不敢恭维，所以就一味地追求数量，拼命用各种软件狂加用户。这个在以前的确是有点效果，因为政策上管控得不怎么严，微信号也开放注册。但现在就只能听天由命，你注册得多了，平台会限制你。所以这个模式其实更适合有一些经验的团队操作，几百台手机全天工作，不断地吸粉、剔除，以量取胜。这种模式属于技术优势，对大多数人还是有一定门槛。

再如微商的模式，一个总部、几百个代理，充分地去挖掘流量。这种模式就比较传统，以前微商代理玩得转，招个几百个几千个不是问题，一层一层下去，一个号几千人，自然就有了几万人的流量。

但现在竞争激烈，这种做法也渐渐被淘汰，量虽然大，但不一定盈利。其实社交电商和这个并没有什么差别，只是把发货这个环节变成了集中运营，把一个流量变成多个流量使用，拼团、裂变，不再局限于单纯的购买环节。

这些方式其实都是在做“泛粉”，也就是在以量取胜。一段时间之后，一定会淘汰很多的平台和产品，也就是火一段时间就消失，最后留下几个大平台。而且泛粉有个不好的地方，那就是消费低，而且很容易流失掉。

所以，想要成为超级个体，未来要做的就是在泛用户之中过滤出精准用户，然后培养成铁杆用户。不需要太多的流量，但消费足够高、复购足够多，精准服务好一小部分优质人群，做好转介绍即可，这个算作流量池。

所以，做互联网营销，说到流量，归根结底，是要有属于你自己的流量池。如果没有可以冷启动的流量池，你做什么都寸步难行。当你有属于自己的流量池，你就是一个超级 IP。

思考一下：如果没有老客户，拿什么去赚钱？也还是那句老话：老客不够多，你只凭新客赚个什么呢？生意归根结底都一样。

所以，这里又会重新回归到“人”这个层面，也就是消费者其实都不喜欢和冷冰冰的公司打交道，特别是在互联网，更喜欢和人打交道。一个网红为什么能带货？因为你认可且熟悉这个人，所以产生信任再产生购买。

哪怕他的东西比其他地方偏贵一些，你也愿意购买。这里就有了溢价，有溢价就会有利润。在这里，商业的本质就是追求利润，没利润，就玩不转。

所以，你觉得是做一个品牌容易，还是成为一个网红容易呢？当然是后者，天然不用注册。这个其实也就是现在个人 IP 的核心：我是某个领域的专家，所以你选择找我买。

你要理解：人，是群居动物。都希望有社交圈子，希望有人交流。你说你的产品非常好，大家也都觉得非常好，刚好我也喜欢，那我就买。所以，网红也就拥有了一些铁杆用户，他每天和你聊天，让你觉得就像朋友一样熟悉，而且还提前帮你解答产品问题。反正都要花钱，不如花给这个帅帅的“小哥哥”、漂亮的“小姐姐”。

记住：钱，消费者始终都是要花出去的，无非是花给你还是花给别人。所以，产品之外的竞争，更多的是购买决策的竞争。作为一个超级 IP，你必须在产品外有足够的影响力和号召力，这样你才能搭建好精准用户和铁杆用户的流量池。

关于流量，一定不要执迷于数量。假设你有 1 000 个粉丝，一个人一年平均消费按 500 元计算，这里面可就是 50 万元。流量需要多吗？并不需要。

所以，别说什么百万粉丝。你去看看，多少百万粉丝的大号其实毫无黏性，发一篇推文都没什么人买账。变现能力还不如一些有几千几万的铁杆用户的微商。所以不要人多，只要真正认可你的。不认可你的流量，只不过是数字。

关于精准用户，我比较喜欢推荐内容引流。一个看过你文章、视频的人，已经对你有个大概的了解，而且一般情况下已经有购买倾向，你只要持续地推广和曝光，成交只是时间的问题。

但是，你一定要记住：流量不是说一加你就开始购买，而是长期构建信任之后才会产生消费。你越主动，顾客往往越不买。所以，新的流量一定要培养一段时间。

比如，人家加你微信之后，你不能马上就推产品，要先询问一下：你从什么渠道加到我微信的？之后再靠朋友圈慢慢建立联系。如果不买怎么办？那就说明：要么是你的营销流程存在问题，要么就不是属于你的顾客。

一个人不买一个东西，四大问题：不信任、没兴趣、没有钱、不需要。所以，你需要做的是构建信任、完善产品、刺激消费。没有消费能力的话，这个你就没办法，也根本不是你的客户，除非你的产品能实现分期付款。

基本上这样做下来之后，你就该清楚了，如果一两年还不买，也不用着急，直接单独分一个组。如果已经确认不是你的潜在客户了，那也没必要留存，选择过滤掉。这个更加偏向微商产品类，但如果你是做服务类，虚拟类的产品，那就直接分类，不用着急删掉。因为虽然不买，但可能还有转发的可能。

最后，关于引流的方法太多，不要试图走捷径。如果说真有什么引流的捷径，我觉得就是：在掌握逻辑、方法的基础上，反复执行。免费的，反复不断地折腾；付费的，反复不断地测试。最终反复不断地过滤，反复不断地推广，最终形成反复不断成交。

最近两年在互联网圈提到流量，一定离不开一个关键词：私域流量。私域流量这个词流行起来之后，很多的培训机构、营销人也开始抓住机会，及时地开发了一些关于私域流量的培训课程，甚至有些培训机构、老师还打出了“私域流量专家”的定位。一时之间，私域流量被传得神乎其神。

什么是私域流量?

其实，私域流量我们已经很熟悉，如果你去百度一下什么是私域流量，就有人能给你巴巴地说个一二三四五六出来。我对此一点都不觉得新鲜，我一直在强调一个观点：看问题要分析本质，要探寻背后的原理。

很简单，我给大家举一个日常生活中熟悉的例子：比如在七八年之前，如果你去一家餐厅用餐，当你吃完饭买单的时候，餐厅的工作人员会跟你说：您今天这单消费了 300 元，我们现在有会员活动，如果加入会员的话，这次可以免单，以后每次消费都是打八折。

如果你喜欢这家餐厅，那么你很大可能会加入会员。加入会员之后（商家有了你的私人号码），隔三岔五就给你发短信，今天是会员日，明天又推出哪个会员菜。

总之会策划各种会员活动吸引你去消费。消费完会员卡的钱，又引导你再充值，告诉你充值 1 000 元送 500 元。

所以，私域流量其实是早就存在的现象，也就是我们熟悉的会员系统。到了互联网上也就是：关注我、加我微信，有免费的礼品或者优惠。总之，想尽办法导入微信这个系统里。私域流量之所以流行，归根结底是因为获取流量的成本水涨船高，而私域流量很好地解决了获客成本高的问题。

小结

第一点，理解流量，首先你要从虚拟和现实两个世界认识流量。在线上，所有的流量都是来自线下真实世界的用户因为遇到问题，通过互联网搜索、查阅的行为，每一个流量的背后都是一个个活生生的人。而在线下，所有的流量，称为客流。

第二点，流量只有两种形式：免费和付费，这两种形式又可以拆分为：免费流量、付费流量和合作流量。免费流量靠长期坚持，付费流量靠不断测试，合作流量靠资源匹配。

第三点，流量不是越多越好，不要执迷于数量，而要构建你的精准用户、铁杆用户的流量池。流量用户也不是一开始就会买你的产品，而是经过长期构建信任，才会成为你的顾客。

三、流量的底层逻辑

在商业世界，几乎所有的竞争，都来自流量的争夺大战。从互联网巨头阿里、腾讯、抖音之间正在被纠正的互相封杀，到街边小店为客源而争得脸红脖子粗，无一例外。

说起引流，大家平时看到的是这样：

群发二维码求人扫码关注

在一个微信群直接打广告

在微信群大量地添加别人

这样的现象你是不是常会遇到？在营销工作中，很多人总是用一些低级、无效的方式进行引流。这样做的后果不是加了之后不说话（不感兴趣），就是被群主踢出群。大概这些人没有理解引流，其核心在于一个“引”字。

而作为一个营销人，我遇到最多的问题也是：如何引流？前一小节，我带你重新认识了流量，也分享了获取流量的三种方式：免费、付费、合作，以及帮助你梳理了对于流量存在的认识误区。当你真正理解了流量，就不会再单纯地追求数量。

从这一小节开始，我将要传授给你获取流量的底层逻辑，分享一个理论和三个实战步骤，帮助你理解引流的原理，让你能轻松获得流量。如果说上一小节的内容是熟悉鱼塘，那么这一小节的内容就是熟悉用户。

首先，我们要引出一个关于流量的经典逻辑：鱼塘理论。这个鱼塘流量逻辑在营销圈被广泛运用。

可以说，我前面 10 年创业和营销的经历，都离不开这个流量逻辑。包括，现在所有讲流量的课程，市面上所有的引流方法，所有的行业，最终都离不开这些核心。如果你想真正掌握引流的终极奥义，接下来请仔细阅读并理解。

什么是鱼塘理论？

鱼塘理论的核心，就是把顾客比喻成一条条游动的鱼，把顾客聚集起来的地方比喻成一个个鱼塘。鱼塘理论，以成交为中心，分为前端和后端。成交前，叫作前端营销，需要我们想方设法抓取潜在顾客，比如说为了吸引更多的潜在顾客，往往需要用免费或者让利的方式吸引顾客，最终实现推广自己的产品或者服务。

也就是说，鱼塘理论在告诉我们：引流的重点在于如何找到鱼塘，再将鱼吸引过来。这里的关键词是“鱼”和“鱼塘”，不同环境的鱼塘会养出不同的鱼，不同的鱼需要不同的鱼塘环境。这就需要我们去思考：你想要什么样的鱼？

你可能已经注意到：前端营销最重要的是抓取潜在顾客。从哪里获取潜在顾客呢？其实，最好的获取方式是从别人的鱼塘里抓取潜在顾客。因为鱼塘理论强调的是：你想要的每一条鱼（每一个潜在顾客），都是别人鱼塘里的鱼。简单点来说，就是你的目标群体，其实早就已经有人帮你聚集在一起了，你唯一要做的就是找到目标人群在哪里。这个鱼塘可以是平台、社群，甚至细分到某家店某个人。

成交之后，叫作后端营销。因为在前端引流的时候，更多是以优惠的方式，甚至是牺牲了利润的方式吸引潜在顾客进入鱼塘，所以我们需要设计好后端产品，在后期追销一些其他产品，让用户产生高复购，提升产品客单价，才能提升最后的整体利润。

事实上，这就是互联网营销的核心：先有引流品，然后有利润品，最后有形象品。引流品是为了吸引用户，利润品是为了获得利润，形象品是为了锚定用户。

当我们不断地从别人的鱼塘引入新的流量，以及通过成交和追销积累了一定顾客，我们就可以逐渐形成一个属于自己的鱼塘。这就是鱼塘理论，流程是别人的鱼塘、抓潜、成交、追销、自己的鱼塘。

这个流程是所有行业的引流逻辑。像我创业、做营销 11 年时间，包括我服务了那么多公司，最终都是围绕着这个流程在做。我们在很多行业都做了尝试，都取得了非常不错的效果。不过我认为鱼塘理论偏向于“洗流量”，适用于帮助我们找到鱼塘并实现引流。对于打造个人品牌来说，千万不能把顾客当流量，一切的出发点都应该是让用户受益。前期花了巨大精力建立起来的鱼塘，需要我们细心呵护养育，才能创造出更大价值。

当清楚了这个引流的逻辑之后，就会发现这样一个事实：如果没有有效抓取潜在用户，就不会有成交。就像线下做销售也是同样的原理，看一个销售的业绩怎么样，只需要看一下他的意向客户数量。也就是说，如果我们想要成交顾客，首先必须要有潜在顾客。

所谓抓潜，就是定义你的目标用户且吸引他们。也就是说，要找到那些现在需要你产品并且有消费能力的人，而不是还需要通过长期教育，以后可能会购买产品的人。要做好这一点，定位就非常的重要（明确自己需要什么样的群体，比如说是高端客户还是普通客户？是男性用户还是女性用户？如果我们一开始就知道如何定义自己的潜在顾客，那就会事半功倍）。

需要注意的是：我们在上一节已经重点强调过很多人对于流量存在的误区，这里我还要再次强调一下：不论你是引流也好，涨粉也罢，你的最终目的都是为了过滤出潜在顾客（真正需要产品的人），最终转化为真正的顾客。如果你吸引过来的人，怎么努力也不会购买你的产品，那么不论你能吸引多少人关注你也是无效的流量。

当我们想清楚自己的鱼塘在哪里的时候，就能够更好地实现精准引流，最关键的问题是：如何找对鱼塘？

答案是：学会场景营销，埋伏在消费者的必经之路（这句话特别重要，建议在心里默念三遍，然后记下来）。简单来说，场景营销有一个很重要很关键的逻辑就是：先列出你目标群体的购买场景（必经之地），然后你再精心设计。

场景营销，也就是你要去分析和观察：顾客在购买你的产品之前，可能会先买什么产品？这就是你的上游；顾客购买你的产品的时候，同时又会买什么产品？这就是你的同行；顾客在购买你的产品之后，还会买什么产品？这就是你的下游。通过这样分析和观察，你已经熟悉了目标群体的“必经之路”。建议这个环节，可以自己消费、体验一次来熟悉用户路径。

举个例子：之前我在志邦家居的时候，我们会分析自己的鱼塘在哪里，从而找到消费者的必经之路：

一个需要购买橱柜的人，他之前会买什么？肯定是先买房子。所以，相关先有楼盘、物业公司、装修公司、瓷砖卫浴等。我们会从相应的渠道去获悉楼盘信息、业主信息，可能是异业资源共享，这些就是我们的上游。一个需要购买橱柜的人，他也会需要购买厨房电器、厨房用品等，这些就是我们的同行。一个需要购买橱柜的人，他很大可能会购买床上用品、卧室家具等，这些就是我们的下游。

这样一来，你就会清楚自己的鱼塘在哪里，同时也可以判断你们之间的产品会不会存在竞争性。同时，也需要看自己品牌的定位，和别人鱼塘是不是相匹配。比如一个一线品牌如果跟一个三线品牌资源共享，意义就不是特别大，因为两个品牌群体的消费能力不匹配。

再举个例子，比如你是做减肥产品的微商，如果你想要招代理，你的鱼塘会有哪些呢？那你就可以思考和观察一下，你的目标群体的购买场景又是怎样的呢？他们会在哪些地方出现？

一个想要购买减肥产品的人，可能会先在互联网搜索一些相关的资料、文章，那可能宝妈论坛、宝妈社群、时尚论坛之类的平台，就是他们聚集的地方，这些就是你的上游。她们买了瘦身产品，那可能也会买化妆品、低脂零食等，这些就是你的同行。一个想要瘦身的人，可能还会消费健身课、健身卡、产后康复、美容保养等，这些就是你的下游。

所以，当你弄明白了消费者的购买场景，就很容易找到自己的鱼塘。你可能还有疑问，当你找到了自己的鱼塘之后，又应该怎么做呢？实际上，答案就在上一小节的内容里面。还记得上一小节的内容吗？在上一小节我们认识了流量，并且提到获取流量的三种方式：免费、付费、合作。

所以，当你找到鱼塘之后（前提是找对鱼塘），有三个方法可以快速实现引流：

（一）广告

如果说你们公司有比较好的广告预算，或者你个人有投资的一个预算，完全可以尝试一下投放广告的，比如在一些微信公众号大号上投放。在知乎，也可以通过付费的形式推广文章，获得快速曝光。

如果个人预算有限，那么可先小规模投放测试，然后看一看投入产出比。比如，你目前的实力还投不起那些大的平台、大的网红，我建议可以换一个思路：比如你可以在抖音上投放豆荚，最低可以五十元起投。你投不起网红号，可以试一试寻找一些有一定流量的小网红，那些公众号、知乎的只有几千、几万的自媒体账户，其实大多数也很想有一个渠道可以变现。

但一定要记住前面所讲的：先小投入测试，有结果之后再大测试。

（二）分销

说起分销，其实大家也不陌生，毕竟在互联网屡见不鲜。所谓的分销，其实也就是代理。只不过以前代理一个产品，一般都需要高额的代理费用，不仅门槛高，而且有风险，相对来说并不是那么好招代理。

但是到了自媒体时代，分销已经变得非常简单。在社交电商时代，每个人都可以成为一个产品或者是一个品牌的分销员。比如你在一个平台买了一件产品，如果你觉得产品很实用很划算，你也可以选择分销，只需要生成自己的推广二维码即可。

因为现在渠道发生了很大的变化，以前你需要去实体店体验产品，商家也只能通过货架展示产品。而现在只需要一部手机，就可以在朋友圈晒单，每个人都可以是一家店铺、一条传播渠道。

所以，当你学会引流，当你有了铁杆用户，有了自己的鱼塘之后，在这样一个分享经济时代，一定不要忽略分销的力量。

（三）合作

在你找到鱼塘之后，你就应该尝试一下合作的方式。这些鱼塘的用户会跟你的目标用户非常匹配，而且有天然的信任度。

比如以前我在志邦家居做营销的时候，每次去到一个城市策划活动，第一时间就会要求每个店的店长去跟一些渠道互换资源。比如跟瓷砖和卫浴行业合作，因为装修的程序一般都是先买瓷砖和卫浴设施，之后再买橱柜，所以跟他们合作，意向客户就会比较准。

像这种合作的话，一般都是实力相当的合作会比较长久。首先是因为双方之间的关系是靠互惠维护的，如果一方长时间觉得吃亏，觉得你不付出、你的资源质量不行，那很难继续合作。

而且，如果实力不匹配，合作的意义也不大。比如我的产品是品牌，而你的产品是杂牌，这样的顾客群体其实是不匹配的。事实上，如果你做好了前面所讲的混群引流，积累了一批种子用户后就已经有了“筹码”，可以找到几位“盟友”合作互推快速获得流量。比如，邀请他们举办一场公开课，各自分享一个主题，实现资源共享。

广告、分销、合作，是比较常见的三种鱼塘合作方式。在实际运用中，你可能会遇到一些阻碍。比如在投放广告的时候，你可能会遇到投入产出比不高，那么你需要及时复盘总结好经验，认真学好转化的技能；比如在寻求合作时，可能你直接跟老板谈判会没那么容易，那你可以试着跟店里的销售谈判，互相合作，这样会比较简单。

清楚了以上逻辑之后，我们还需要运用流量三步法，实现引流的目的，毕竟流量是每个人都关心的问题。流量三步法分别是：找对鱼塘、制造诱饵、设计钩子。

所以，我们整个鱼塘的引流逻辑，其实就像钓鱼一样：如果你没有找对鱼塘，那么你可能会入不敷出，甚至浪费大量的精力和成本，因为鱼塘里面根本就没有鱼，或者鱼少得可怜，又或者根本不是你想要的鱼（或者是它需要你）。记住：流量，分为有效流量和无效流量。

如果鱼塘里面有鱼，但你不清楚如何制造诱饵，或者不去制造诱饵，那就跟姜太公钓鱼一样：整天只能想着愿者上钩。那几乎就跟做白日梦没什么两样，很不现实。而如果你找对了鱼塘，也制造了诱饵，最后没有设计好钩子，或者钩子设计不对的话，最后也将是竹篮打水一场空。

如果你想要真正源源不断地获取流量，获取优质的流量，以上三个环节，需要做到环环相扣。任何一个环节没有做对，引来的都有可能是无效流量。

所以，不论是在线上还是线下，我们想要获得流量，第一步都是找对鱼塘。你能知道自己适合在哪些鱼塘钓鱼才是最重要的。找对鱼塘，你也可以理解为：有效流量。

如果你实在对找对鱼塘很困惑，这里我再分享一个非常有效的思路：当你实在不知道自己的鱼塘在哪里的时候。你只需要看看你的同行和竞争对手，看看他们经常在哪里出现，你的思路就会变得很清晰。

比如，你百度一下同行的品牌、名字，看看他们出现在哪个论坛、哪个社交网站。如果他们在这些网站投放广告，或者是分享内容，那么就说明这些鱼塘是有效的，不然他们为什么一直要投钱或者是花费精力呢？

然后，我们要学会制造诱饵。当然，这里的诱饵和钩子有些人可能会混淆，分不清这两个的区别。其实很简单：诱饵，是为了让用户对你产生兴趣；钩子呢，是为了让用户和你建立联系。

如何制造诱饵？比如你在互联网上卖任何东西，除了找对鱼塘，你必须还要制造诱饵吸引你的潜在顾客。这个诱饵，可以是在别人的鱼塘里做一场很优惠的促销活动，也可以是在鱼塘里分享一些行业知识干货、使用心得等。我们在上一小节也已经介绍：精准客户最好的获取方式是，让他们看你的文章、你的视频。对你已经有了初步的了解，被你的内容所吸引的人就是你的目标。

最后，我们要学会设计钩子。钩子，就是你精心为潜在顾客准备的福利。这里也有一个很重要的技巧：就是你要送出去的福利，一定要和你的产品相关，而且是顾客想要的福利。千万不要送了福利出去，结果跟你的产品没有什么关系，也不是顾客想要的，那就得不偿失了。

这里分享一个钩子设计错误的案例，我的助理曾经收到过一个学员的求助。该学员的求助如下：

圆圆姐姐（注：我助理的名字），我想和你说说我第一次做营销宣传的感受，我有些困惑希望能得到你的指点。我做了一个美国高中留学的网站，网站最主要的特色是，有高中留学生留学和在当地住家的经验分享，希望能帮助那些新来的高中留学生不被中介蒙骗或者寄宿家庭欺负。因为人数不够多，我就先从我身边的同学开始做起，我自己做了一份调查问卷，让他们填写自己住过的寄宿家庭的评价并打分。总的来说结果还不错，内容能放到公众平台上供参考。

可是我身边的同学只有十个人左右，我还需要更多的人来填写调查问卷。所以我就决定在我的公众号上进行宣传，希望更多的人参与，填写完问卷且审核过关之后，就能获得人民币 5 元的红包。确实至少有 30 个人来加我的微信，他们也都填写了问卷，可是结果非常不好。99% 的人都是为了五元钱过来随便乱填的。我不想与他们争执，就发了一两元钱给他们，随后删除了他们的微信。

我想吸引来填写的用户不是他们，所以我在反思是哪个环节有漏洞出了错。我现在重新制订了计划，决定继续去这些公众平台吸引更多有效的用户过来，但绝对不用钱来吸引。我决定把精力投入到输出有用的信息和文章上。就像这几天余味老师一直在强调的：输入、吸收、输出、输入，以此吸引更多有效人群来访问我的网站，获取他们想要的信息。

看了以上案例，你知道哪里不对吗？这位学员的错误在于：设计的钩子和产品完全没有关系。填一份问卷 5 元钱，吸引来的大多是对钱感兴趣的人。所以，我让她重新设计了一个钩子，设计一个用户感兴趣的东西，真正吸引潜在顾客。比如填写问卷后，可以获得一份精心准备的《中国留美学生防坑指南》。

下面，为了帮助你更好地理解鱼塘理论，我分享一些案例帮助你获得启发。首先将我自己如何在互联网打造个人品牌的经历分享给你。告诉你我是如何运用流量三步法，一步步成为超级个体的。

2018 年 8 月之前，我几乎一直都是在线下实战，为志邦家居、科勒中国以及一些创业公司做营销策划工作。在这期间也开了一个公众号，默默地坚持写了两年的时间，也一直没有什么人关注。所以，我就把公众号当作是自己的个人思考空间。

后来，我有个朋友一直在跟我说，要我建立个人品牌，将自己的个人观点、经验分享出去建立影响力。于是，在 2018 年 8 月，我正式开始在知乎分享我的商业观点。

想建立自己的个人品牌，应该怎么做呢？当然就是跳出公众号去分享。我在前面介绍过：公众号是一个封闭的孤岛，而且几乎已经没有了流量红利，个人的话，单纯地靠微信体系很难再杀出一条血路。

而且微信公众号还有一个弊端：你辛辛苦苦写了一篇文章，它的有效期最多也就是三五天。也就是说，三天之后还会翻看你公众号文章的人很少很少。再加上公众号的孤岛环境，别人很难搜索到你。现在年轻人比较喜欢一些搜索类的内容平台，比如知乎、小红书、简书、今日头条等。这些平台如果你发表了内容，是可以搜索到的。

比如，我在知乎分享了一篇文章：《无营销基础，应该如何从零开始学营销》，哪怕是多年以后有人需要学习营销，在百度一搜相关的营销话题，这篇文章也有可能被搜索出来。所以，我就选择在知乎分享，并且作为主攻平台。

一年左右的时间，我的知乎就已经突破 10 万人关注，收藏、点赞也达到了近百万人次，而阅读量也达到了 2 000 万，分享的观点多次登上知乎的热门回答，每天都有几十到几百人关注我的公众号和朋友圈。那么，我是怎么做到的呢？我来还原一下前面所讲的流量三步法。

第一步是找鱼塘。首先我要确认自己的目标群体在哪里，所以我在百度上搜索了一些营销相关的问题，最后惊奇地发现：很多关注营销话题的人，并且有质量的人，主要都集中在知乎。

同时，我也对比了一些其他渠道，比如今日头条、简书等，发现最适合分享知识的平台还是知乎。而且我发现，很多营销大号都是从知乎起步，并且一直在持续不断地经营。

第二步是制造诱饵。我把创业和营销话题翻看了一些，发现一个很有趣的现象：垂直类的创业跟营销回答，缺少有比较靠谱和接地气的回答。要么是一大堆从书上复制过来的理论，要么是一些大企业的神案例，让很多普通人和创业公司无从下手。

所以，我就筛选了一些话题开始测试，回答问题的时候，用一种普通人也能看懂的方式进行分享，让大家既可以看得懂，也觉得接地气，给读者制造启发感。所以，这些内容就是我制造的诱饵。这也是为什么很多读者都反馈，我的文章让他们醍醐灌顶的原因，仿佛为他们打开了一扇窗。

第三步是设计钩子。我会在知乎的个性签名板块展示我的个人微信，然后加上一句：每天会分享商业观点，对营销和创业感兴趣的读者，可以围观我的朋友圈；或者是在文末加上一句：查看经典文章，可以关注我的公众号“有余味”。这个就是我设计的钩子。

就这样，对创业和营销感兴趣的读者，就会添加我的微信，围观我平时分享的一些商业观点。当然，我的方式比较佛系一些，如果想让效果最大化，还可以将钩子设计得更有吸引力，比如“添加我的微信，可以免费领取我的108招朋友圈成交秘籍”。

以上是我自己的案例，下面继续分享两个案例，看看其他人是如何运用“鱼塘理论”的？帮助你更好地理解和实践。

第一个案例：母婴电商。

不论做什么生意，引流都是首先要解决的问题。很多人在引流这件事情上投入了大量的时间和物力，但是最终效果却不太理想。很多人不知道的是，如果想要吸引用户的关注，必须提供别人所需要的价值（制造诱饵）。

具体怎么提供价值以吸引粉丝加你呢?

我曾经服务过一位经营母婴用品的电商客户，在前期创业的时候，只用了 20 天左右的时间，个人微信号就加满了 5 000 个好友。要知道，这个数据是很多人一年也无法实现的，那她是怎么做到的?

第一步是找对鱼塘。想要吸引宝妈这个群体，首先必须要知道她们的必经之路（场景营销）。所以，她先通过各方面的搜索来了解，发现她想要的宝妈群体都集中在辣妈帮、美柚这些宝妈类社区。

第二步是制造诱饵。刚开始，她选择去这些社区发帖子、评论、私信等，但是因为方式方法不对，帖子发了很多，却没有几个人加她。实际上，这也是很多人存在的误区，总是发一些无关痛痒的内容。

后来，她开始转变思路，先去浏览社群和论坛的一些主题，她发现里面有很多的宝妈在讨论宝宝辅食怎么做。于是她很聪明，买了几本关于宝宝辅食的书籍，从书里面整理了 100 多种辅食制作方法。

第三步是设计钩子。她开始在这些社区发布内容，在文章中展示了 20 多种辅食制作方法，然后在文章结尾处加上一句：因为篇幅限制，剩下的 80 多种制作方法，请联系微信索取。

结果，只用了大概 20 天时间，添加她的人，加满了一个微信号（一个微信号以前最多可以添加 5 000 个好友）。加到微信后，她发送辅食材料的时候又继续设计了一个钩子：在后面附了一个链接，告诉大家只要填收货地址，就送一份四片纸尿裤试用装和一包 80 抽的湿纸巾。最终，有超过 1 500 人填写。

第二个案例：社群引流。

在社群引流，是一种非常高效的方式。因为能够聚集在一个社群的人，往往是因为有着共同的目标、兴趣爱好。比如，如果我需要销售我的线下课，那么知识付费社群就是我最好的鱼塘。因为，别人之所以在一个付费社群，基本上是有付费意识的，已经接受过市场的“教育”。

说起社群引流，很多人都是直接在群里发硬广，或者从来没有冒过泡，然后突然就开始在社群大量地添加好友。这样的方式，不仅容易让群主和大家讨厌你，而且效率非常低，很多无用功。

我举办第一期超级个体特训营的时候，有一位特训营学员在运营抖音号，她在学习了我分享的引流方法之后，并没有按照一般人的方式发硬广，而是完美地演绎了以上所介绍的引流方法。

首先，她很清楚特训营的学员很多都对抖音感兴趣（找对鱼塘），所以会时不时地在群里分享自己抖音的战绩，比如自己今天偶尔一个视频就涨了多少粉丝，今天直播的情况怎么样，自己如何从零做到几万粉丝。这就是先制造诱饵，让大家对她产生强烈的兴趣。

接着她设计了一个钩子：各位同学，如果想学习运营抖音的可以私聊我，我的抖音号从零已到五万多粉丝，有一些自己的心得可以分享。说完之后，当时就有好几个学员回应想要添加她的微信（还有一些在默默关注不冒泡的学员，预计当时至少引流 20 个人）。

获取精准粉丝，分享干货引流，是我个人一直比较推荐的方法，因为这样吸引来的都是相对比较精准的潜在用户。最重要的是：别人对你感兴趣，而不是你追着别人关注你。所有的引流方法都离不开前面所讲的流量三步法。

我希望你能明白，以上所讲的流量逻辑，核心并不是在教你什么套路，最重要的是学会：为顾客提供价值。真诚，是这个世界上最好的套路。如果你的分享不能给人启发，也没有一定价值和利益，任何的技巧也终将是昙花一现。

小结

第一点，做营销需要流量的时候，首先要找对鱼塘。鱼塘已经有人帮你建立好了，你唯一要做的就是：埋伏在目标群体的必经之路。

第二点，当你找对鱼塘之后，要善于制造诱饵，让你的潜在用户对你感兴趣。而诱饵的核心是：你为用户提供价值（利他主义）。最后设计钩子，让潜在用户和你产生关系，最终建立属于自己的鱼塘。

第三点，获取流量，核心的秘诀在于一个“引”字，是别人对你感兴趣，而不是你主动追着别人关注你。

四、流量的实用方法

前面我们已经介绍了获取流量的底层逻辑，下面我们可以根据前面所讲，看看如何去实操引流。经过我在互联网的大量观察与总结，发现有两种比较好用的方法非常适合深耕：社群引流和互推引流。这两种渠道对于普通人来说，是非常有效的引流方式。

去年我的一位生产儿童防护产品的企业客户跟我分享了一个案例：一位之前几乎没有任何营销基础的医生成为他们的代理，关键是她的业绩是许多老微商的几倍。最让人不可思议的是，她之前是一位默默无名的小人物，既没有个人品牌，在互联网也没有粉丝的积累。

想不想知道她是如何做到的？她的方式非常简单，却十分有效——通过“社群引流”。下面我们再根据前面所讲的流量逻辑，一步步拆解通过社群和互推引流，相信会给你带来启发。

（一）社群引流

如何找到精准鱼塘？

在引流之前，一定要时时刻刻提醒自己：你想要的精准顾客，已经有人帮你提前聚集在一起了。你要做的并不是漫无目的地撒网，而是直接找到他们的聚集地。

有奖征集：大多数的事情都可以通过投入解决，用真金白银换结果也会大大提高效率。如果你要找到一些潜在顾客聚集的微信社群，你可以试着在朋友圈发一条朋友圈征集，推荐成功者发红包表示感谢。

关键人物：你身边会有一些擅长社交的人，他们人缘非常不错。这种类似自带社交体质的人一般会有很多的社群，而他们也会经常出现在各类社群。你可以试着邀请他们帮忙，比如说你可以问他们有没有加入一些比较活跃的群，几乎没有人会拒绝你的请求。

精准搜索：难以想象，很多人玩了好几年的微信，都没有发现搜狗和微信的搜一搜的引流功能。这两个渠道可以找到与你顾客相关的一些微信群和圈子。操作方法也非常简单，只需要在微信的搜索框输入关键词，比如减肥微信群、护肤微信群、营销学习微信群等，然后在你要找的主题后面加上空格。在微信里面搜索也能看到很多公众号的文章，而很多文章的作者也在建自己的群。比如，在豆瓣搜索关键词也可以找到兴趣小组，一般也会有微信群。以上这些都是精准搜寻社群的渠道。

当然，还有很多的公众号和一些大咖小咖也有付费的社群，你可以在经济允许的范围内报名加入。因为这批人都是付费进来的，所以他们有付费的意识。就像我前面强调的观点，越是有门槛的群，加入的人一般比较优质。因为他们都有一定的消费能力和意识，后续他们也容易为你付费。前期投入几百元或上千元，后期带来的可能就是翻倍的一个回报，这也是非常好的方式。

你发现了吗？以上三种方式的核心其实都离不开之前的流量逻辑：你需要的精准用户人群，早已经有人将他们聚焦起来。你需要做的就是找到对的鱼塘，想方设法吸引你的潜在用户，仅此而已。

如何制造有效诱饵？

加入社群之后只是开始，如何制造诱饵，如何去引流才是关键。很多人并没有认真思考这个问题，对此存在误区，所以进去以后就开始简单粗暴地做自我介绍、发广告。甚至是用工具“爆粉”。结果可想而知，下一秒就被群主或管理员警告，被群主和大家讨厌，甚至可能再发一次就会被踢出群。这类方式我们前面说过已经过时，也不符合引流的逻辑。还有一种更糟糕的情况就是，你在群内介绍自己时，其他成员不回应你，没有一个人接你的话题。整个过程非常冷清和尴尬。我想你大概会恨不能找个地缝钻进去。

社群相当于是一个文化部落，想要在社群里被发现、被关注，首先要破除玻璃心，厚脸皮、大胆的展示。那么具体怎么做呢？我们来看正确的引流步骤。

第一步，搞定关键人物。所谓“擒贼先擒王”，加入一个社群之后，一定要加组织者或管理员的微信，然后积极和他们建立友好关系。什么意思呢？如果你去了一个新的地方想要行个方便，首先要经过他人的允许。很多人在这一步就犯了致命的错误，陷入了一个误区，不知道“将欲取之必先予之”的道理。

如果你要获得群主的认可，首先你要认可群主、配合群主。维护群主。方式要得体，与其说是混社群，不如说是展示自己的为人处世。因此，你可以多真诚的赞美群主，多感恩他所做出的贡献，比如说他的所有课程或文章你都看了，分享的东西对你帮助非常大，甚至你还可以写上复盘心得。这样做，至少群主会对你有一个好印象，这个是非常重要的一个铺垫。如果你群主这关都过不了，几乎也很难在群里翻出什么浪花。

第二步，主动链接。没有任何一个人会拒绝一个积极主动的人。当然，前提是你给人一个靠谱的印象，而不是让人觉得你有不合理的企图。因此，不仅只是和群主搞好关系，一个社群里面相关的运营人员，也可以积极主动地去链接，主动询问群里面有没有一些事情可以来分担。比如主动帮社群整理社群数据、主题的思维导图以及提升社群活跃度等。或者用实际行动主动帮群主宣传社群，让这个群的知名度更高。

我去年也是付费加入了一个朋友的社群，然后我看见有一个卖养生梨膏的，他是怎么做的呢？每次群主分享完之后，为了不让大家爬楼浏览信息，他每次都是自己整理后发出来。这样做了几次之后，每次群主分享完，大家都特别期待他的整理。不仅群主非常感谢他，比如会给他对接一些资源，给他发感谢红包，还把他设为管理员，大家对他的印象也非常不错，就有很多人加他，买他的产品。

甚至，当有人故意找碴或者出现一些喷子，来者不善的那种人，这个时候你完全可以站出来帮群主说话。而群主也会对你有特别的印象。你要知道，这种时候大多数人进入了“旁观者”效应，哪怕他们很认同群主，也会抱着多一事不如少一事的心态。这时候如果你积极站出来维护群主的正面形象，旁观者对你也会有好感。

试问：假如你是一位社群群主，你对一个高度认可自己和积极主动的人，好感度是不是会瞬间提升？以后有什么好事，是不是也会邀请他一起参与？

当你用实际行动在持续提供价值，经过一段时间的付出与沉淀之后，由于你经常在群内刷脸，而且跟群主和运营人群也有了比较不错的关系。这个时候，你在群里面就已经有了一定的口碑积累。你在群里发起话题的时候，可能群主或者社群内的运营人员都会接你的话题（这一点特别重要），不会再像之前一样冷清。

这时，你一定要做的就是用实际行动去帮群主激活群成员。比如说在群里发红包。我们在群里面一定要经常地发一些红包，没有人会拒绝你的红包。没有人不喜欢红包，哪怕只是发一个几元钱的红包，大家抢到之后也会非常开心。

这里也有一个小技巧：你可以来一场“红包雨”。每次连续发多个红包，每个红包的封面写上不同的祝福语。红包的金额也不用有什么负担，不要给自己造成经济压力。但是当你这样做了之后，几乎可以让所有人都记住你，获得一个不错的好人缘。

如何设计引流钩子？

经过前面的铺垫之后，这个时候你就可以开始引流了。比如群主分享了什么，你可以接群主的话题，表达你喜欢群主、赞同他的观点等。你也可以接一些群里面其他成员的话题，然后发表一下自己的观点。这样铺垫了几句之后，你可以顺势而介绍一下自己。

向群里的人介绍你是做什么的，之前有一些什么样的成就。目前是选择做什么产品的，欢迎大家来链接你。记住：仅仅介绍自己很牛还远远不够，那样只会让大家觉得你很厉害，但与他们没什么关系。所以，你要设计一个引流福利，让大家更有动力链接你。你可以说：加微信送一份资料。比如你是做减肥的，你就送一份《一周减肥五斤的简易的代餐食谱》；或者为了让福利看起来更有价值，你可以送一次体质相关咨询。总之，这一步你要做的就是让大家对你产生向往，想要主动链接你。

由于前面你跟群主以及运营人员搞好了关系，你跟大家也有聊天的经历，而且平时在为大家提供福利。同时你做了自我介绍，大家就觉得这个是群主喜欢的人，很又大方地发红包，陆陆续续地就会有人来加你。这种方式，一般至少也会有几十个人加你（具体根据社群人数而定）。

还有一种方式效果会更好，很多社群都有定期分享主题的活动。比如每周固定的时间点，可能会组织优秀的群成员分享他的干货，这个时候你就可以主动参与。我在社群也组织过这样的主题分享活动，社群学员主动分享自己的创业经验，然后很多人加他们。当然，最好的方式其实是让群主主动邀请你，或者和群内的其他成员一起组织抱团引流（最好是和群主），效果会更好。因为讲完之后，你就会发现，陆续地有非常多的人前来加你。这种通过价值引流的方式效果较好。

举个例子。我有一个带微商团队的朋友，她就是通过和群主互相成就的方式而积累了第一批种子用户。2017 年她还没有什么人气的时候，加入了一个社群。群主得知她在朋友圈卖货非常厉害，就邀请她分享。同时，我的朋友也经常帮她宣传社群。

后来，有一次群主举办推广活动，她积极响应，道理非常简单：互相借势。群主以她为卖点招募新人，而她要的是群主的流量。据我所知，那位群主至少帮她引流了几千人。

分享，是提供价值最好的方法，看过你分享的群员会更愿意链接你，而且更容易成为你的顾客。分享之前，可以先提前了解一下群员的背景信息，在群里做一个投票，看看大家对什么主题感兴趣。这样一来，你很容易通过专业获得大家认可。

或许可以再简单点，如果你觉得上面所讲的方式过于功利，那你也可以做得不动声色。比如，你可以每天在群里分享复盘笔记，你可以在群里报喜，你可以说：非常感谢群主的用心分享，这个群的价值太大，最近通过群主的分享和帮助，获得了什么样的结果，晒自己的数据、案例。

这样的引流方式，不仅会让潜在用户想要认识你，他们会认为你很厉害、有结果想主动链接你，而且群主也不会反感你。其实引流的方式特别多，关键是坚持执行，不断地进行积累。

（二）互推引流

说起互推，很多人总是存在一个误区：认为自己的粉丝或者说自己的顾客，是自己专属的，不想与他人共享。比如你关注了我，你就一定只关注了我？千万不要那么天真，我必须提醒你，能流通的东西才有价值。不要忘记了，流量的背后是人。他们可是有思想的人，可不会傻傻地留在原地等你。他们只会一边拿着手机刷抖音，一边开着电视追剧，甚至桌子上还放了一盘美味的小龙虾。

为什么说互联网最稀缺的就是注意力。想象一下：你是不是经常也会在几个社群来回驻足？是不是经常将公众号的文章用浮窗的形式阅读，同时还要看看有没有人给你发信息，顺便刷刷朋友圈和视频号。所以大胆互推吧。

互推：几乎是免费获取流量最快的方式，而且非常精准高效。从传统的线下联盟到互联网时代的友情链接，再到移动互联网的互相推荐，都属于互推引流。互推引流至少有以下优势：

信任转嫁：因为信任对方，所以也会信任你。比如传统的商家联盟，一家品牌店成交顾客之后将顾客带去你的店面。因为顾客已经信任对方，所以相对来说对你也会有一种信任感。

精准匹配：如果你前期找对了互推对象，双方的用户就一定是匹配的。当对方在朋友圈推荐你的时候，感兴趣的用户一定会加。如果不感兴趣自然也不会加你（用户有选择权）。

互相成就：从互联网时代到移动互联网时代，从网站、微博、微信公众号，再到现在的短视频和直播，本质上就是一种资源的整合，互相在借势。而高手往往都比较擅长借势。

在互联网打造个人品牌，该如何进行互推？下面以朋友圈为例：

第一步，找对鱼塘。选择互推对象要考虑匹配度。比如，微信的粉丝量匹配；对方的朋友圈内容质量高，用户有一定黏性；有共同的目标用户群体；和你有关系的人互推，如果不了解对方就不要有任何推荐行为。

第二步，设计诱饵。当你找到了合适的互推对象之后（前面介绍过寻找互推对象的要点），非常关键的一步需要做到位：如果你想让别人帮你推，就需要准备一些传播的素材。

首先要准备几张图，一段介绍的文案在各自的朋友圈互推，达到双方合作共赢的目的。

传播的素材有个要点：定位一定要清晰。关于定位的问题，我们在前面章节已经重点强调了。定位一定要垂直精准，让顾客一看就懂。只有这样，对方的用户才知道你是做什么的，你吸引的顾客才是精准的。

比如，我某天晚上在写这本书的时候，有位学员给我发了一个作业，他写的是全渠道营销。很多人根本就不知道什么叫作全渠道。到底是哪个渠道，是线下实体还是新媒体，是公域流量还是私域流量，是文字还是短视频，完全搞不清楚。

这样的方式看起来很厉害，但是潜在用户不知道你是干什么的，即使他有什么需求，也不知道应该找你。同时，加了你之后呢，也不知道有什么好处。假如用这样的定位进行互推，效果可能就会非常不好。要么是加来的人都是一些泛粉，就是什么人都有，要么就是没什么人加。

第三步，设计钩子。也就是你要设计一个引流的福利，吸引潜在顾客添加你。比如我有一个朋友做个人形象管理，她擅长个人形象的相关搭配，同时还开了一家线下服装店。之前的生意特别不错，虽然线下店面因为大环境的原因关掉了，但是线上的业务不受影响。

她在互推引流的时候会这样操作：介绍自己是一个专门做 25 岁以上女性个人形象管理的专家，一共辅导过多少个优秀的女性学员，帮助过多少女性顾客更加有气质，让她们比同龄人看起来年轻七八岁。她最后会说，加她可以送一份服装搭配技巧资料，让爱人、同事和领导都能产生“眼前一亮”的感觉。这样子就会有很多感兴趣的顾客想来链接。

首先，她的个人定位非常清晰，就是专注做女性的个人形象管理。感兴趣的女性用户就会知道她，需要的话就会主动链接。但是这时可能还不够刺激大家行动，所以后面还要送引流的福利。比如，我这位朋友送的是服装搭配技巧，让“你的爱人、同事和领导都眼前一亮”。顾客一看到她的介绍，是不是会觉得代入感特别强。这样女性顾客就会特别感兴趣，就非常完美地达到了引流的目的。

这里说一下关于送礼的问题。首先，我们送出去的礼物一定要有吸引力，而且是让潜在顾客感兴趣的礼物，他们才愿意来加你的微信。同时又需要注意：与其说是送出去福利，不如说是给用户提供“验货”的机会。因此，从后续成交的角度来说，千万不要随意送一份价值感不强的礼物。

礼物的成本不能太高，要注意把控获客成本。而且，礼物送得不恰当的话，很容易吸引一些“羊毛党”。他们只是对你赠送的礼物感兴趣，想占些小便宜，并不是真正的潜在顾客。这样一来，就会跟前面所讲的留学生案例出现相同的情况，得不偿失。

那么，赠送什么样的礼物会相对比较好？

1. 虚拟产品

由于成本可控，几乎没有任何的成本，所以非常适合用于活动赠送的福利。虚拟产品，可以分为感知价值和实际价值，不论是哪一种，都要遵循物以稀为贵的原则，较常见的东西就不会产生太大价值，也不会激发顾客的兴趣。

感知价值，通常比较适用于打开思路方面的知识产品。比如说如果你的领域是教人运营一个赚钱的店铺，那么你可以将自己的一些成功案例、经典课程、复盘营收心得整理成一个文档。

实际价值，通常比较适用于能马上看得见效果的产品。比如说一位教朋友圈美学的知识创业者，可以录制一个手机屏幕，讲一讲具体的 App 操作流程是如何做的；一位健身教练，可以专门录制几节真人出镜的视频小课，讲一讲大家锻炼时容易出现的错误动作。

从实用和信任两个角度出发，这类产品视频要比文字更有效果，顾客也会对你产生很强的信任感。真人出镜的方式会让顾客觉得你非常的专业、非常的独特，迅速与那些整天只知道刷屏发广告的同行拉开距离。当顾客有更深入的需求的时候，就会第一时间咨询你有没有相关产品，成交就变得非常的容易。

2. 体验产品

很多聪明的品牌为了打开市场，都会生产“试用产品”。或者是当你自己做一个品牌时，可以自己生产一些作为试用装。比如护肤品、减肥餐、梨膏等产品，就可以赠送试用装给精准顾客使用。既可以让顾客真实感受到产品体验，同时你的成本也比较可控。假设顾客使用后有效果，很可能会购买正品。所以，试用装不仅仅是引流，也是用来促进成交不错的方式。

实体类的产品，如果是大规模的引流活动，或者是在泛流量池引流，我建议试用装可以做特价。比如说九块九抢购，限制数量，但不要追求利润，同时还可以承诺无效退款等。目的是过滤一些非潜在顾客，如果完全免费，你就会无法分辨哪些是有效客户。哪怕真有一部分用户退款，至少你也知道了他不是你的用户。

用来试用的产品，不局限在实物产品，比如你是一位知识付费创业者，你可以将自己在付费社群分享的部分内容，做成一个 PDF 文件，然后作为引流福利赠送给潜在顾客。如果顾客觉得你分享的内容有价值，成为你的付费学员是一件非常简单的事情。

因此，为了互推更有效果，有两个环节很重要，首先是个人定位一定要非常清晰，让潜在用户看一眼就知道你是做什么的。同时送出的引流福利，也一定精心设计。记住，福利不仅仅是为了吸引顾客加你，更重要的目的是让顾客“验货”。

第四步，互推文案。互推文案的作用，就是人家发朋友圈推荐你的时候，你应该写什么，然后才会让更多人想要添加你。可以通过制造悬念做预热，提高潜在顾客的关注度，比如宣布某个时间段会发放一个福利。同时，正式推荐时要塑造好价值。

除了朋友圈互推外，在社群进行互推是个不错的方法。比如，你可以事先和几位较好的朋友进行私聊沟通，拉个群作为指挥中心，让他们帮助你推荐。当你在引流群自我介绍，留下诱饵准备吸引潜在顾客加你的时候，你可以让这些朋友出来帮你说话。

假如你的名字叫作小林，提供的诱饵是 100 份朋友圈文案。那么你的朋友可以在引流群发红包，备注：朋友圈文案找小林。

当有人加你领取朋友圈文案后，你跟他说，这个资料价值很贵，是我最近半年的实践心得，收集起来不容易。现在不需要你付费，但希望你能帮个小小的忙，在群里发个一元红包，备注：朋友圈文案找小林。

相信不少人会愿意帮你。反过来，当他们需要引流的时候，你也可以用同样的方式推荐他们。

关于互推，不仅是很多大咖在用的引流方法（一些公众号大号经常互相推荐），其实是普通人引流的一个绝佳方式。即使刚开始你的粉丝基数较少，也可以慢慢积少成多。千万不要忽略积累的力量。

以上引流方式，可以任选一个擅长的，跑通流程之后再扩大规模。比如，你擅长混群引流，先在一个社群拿到结果，之后再多加入一些社群，继续复制前面的流程。千万不要贪多，短时间加入太多社群，不仅浪费门票，也会因精力不够聊不过来而导致效果不好。

五、流量的延伸

获取流量的方法和渠道非常多，但我认为最聪明的做法是：埋伏在消费者的必经之路。也就是说，你最好要自己消费过（自己当过消费者），或者你要熟悉消费者的一些路径和习惯。

举个例子：我有位学员的本职工作是财务，在北京工作了好几年的时间。后来回安徽老家开了一个代注册类的公司，主要帮创业公司代办一些业务。这一行门槛相对来说比较低，他对如何获客感到非常烦恼。

那如何解决呢？

第一步，埋伏在消费者的必经之路。比如注册公司之前，很多人首先会百度，于是我们就可以在排名高的那些网站论坛进行发帖布局，如新浪微博、知乎、搜狐等网站权重比较高；又或者很多创业者在注册公司的时候，是不是也会登录 58 同城去找一些注册公司的信息，那么我们完全可以在 58 同城发布相关信息，或者是在一些区域性的和本地人比较喜欢逛的门户网站进行布局。

第二步，看一看竞争对手在什么渠道引流，收集一下他们的渠道来源以及用的什么内容引流，再模仿他们的引流方式，经过优化后为自己所用。

第三步，问一问顾客是从什么渠道关注你的，从哪些渠道知道你的业务。做好相关统计，质量高的渠道就是主要渠道，必须要花大量精力去研究。

总之，你要分析顾客的购买路径，甚至是成交后的路径，看看有什么触点，然后找到你擅长的环节去主攻。一定要学会埋伏在消费者的必经之路，布局消费者必经的消费场景。

成交

如何快速提高成交能力

成交：你所有掏钱买单的动作，
都是商家精心设计的结果。

任何的成交，都是因为顾客的注意力在你这里。如果你不能吸引顾客，也就等于永远失去了成交机会。

经过学习前面的章节，相信你对个人品牌有了进一步的认识。接下来的内容相信能帮助你更好地打造个人品牌。这一章我们进入转化（成交）流程的讲解，教你如何打造成交的流程，实现销量爆发式增长。

2018 年，我开始正式在互联网打造个人品牌并建立自己的收入管道。经过一年多的积累之后，2020 年我的个人品牌收入突破了百万，为此我还专门在公众号写了一篇百万营收复盘。而我的这些成交方法，也正是本章所讲的核心。

在商业世界最痛苦的现象有两种：有人手握产品寻流量，有人手握流量求转化。前一种现象在微商领域比较常见，很多的微商在加入了代理之后囤了很多货，在销售环节却有心无力；后一种现象是因为很多人没有设计好转化流程，大多数时候也不知道该如何去转化。

你每一次掏钱买单的动作，都是别人精心设计的结果。

看到一个营销活动，相信很多人第一反应会是：套路！又是套路！殊不知，你每一次掏钱买单的动作，都是别人精心设计的结果。请注意，我这里所说的精心设计是帮助消费者更好地做出决策，而不是忽悠消费者。

所以，别再说什么套路不套路，套路其实一直都在，对此要正确理解。商场上，一个人真要鄙视什么套路的话，也就只能回归与世隔绝的世外桃源。而且即使选择隐居深山老林，没有一点策略思维，大概连动物都斗不过。

下面，我要分享的是被动成交流程，看看你平时是如何被“套路”的。作为一个超级个体，被动成交可以说是必备的技能。

为什么要强调是“被动成交流程？”

因为“超级 IP”赚钱的核心就是被动成交，靠你的内容吸引，靠你的流程吸引，而不是主动推销。那样不仅效率非常低，而且很难实现真正意义上的“超级 IP”。你想一想：如果你的成交都需要主动去推销，怎么可能做大呢？即使部分顾客和一些高客单价的产品是需要一对一私聊，也是在你吸引他之后再私聊成交。

被动成交流程分为五个部分：流量、激活、造势、发售、追销。其中，发售或群发售是大家听得最多的，但不少人会单纯地认为：发售就是拉个微信群卖东西，并不知道在售卖之前做了什么，售卖之后需要做什么。

2015 年，我开始通过微信群做社群卖货和群发售。2018 年开始，微信群发售开始在互联网流行。而在这之前，群发售就是线下的会议营销。也就是说，所谓的群发售只是将线下的会议营销搬到了线上。

我曾经在很多城市都策划过会议营销，也一次次见证过它的威力。2020 年 4 月 1 日，罗永浩在抖音开始了人生中的第一场直播带货，销量达到了一亿多元。罗永浩所用的方法，就是发售的核心（尽管因为他第一场直播，细节做得不是那么到位），也是我接下来要为大家分享的方法。

也就是说，发售只是一个被动成交流程，它不仅仅局限在会议营销和微信群，被动成交可以运用在各个购物场景，比如直播带货。2020 年 4 月 1 日罗永浩的直播带货流程就是被动成交流程。

在讲被动成交流程之前，首先要理解什么是被动成交流程？这是一张被动成交的流程图（见下图），以及每个流程的目的，接下来我都会为大家一一拆解。

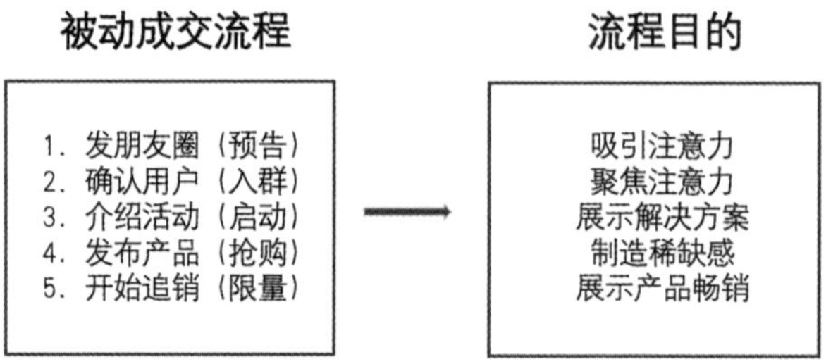

什么是被动成交?

当你有了一定的潜在顾客群体之后，需要充分地激活你的潜在顾客，通过造势调动潜在顾客参与，从而形成短期的抢购，最后趁着热度持续追销达成销量爆炸性增长。

为什么要做激活? 因为你刚加的微信好友，或者不熟悉的朋友，或者你发布的是一个新产品，如果没有经过互动，是不会建立信任的。所以做发售，第一步是构建信任，第二步是造势，你造势环节做得好，就很容易吸引潜在顾客关注并参与进来。

当他们参与进来，听完你的发布会之后，觉得你的产品很不错，觉得物有所值，甚至物超所值，就会触发抢购行为。热度起来了之后，通过后期的追销，最后就会掀起一场销量爆发式增长的活动。

下面来拆解一下被动成交的五个步骤：流量、激活、造势、发售、追销。

首先你要知道怎样去获取流量，有了流量之后要知道应该怎样去激活、怎样去造势、怎样去发售，最后怎样进行有效追销。

前面已经讲过如何去获取流量，此处省略。这一小节来讲讲激活、造势、发售、追销，帮助你掌握一套被动成交流程。

一、激活：如何激活你的潜在用户

很多人在微信朋友圈想成交，路径一般是这样：刚开始的一段时间会疯狂地刷屏，刷了之后发现没什么人买，然后就开始群发消息。我猜你也知道，这样的方式几乎没有效果。

为什么？

因为他们在朋友圈发信息没有剧本、没有流程，没有激发潜在顾客的兴趣，而且可能别人都不知道在搞什么，也不知道怎么样跟他们成交。所以，我下面分享“6+1连环成交法”，帮助你激活潜在用户参与进来。

你要明白，现在主动推销基本上是无效的。比如一个刚加你微信的好友，或者是你刚加了一个人，马上给他发一个购买链接。他会购买吗？肯定不会。因为人家对你不信任，也没有产生兴趣，更没有心动的感觉，所以这种方式是无效的。

因此，我把成交的方式分为两种：“乞丐式乞讨”和“上帝式成交”。

“乞丐式乞讨”，不是顾客想要买你的产品，不是他需要你的产品，而是你单方面地想主动成交他。这个时候，你们的频道是不一致的，是不可能产生成交关系的。然而就是这样的一种方式，却经常在朋友圈出现。由此可以看出，大多数人没有掌握成交的关键。

真正的成交，是需要让顾客主动来找你。什么叫作“上帝式成交”呢？并不是说你很冷漠，一副高高在上的样子，而是你所有的姿势是在顾客之上的，你的势能也是在顾客之上。如同是顾客需要你，而不是你需要顾客。

所以，在朋友圈成交，你需要做的是调整一下自己的思维。想一想，怎样吸引并且让别人主动找你，而不是只知道刷屏、群发消息这种引发顾客反感的方法。

被动成交之“6+1 连环成交法”就能达到激活的目的，过程如下：

1．吸引关注

首先，被动成交的前提：你需要吸引关注。因为有很多人都在朋友圈做推广。换句话来说，你是在和无数人竞争（你的每个潜在顾客的微信里都可能存在大量同行）。

如果这个时候你发的朋友圈信息，没有经过层层铺垫，没有设计好剧本，别人是不感兴趣的。在上面已经介绍过，第一步就是吸引注意力，因为我们都有一颗好奇心。

那我们来拆解一下什么是“6+1 连环成交法”。也就是用 6 天的时间铺垫，去说明你为什么做这样一件事情，然后用 1 天的时间，完成朋友圈的快速成交。

举一个例子：我要开办特训营的时候，第一天我是不会说报名的，也不会给出报名信息。而是说我的一个计划，然后问大家感不感兴趣。第二天，我会讲我的理念，我的特训营是怎么样的。到了第三天、第四天，我都会一层一层去铺垫，去说明这个特训营是干什么的，有什么优势，以及加入会得到什么。

经过6天的铺垫和激活之后，基本上感兴趣的人、想要参与的人，就已经在关注，或者是想找你咨询。这个时候，千万不要有成交的动作，或者说最好不要有成交的动作。并且，在这6天的时间里，你要特别强调具体的成交时间、参与形式。但一定要记住，不能成交。

心理状态：当消费者看到购买页面，决定买或者不买的时候，如果发现买不了，会产生失落感。

因为消费者的行为是这样子的：一旦打开了成交页面，就要做决策买还是不买。如果你直接给出了购买链接，那他看完觉得没什么意思就会放弃，因为他不熟悉你的东西。

所以，你要换一种方式，不做成交，不给成交的链接，他就会持续关注。当消费者想要买，但是买不了的时候，就会产生一种“失落感”，有了这种感觉后，他就会惦记着这个东西。

没有得到的东西会反复查阅，再次销售的时候，就会大概率下单。一个让消费者感兴趣的东西，没有得到的时候他会反复地查阅，反复地惦记。所以要记住，太容易得到的东西就不会产生稀缺的价值和感觉。

2. 催促下单

也就是在第六天之后，基本上激活动作已经到位，这个时候就要开始在朋友圈做成交的动作，可以设置倒计时涨价，或者是有限优惠、礼品。比如还剩一个小时就要涨价，还有20分钟就要关闭优惠通道。或者是满多少人之后，礼品就没有了，不断地选时间报告下单的情况，突出数量，这样就能起到催促下单的作用。

被动成交的流程，核心在于展示整个故事线：① 朋友圈提问；② 展示你的研发过程；③ 展示市面上的价格；④ 你有了方案；⑤ 限量购买；⑥ 火爆场景；⑦ 最后期限催促购买。

我们以朋友圈销售水果举例说明：

第一步，提前进行预热，可以先在朋友圈进行提问，问大家有没有遇到这样的情况，存不存在这样的现象，做一个了解。比如问问大家想吃到最新鲜的百香果吗？

第二步，展示你的努力过程，比如拍一些小视频，你在果园采摘的视频，让大家知道你在付出努力。

第三步，利用锚定效应，你可以大概说一下市面上新鲜的水果要多少钱，让消费者心里有个参考的价格。

第四步，制造一定悬念。比如，发朋友圈说一下你已经有了一个新鲜水果的货源，然后在朋友圈开始先尝鲜，有一个限量的尝鲜价格。

第五步，正式进行发售。你发出去之后，很有可能第一天就会有大量的订单，这个时候同样要展示到朋友圈。

第六步，开启追销行动。最后用剩下的时间去催促大家购买，不断暗示很畅销、数量有限等。

这就是被动成交的整体流程，运用好这几个点，你就可以在朋友圈实现被动成交。所谓被动成交，只不过是一个成交的流程。被动成交的本质其实就是前面一直在强调的：吸引别人的关注，有了兴趣之后实现批量成交。

真正去实践的时候，不要拘泥于“6+1”这个形式，比如当微信好友人数不多的时候，或者你的产品没那么复杂的时候，你完全可以改成“5+1”，或者“4+2”都可以。根据自己的产品和情况去做出调整，最后去推广、成交产品。

思考下，为什么要在朋友圈激活你潜在的顾客？

假设你有1 000个微信好友，你永远也不会知道谁会成为你的顾客，所以需要激活。我们在微信做营销，会存在这样的问题：很多的时候你不知道谁会真正买单，可能你觉得会买的最后没买，觉得不可能买的最后反而买了。

所以我们需要做激活。怎么样通过朋友圈激活你的潜在顾客呢？

根据前面所讲的“展示故事线”，你还可以这样操作：当你有一个新产品需要发布的时候，你不能一开始就发一些硬广，而是在激活的环节要做一些分享、做一些互动。我要出一个新的课程，那我可能会在朋友圈简单地介绍一下课程，然后问大家：这样的课程，你觉得要多少钱？猜对的朋友免费赠送听课名额，只限前三名。比如你有一款新产品要上市，也可以通过询问价格的方式去激活，或者是直接问大家：这样的一个产品，你会感兴趣吗？

这样激活的好处主要有两个：首先，你知道了大家对你产品的一个心理价位；其次，你知道了哪些属于你的潜在顾客。如果有人回复了，说明他在关注你，并且有一定的倾向购买。当然，也存在回复的不一定购买，购买的不一定回复的情况。

你还可以用主动寻求帮助的方式，比如你想讲一节美食课、瘦身课，你可以在朋友圈发一个提问的主题：大家关于瘦身方面的知识，最想学到的是什么？

激活的核心在于通过组织互动筛选出真正想参与的受众。

这样才叫作激活。激活的关键是互动，在你与顾客的互动中，让顾客了解你。激活的核心在于通过组织互动筛选出真正想参与的受众，而不是你随便搞个产品，在朋友圈开始硬推，这样是没有效果的。你需要找到最愿意参与的受众和你进行互动。

当然，为了让整个故事线更丰富，进一步吸引大家的注意力，在发售环节前还可以通过“造势”来让用户有所期待。

二、造势：如何通过造势制造氛围

为什么要造势？因为每个人看朋友圈的时间是不一致的，你觉得自己在朋友圈宣传得很火热，可能很多潜在顾客根本就没看到。所以，在进行发售环节前可以进行一个造势，不断地曝光你的内容，让大家知道你要干什么，对你有所期待。

造势有三个十分有效的方法：倒计时、节日感、小泄密。

第一个叫作倒计时。

利用倒计时做造势有两个好处。第一，即使有些人当时对你的东西不感兴趣，但是架不住你天天说。你天天说就会加深印象，后面可能有的顾客就感兴趣了，就会想关注你到底要做什么。第二，你要“搞事情”，要造势，就是要让别人觉得你非常正规，所以倒计时海报就是在暗示这个发售很正规、很隆重。如果你只是发一段文字，那么顾客看后就会觉得平淡无奇、不痛不痒，就跟你平时发的朋友圈没什么区别，人家也不会太感兴趣。

而且倒计时还有一个关键点，有很多人在朋友圈卖货，因此可能别人不太清楚你在卖什么，也不太清楚你卖的产品是多少钱。所以不会选择找你下单。一定要做一个发售节日，刚开始别人可能不知道你要搞什么，但你天天在进行造势，天天在倒计时，顾客就架不住你天天在说，就会激发出期待。

第二个叫作节日感。

我们每个人其实都喜欢过节，因为过节的氛围完全不一样，比如你对春节、国庆、中秋肯定都会有所期待。

如果你发售的那天给人的感觉你在搞什么重大的事情，有浓烈的节日氛围、节日感，那么别人也会有所期待，就会选择关注。所以，你的发售、发布会要有浓重的节日感。这里有一点值得注意：做发布会，你应该是做出过节的感觉，而不是促销。

第三个叫作小泄密。

你可以为你将要做的事情，将要发布的产品，做一些小泄密。你可以打上马赛克，或者只选取部分的内容进行一个泄密，引发大家的好奇心。比如还没发售的时候，我的课程表就打了马赛克，大家应该还记得吧。

然后你再问大家：对这样的东西感兴趣吗？点个赞，让我看到你。真正感兴趣的人，一般情况下都会选择给你点赞。

整个激活、造势的时间，一般控制在 7 天左右会比较合适（特别重大的活动可以将时间拉长）。如果时间太长，可能会消耗大家的好奇心，而如果时间太短，又会让很多人错过。

三、发售：如何策划狂销的群发售

这一步，我们开始讲发售环节，在线上一般是群发售，你也可以理解为拉群成交。

因为你平时在朋友圈推广、成交的时候，大家的注意力不一定都集中在你这里，你拉了一个群之后，大家的注意力就被聚集起来了。比如知道你八点钟要发布，那么大多数人八点钟就会选择关注。

然后，你前面的预告、入群工作都做足了之后，到了规定的时间就要开始一个相关介绍，让大家知道你卖什么、怎么购买，然后再发出抢购海报，制造紧迫感开始发售，就会触发第一波人群的购买。最后，结束了群发售之后，要在朋友圈进行追销，触发第二波人群购买。

下面我们就讲讲，入群之后你需要做哪些动作：

到了发售当天的中午之前，你就需要把有意向的人给拉到群里。所以，你在当天早上九点的时候，就要在朋友圈公布你的入群通道，让感兴趣的人参与进来。注意：如果人数较多，也可以提前一两天邀请大家入群，这一步可以灵活一些。

然后，之前的激活环节，不是有人在第一条朋友圈预告信息点赞或者评论了吗？这时候，你再回头重新去评论第一条朋友圈信息，告诉大家发布会开始了，要入群参与的人翻看最新的朋友圈。相当于你就给大家群发了一次消息。

注意：不要拉没有意向的人。如果没有做好铺垫，没有在朋友圈互动，直接把人拉到群里会引起顾客的反感，很有可能还损失了一个精准顾客。记住：被动成交的核心一定是：别人对你有兴趣，而不是你拉着别人买。

（一）入群注意事项

入群之后，除了需要制定欢迎语之外，还要注意以下三点。

1．群规则的制定

建了一个群之后，要制定一系列的条条框框，不然就很容易出问题。比如不能发广告、链接、二维码，因为进来的人，你无法确定对方是什么人，有可能素质不高、有可能来发广告，甚至是骗子。这样一来，就会降低社群的体验，影响大家的情绪。

而且，微信群是一个虚拟世界，随便扯一点什么乱七八糟的话，又不用负法律责任。这也是为什么网络上会有喷子的原因，不需要任何成本，打几个字就可以了，除非是情节严重。所以，要制定规则，违反规定的直接移除就好。

2．介绍发布流程

所以，有人进群的时候，你就要发布流程介绍让大家知道你的环节，在哪个时间点开始进行。这样大家就知道抓哪个重点了，感兴趣的人到了那个时间就会关注。

3．发布整点预告

为了吸引大家的注意力，需要在群里安排一个整点倒计时的预告，比如离发布会还有最后三个小时，然后发上一个整点红包。到这里拉群这一步并没有结束，你还需要继续造势。比如截图群里面的内容发到朋友圈，让大家知道已经有很多人参与，从而吸引更多人加入进来。

（二）正式群发售

接下来，到了正式发售的环节，也就是成交的环节。经过了前面的学习，你会发现流程都惊人相似。因此，前面的流量和成交流程一定要多看几遍，做到真正学以致用。

好的群发售，就像一场晚会，需要主持人，需要精彩的节目，需要和客户进行互动，让大家开心有一个好心情，让大家觉得来了超值，下单的可能性才会更高。

1. 营造氛围

当你正式开始发售的时候，一定要把发布会的流程公布出来。因为我们最怕等，最怕不知道要等到什么时候，所以，如果你有一个流程节点公布，参与的人就会心中有数，知道大概什么时候结束，这样做可以稳住顾客。

比如以前我做会议营销，到了宣布政策的环节，需要我上台演讲的时候，我第一句话并不是介绍自己，也不会去介绍自己。我的第一句话是：感谢大家的参与，我将花 20 分钟左右的时间，为大家带来公司总部的政策。

其实，我就是在告诉大家，我讲的时间不会太长，只有 20 分钟左右，这样大家就不会焦急地等待了。

另外一点，就是一定要做暖场，调动大家的积极性和现场气氛。最好的方式当然是发一个大红包，或者你可以借助一些互动工具，比如摇色蛊、抽奖等，准备一些小礼品就可以。

2．用户痛点

开始发售的时候，第一点绝对不是谈你的产品，产品有多好、有多少销量等，而是必须要让用户感觉到没有你的产品会难受。正所谓：无问题，不销售。很多人在这里存在极大的误区：只知道说产品。

你要提前和顾客去聊一些他们存在的问题和痛点，比如工资低、老板不重视、离开薪水会降低、没有安全感、孩子注意力不集中、市面上的水果都是二级水果等。

比如，我有一个卖珠宝的朋友，在朋友圈卖珠宝每个月都有三十万元左右的营业额。他在做发售的时候就会经常说一些内幕，防止大家买贵了，又买得不好。这些其实就是很多消费者的痛点，总是担心消费的时候掉进无良商家的陷阱。

总之，根据你的产品，一定要先讲痛点。或者直接讲行业的一些潜规则，让他们感同身受。先吸引大家的注意力，激发大家的兴趣（消费者只关心自己，而不是关心你的产品）。

3．解决方案

既然顾客存在问题和痛点，接下来就要趁热打铁，马上给出解决方案。在介绍自己解决方案的时候，一定要注意两点：

一是对比竞品。没有对比，消费者就不知道哪个好；有了对比，消费者就知道怎么选，这就是购买你产品的理由。所以，你要准备好素材，把竞争对手的产品和自己的产品放在一起，讲解一下自己产品的不同之处。

比如我以前做会议营销，首先会在PPT准备好自家产品和竞品的一些对比图片。通过对比的形式，让消费者心里有一个评价标准，自己去感受产品的价值。

看到这里，你可能会有疑惑，自己的产品和竞品差不多，好像没什么大的区别，这时候该怎么办？当然是去调研竞品。

建议你投资一点钱，买几份竞品自己体验一下，你亲身经历了，就会很清楚同行的缺陷。比如，你在朋友圈卖产品，顾客会去跟淘宝比。大家都感觉淘宝是万能的，价格低得很有吸引力，怎么能比得过呢？

其实，这些完全是自己的偏见，淘宝的东西好不好，要自己消费过才知道。直接买淘宝销量前几名的，然后试试它们的产品，只要是产品，总会有不足的地方。

或者，本书第一章所讲的内容又派上用场了，比如你入行了没有？如果入行了，就不可能对竞品不了解，比如看看消费者在关心什么、看看他们的差评等。

另外一个很重要的点。消费者买的永远是一种感觉，不论你是销售虚拟产品还是销售实体产品，在那个瞬间，买的是一种拥有的感觉，也就是说你要善于造梦。

比如你发售的是理财产品，你可以围绕着“拥有一个赚钱工具，就拥有赚钱了之后的美好”去介绍。

比如你发售的是护肤产品，你可以围绕：有着别人羡慕的好皮肤，变美、变白之后自己也会更加自信，说不定还能获得更多机会等。

那种感觉很轻松、很爽……描述顾客想要体验的那种生活，他们才有购买的动力。明白了吗？要多描述用户使用你的产品后的场景，而且是美好的场景。

4. 顾客证言

每个想要购买的人都有一个强烈的渴望。所有人都在关心，都在看之前买过的人会如何评价，如果销售时限于情况只能放一个东西，那就是大量地放顾客证言。

就别说我操作的项目了，拿我的知识星球来说吧，之前发一些截图，就可以吸引更多人加入，有个月没有发，效果也就没那么好了。

顾客证言不要太简单。比如“啊！这个产品很好哦”，太简单了，简单到不敢相信。

你可以试试发红包回访老客户，设计好你想讲的话，给他们线索，有哪些环节满意、有哪些环节还不满意等，可以请他们谈一下，发视频、发文字都可以。

包括在群发售的时候，邀请之前购买过你产品的老客户进群参与，可以把之前的好评直接发出来。用户主动说你的产品好，比你自己说你的产品效果好要可信很多。

5. 限时限量

做发售最尴尬的就是刚开始没人抢，最怕的是没人行动。你一定要让先下单的人尝到甜头，比如前 30 名送礼品、前 30 名有返现等。但是，设计的礼品一定要有吸引力，对促进成交有帮助。

要有专属名额，要制造稀缺感。这样的好处就是那些要购买的人一定会抢在前面，有人购买了之后，前面的人就会带动后面的人购买。

这里有一个关键点，就是你要引导别人付款后截图发到群里，然后不断强调只剩下多少名额，把感觉和氛围给营造起来。如果不做提醒，消费者会认为还有名额。

如果不制造氛围，消费者纠结过后，也有可能会放弃购买。

比如以前我做会销，就会有激情四射的音乐配合，然后主持人会不停地播报谁又下订单了。只不过，微信群不用播报，直接截图就看见了。

如果你对自己的产品有信心，还可以放出下单必杀技：零风险下单。当然，并不是指你的产品免费送人，而是你要进行搭配销售，比如用一个试用装，配上他购买的正品，如果试用装不满意，那就免费退款，不用花太多钱，而且试用装的损失也不大。

这样就能吸引更多订单了，当然，也要根据自己的产品而定，比如虚拟产品就不合适零风险下单。你不用担心很多人退款，这种概率低到几乎可以忽略不计（你可以回想一下你买产品退换的概率），除非是你的产品真的不行。

从激活造势到群发售，这样一圈策划下来，打造好自己的被动成交流程，你的销量就能实现翻倍增长。

其实，这些东西都是锦上添花，只是帮助消费者做决策而已，最重要的还是你的产品有价值，也就是你的方案能解决顾客的问题。当然，如果你销售的是好产品，这套流程一定会带来爆发式增长。

四、追销：如何在发售后展开追销

做完发售之后，你的发售不是结束了，而是还要继续发售的最后一个环节：追销。其实追销特别重要，因为很多人可能根本没看群，或者是还在犹豫的阶段，如果追销做得好，这一阶段还能再增加 20% ~ 50% 的业绩。

那么，我们如何进行追销呢？

（一）宣告业绩

结束了群发售之后，还要继续造势。你要做的第一件事是马上发一条朋友圈，宣告你的业绩。让大家知道你的产品很畅销，很受大家的认可，吸引那些可能没及时参与的人。

比如你的群里有多少人购买了，已经有多少人下单了，用数据去证明你的东西畅销，你的东西是真的好。然后，你还可以宣告之前购买你产品的人，都有了哪些改变、有了什么结果等，这也属于追销。

然后你还可以进行一个倒计时，追销 7 天左右，当然这个阶段也还很优惠，只是没有在发布会当天那么优惠。过了这 7 天就恢复原价，或者其他优惠就取消了。

这样的话，即使在最后一天，也还是会有人找你购买，因为第一波购买你产品的人，是爽快的人、认可你的人；第二波买你产品的人是在观望阶段；第三波买你产品的人，可能就是怕错过了这个机会、错过了优惠，结束了就涨价了。

（二）追销方式

如下图所示，产品的不同导致了追销方式的不同。

产品属性不同，追销方式不同

消耗型产品	复购率	高
虚拟型产品	利润率	高
耐用型产品	连带率	高

如果你做的是消耗型的产品，这样的产品复购率是很高的，那你就必须做持续追销。就是说发布会结束后，你还是要不断地在朋友圈曝光你的产品，持续追销你的复购率才能上来。

如果你做的是虚拟型产品，这样的产品利润率足够高、成本比较低，它跟消耗性产品就不太一样，你需要把利润分出去，让利给别人，钱归别人、人归你，让别人去分销，你才能达到追销的目的。

如果你做的是耐用型产品，因为它很少存在复购率，那么你要追销的就不是原来的产品，你要看卖完了后，能不能卖配套的产品。

举个例子，你卖的是家居产品，可能绝大多数人一辈子就买一次，那你能不能再卖点装饰品、地毯之类的产品进行搭配，从而达成追销，达到提升销量、利润的目的。

所以，销量和利润怎么提升，无非是根据你的产品而定。能够有复购的消耗型产品，你需要持续地去运用这套发售流程，提升你的复购率和销量；虚拟型产品，在分销的环节，你要尽可能号召更多人加入进来；耐用型产品，你需要找一些配套的产品进行销量和利润的提升。

为什么拉群成交很有效果呢？

成交的方式无非是聊天成交和批量成交。如果想要卖出更多产品，仅靠一对一销售和聊天还远远不够，一定要学会拉群发售。

这里面主要有两个差异：聊天成交，是一个个销售，见效比较慢；拉群成交，是几十单几百单几千单批量成交，见效非常快。聊天成交，是你一个人销售，气氛平静；拉群成交，你可以邀请老顾客、铁粉给你站台，是一群人帮你卖，气氛热烈。

同时，拉群发售之所以能取得爆发式的销量增长，是因为我们每个人在现实生活中扮演了太多的角色。比如一个宝妈顾客，那可能日常生活中就是洗衣做饭和带娃，被柴米油盐酱醋茶等问题占据了大部分的时间。

如果有个人给宝妈发了一个广告，她可能当时会感到很好奇，但很快就会忘记，因为她的注意力不在这里。可如果她参与了现场呢？比如她加入了一个微信团购群，可能很快就会脱离原来宝妈的角色，进入到这个圈子里面，然后因为产生了兴趣而形成了购买。

我希望大家一定要记住一个逻辑：任何的成交，一定是因为顾客的注意力在你这里。如果顾客说不在发布会当天买，表示自己要考虑一下，那基本上就很难再购买了。所以，一定要尽量做现场成交，或者是持续曝光，持续地成交。

整个发售的流程，你可以按照“717”的节奏和流程进行安排（激活造势 7 天，发售 1 天、售后追销 7 天），也可以根据自己的实际情况去做调整。

正如前面提到的，发售也不一定就局限于拉群成交，也不局限于酒店会议营销。如果你前面的激活和被动成交流程做到位了，完全可以当天直接在朋友圈进行发售，让大家限时抢购，也可以开直播进行发售。

比如我发布的第一期特训营，按照前面的被动成交进行铺垫、造势，然后 6 月 15 日直接在微信朋友圈发带有价格的海报出来。当天就有 20 个人直接报名，这个数据其实是很理想的。我一开始只想招募 50 个人，没想到没正式发布就已经招满，最后实际有 80 个学员报名。

有的人可能会觉得自己的微信没有多少人，还有必要做这样的群发售吗?

非常有必要，哪怕只有 5 个人参与、10 个人参与也要发售。你只有亲自操作了几次群发售之后，才会知道具体怎么操作，就会越来越熟练。通过不断地复盘和改进，最后就会达到炉火纯青的境界，你才能轻松地操盘一场群发售。

另外，在前面的章节分享过很多引流方法与思路，比如说发圈征集、互推、私聊老用户以及老用户转介绍等等，按照前面的思路执行就能够扩大用户基数。

五、私聊成交：像医生一样“对症下药”

（一）为什么需要私聊成交?

事实上，熟悉我的人都知道我比较喜欢的是被动成交，我推崇的也是被动成交。也就是吸引顾客主动找你，然后实现自动成交。但有时候私聊成交也非常重要，比如一些客单价比较高的产品会用到；比如你经过前面的被动成交流程后，也不一定马上就成交，后期顾客需要时会主动咨询你。这个时候，你需要用到私聊成交。

我们经常在说销售非常重要，可你有没有想过一个问题：为什么很多人会非常讨厌销售？为什么你一说是销售就有可能引起别人的警惕，甚至是闻之色变?

当然，这并不能怪你，只能怪一些做销售的前辈。比如很多人一听到微商本能地会有强烈的抵触情绪，那是因为我们每个人或多或少都会遇到一些疯狂刷屏的微商。哪怕你从来没有刷屏，但只要你一说出微商两个字，对方似乎就已经戴上了一副有色眼镜审视你。

所以，很多时候做微商、做销售与潜在顾客建立信任的时候根本不是从零开始，而是从负数开始。你先要消除一些观念上的负面影响，然后才能走向正向。

或许一个人无法左右整个行业，但是可以选择左右自己。所以，现在有些微商会打出这样的广告：重新定义微商。

（二）重新认识私聊成交

在私聊成交的过程中，我们会发现有一些人用着错误的方式，导致顾客原本有购买的意向，甚至主动咨询过产品，结果聊着聊着往往就变成了陌生人，比如说：

发了产品报价，顾客总说要考虑一下；

私聊顾客，迟迟不见顾客回你的信息；

回访顾客时，发现已不是对方的好友；

……

事实上，如果我们想要通过私聊成交顾客，那么首先要做的不是直接推销产品。一开始就谈产品会让顾客非常的反感。比如说很多人习惯性一上来就问：“我这里有一款某某产品，现在有一个特价活动，要不要支持一下”。这样的方式很生硬，会让顾客觉得非常的反感。大概率会找各种理由拒绝你，甚至直接不回应你。后续想要再和他成交也会难上加难。

恕我直言，这样的销售方式等同于在告诉顾客：“我想要掏你口袋里的钱，我想要赚你的钱！”拜托，这个世界上最难的事情之一，就是让人从口袋里掏钱出来。

就像以前我担任营销总监，在给一些新人培训时，我会跟大家说：难道你第一次见到一个陌生的女孩子，会一上来就跟她说嫁给你吗？人家会嫁给你吗？很明显不太可能。她一开始怎么可能知道你这个“产品”是怎样的，又怎么可能会相信你是她一辈子的“解决方案”呢。除非你真的是传说中的白马王子，让对方产生了一见钟情的感觉。可你要知道，现实生活中通过一见钟情结婚的概率，低到可以忽略不计。

同样的道理，我们在私聊成交过程中，也不能这么做：群发广告，见人就推销。私聊成交，本质上还是先吸引顾客，再寻找成交的机会，让顾客知道你的产品适合他。

那么，如何正确私聊成交？

非常简单。根据我的实战经验以及请教了多位私聊成交的高手，我总结了一套非常优秀的方法：私聊成交，应该像医生一样循序渐进，通过“望、闻、问、切”四个步骤一步步地了解顾客的真实问题，然后根据问题“对症下药”。

（三）私聊成交实用方法

私聊成交第一步：望。

记住：私聊成交，第一步要做的并不是着急去成交顾客，而是要学会与顾客拉近距离，也就是经常所说的破冰行动。高手总是会根据顾客不同的情况进行破冰（如将顾客进行分类，根据与顾客的关系强弱切入话题）。

对于还不了解你且没有信任基础的顾客，你们之间的关系就像一块坚冰。只有先攻克，阻碍你成交的这块坚冰，才有可能进行下一步成交动作。而破冰有个非常有效的方式就是：赞美。不论你承不承认，任何一个人都需要获得认同。换句话说，任何一个人都需要他人认可自己的价值，任何一个人都需要外界来赞美自己。所以，我们首先要学会发现顾客的美且认可他、赞美他，从而更愿意接受我们、愿意听我们讲什么。

如何通过“望”的方式找到破冰的突破口？所谓望，就是指多观察。通过观察顾客的情况，寻找到你们之间的共同话题，打破没有交流的尴尬场景，建立成交的基础。

我们以微信的私聊成交为例。在微信体系，赞美顾客最好的方式就是先点开顾客的朋友圈，然后观察内容找到共同话题。所以在朋友圈当中，我们一定要注意观察顾客喜欢发什么样的朋友圈，代表他在意什么。因为朋友圈背后的逻辑是社交，每个人都是为了展示自己而发的朋友圈。

比如在 2013 年的时候，我还在志邦市场部卖橱柜，当时遇到一个想了解橱柜的顾客。后来联系他的时候，他跟我说他那套房子是投资的，暂时不想买橱柜，然后跟我说现在地产行情也不明朗，所以更不想装修。而我观察他的朋友圈，发现他经常转发一些经济和投资相关的文章。

因此，我并没有急着催他成交。我选择在当天晚上，调了个凌晨 3 点的闹钟，然后我给他发了个短信息：×× 先生，你今天白天跟我说了那段话之后，让我一直睡不着。我觉得你很厉害，对一些经济知识特别理解，我特别想跟你学习。

然后我会去给他朋友圈点赞，也会去评论，再加上这次发的信息。他也觉得我这个人特别有意思，这时我再进行下一步的聊天跟成交，他就不会反感，态度也会有一个很大的转变。所以赞美是能够打消顾客抵触情绪的。

同样的道理，每个顾客的朋友圈都有不同的关注点。我们可以通过观察顾客的朋友圈寻找共同话题。在私聊的时候，给出相应的赞美与认同。所以，在刚开始添加顾客的时候，不要急着做出成交的动作，而是先观察他们的朋友圈，寻找机会破除你们之间的那道坚冰。甚至，为了更好地跟进，还可以对经常有互动的精准顾客备注一个标签。

如果你是做微商的，那么你的朋友圈就会有一些宝妈，宝妈平时最喜欢做的事情是什么呢？其实就是在朋友圈晒自己的宝宝。你就可以去夸她的宝宝，比如你的宝宝才一岁多就那么会说话，长大之后一定非常聪明、学习特别好，你平时是怎么教育孩子的。假设你的群体是宝妈，一定要记得多注意和赞美她的孩子，她就会特别开心。因为生孩子这件事情她是主角，所以当你夸奖她的小孩的时候，她就会很高兴（谁会拒绝他人夸自己的小孩呢）。

比如你的朋友圈当中，有些人晒的自拍图片非常漂亮，那么你也可以去赞美她，问她是怎么保养的，女孩子保养自己特别重要，你也想跟她学。哪怕她说她的图片都是美图处理过的，你也可以跟她请教怎么美化图片。

这种赞美的方式不仅顾客会非常喜欢，毕竟每个人都希望获得他人的认可，而且能够很快地拉近你与顾客之间的距离，同时还让他喜欢上你，愿意听你去说接下来的和成交相关的信息。

在观察顾客朋友圈的时候，可以重点观察顾客朋友圈的以下情况：她平时喜欢发什么样的内容，喜欢在什么时间段发朋友圈等。记住：不要只看，还要对顾客的朋友圈进行点赞。如果你想快速吸引顾客的注意力，不妨试试一次性点赞超过三条，特别在顾客的重大时刻进行评论，相信你会很快获得顾客的注意力。想象一下：如果你的朋友圈出现了小红点，而你点开一看都是同一个人，你是不是会非常好奇这个人是谁？会忍不住点开对方的头像了解。

所以，私聊成交的第一步是“望”。通过观察顾客找到共同话题，再真诚地赞美你的顾客，并且多去给潜在客户点赞和评论。我曾经发表过一个观点：朋友圈一定要多去给别人点赞，你的每一次点赞评论，都是在加深对方的印象。当你点赞或者评论了几次之后，他对你也会有一定的印象。就像我经常说的一句话：一个经常给你点赞的人，就像一个经常对你微笑的陌生人，时间久了之后会有一种似曾相识的感觉。

当顾客与你产生了一种熟悉感之后，再通过一对一私聊的方式进行铺垫成交，效果会更明显。可以帮助你迅速地破冰，降低顾客对你的反感情绪，为第二步的私聊成交动作埋下重要的伏笔。

私聊成交第二步：问。

举个熟悉感的例子。我之前做过一段时间电话销售，也会用类似的破冰方式。我们发现在开场白前加上一句话，就能迅速拉近距离。这句话就是：我之前联系过您，您是我们公司重点维护的优质客户。虽然只是很简单的一句话，却能让顾客更愿意继续对话。当然，破冰的方式不仅仅限于赞美，但赞美的确是最有效果的。比如还可以通过制造悬疑的方式吸引他的注意进行破冰。

通过前面互动破冰，我们跟顾客建立了不错的关系，拉近了顾客和我们之间的距离。那么接下来要做第二步动作。切记，第二步依然不是直接销售，坚决不要去谈你的产品。中间需要有一个过渡，一来直接谈产品会引起顾客的反感。在没有激发消费者的兴趣之前，顾客一点儿也不关心你的产品。

正确的做法是先洞察需求，挖掘顾客的购买动机。有时候成交就像一个博弈过程，谁先急谁就出局。而大多数人做的仅仅是让自己着急，并没有让顾客着急。你只有搞清楚了顾客的需求，才能针对性地给出解决方案。

如何去挖掘顾客的真正需求？在销售过程中，最好的方式是通过提问，通过提问的方式发现并指出顾客的问题，以及存在的原因，再介绍自己的产品为什么能帮到顾客。这是一个最简单有效的方式，千万不要执迷理论。就像我经常说的一句话：真正的需求只会在现场，而不是在书本之中。你只有多去了解，才能更好地驾驭理论和理解理论。

举个例子。回想一下：当你身体不舒服的时候，你去医院找医生看病。医生第一步并不会直接就给你开药，而是先询问你哪里不舒服，或者拿个听诊器诊断一下病因，然后根据你的症状，告诉你为什么身体会不舒服，接着才会对症下药，为你安排治疗。

我们在任何的成交过程中，也应该遵循同样的原则，通过提问一步步地找到顾客的“病因”。比如有些人在推荐产品的时候，还没有了解清楚顾客的需求，就随意推荐了一个产品。结果根本不是顾客想要的，或者根本不能解决顾客的问题，这个时候就非常尴尬。而顾客也会觉得你不专业。

一定要先挖掘顾客的购买动机。什么是购买动机？简单点来说就是顾客为什么要这么做，顾客想要购买产品的原因。所以，顾客的购买动机往往就是问题所在，就是销售过程中的机会，是顾客需要解决的问题。

在成交过程中，应该如何通过提问去挖掘动机？这里分享几个问题，有助于在成交客户的时候了解顾客的需求。可以多思考以下几个问题：

谁来使用产品（用户）？

谁为产品付款（顾客）？

目前存在什么问题（痛点）？

在哪里使用（场景）？

希望达到什么效果（预期）？

有些顾客只是随便问问，并不着急解决问题。这几个问题可以帮助我们通过提问去挖掘顾客的动机，然后就会非常清楚地知道顾客的真实需求。

当你了解“病因”之后就可以针对性地“下药”，自然成交客户的概率就会非常高。比如时不时会有人问我，到底是应该报名社群还是特训营？以前还是我自己处理这些问题的时候，我就会问他：想学什么？目前遇到了什么问题？如果他是遇到了引流和成交的问题，那么我会推荐特训营；如果是单纯地想学习，想提升一下商业认知和营销思维，想为创业做准备，那么我会推荐其他的知识产品。

前面提到，不要一开始就谈产品，而是先挖掘用户动机。所以如何有效的切入提问就非常的关键。如果是老顾客，可以通过回访的形式，询问他最近的状态。如果是新顾客，可以通过朋友圈做福利互动的方式，寻找机会私聊提问。

当我们通过提问的方式了解清楚顾客的购买动机后，站在他的角度为他解决问题后，再给顾客做一个精准的产品推荐，成交率自然就能够大大提升了。有不少人做成交动作时，往往会陷入一个典型误区：总是顾客在提问，导致非常的被动。事实上，在成交的过程中，谁掌握了提问谁就掌握了主动权。

下面再举个例子，相信你会更清楚地知道什么叫作询问购买动机，以及怎么样通过挖掘动机的方式去成交。

案例：假设一位顾客体内湿气很严重，疼得有点儿难受，走进一家中医推拿店。普通的成交场景是这样的：

店员：欢迎光临，请问做什么项目？

顾客：我感觉湿气比较重。

店员：那可以拔火罐，或者刮痧排出湿气。

请暂停一分钟并思考：以上成交过程，存在什么问题？

最大的问题就是没有深入了解顾客存在的问题，几乎大多数的推拿店都会和顾客说拔火罐、刮痧。但是顾客听了之后会是一种什么感觉？他可能为了缓解疼痛会选择购买拔火罐，但下一次不一定会来。整个过程既感觉不到专业，也没有根据顾客的症状去对症下药，这样的成交率完全看运气，后续复购的概率也较小。

这种情况如何才能更好地成交类似顾客？下面来看另一个案例：

有天去做中药排湿寒的项目，正好听见有一位新顾客进店咨询，我很喜欢研究一些营销现象，也会体验每次别人来成交我的过程，看看哪些地方值得学习。

当时一位听起来 30 多岁的女性进店问：“你们这里是怎么排湿寒的？”

店员说：“是给你自己问的吗？还是给家里人？”（确定谁使用产品）

顾问说：“给我自己。”

店员问："你哪里感觉不舒服？"（目前存在的问题）

顾客说："我腰这块一直疼，去医院也看不好，我觉得是湿寒的问题。"

店员说："你说的没错，看来你还挺懂的（认可赞美对方）。湿寒对人体影响太大了，去医院有时看不出来你知道为什么吗？"（互动式提问）

顾客问："为什么呢？"

店员说："一级湿在表皮，一级湿在肌肉，三级湿在骨骼，四级湿在脏腑，五级湿在肿瘤。一般四级以下引起的身体疼痛是查不出来的。你要是腰一直难受，怎么待着都不得劲儿，就很有可能快到三级湿寒了。"（指出客户存在的问题和原因）

顾客问："你们这个是怎么做的？效果怎么样？"

店员说："我们不用仪器，用产品和手法一人一方，根据不同的部位来调药材，敷在身体上，把湿寒排出来，结合推经络，把经络推开。"（对症下药）

顾客又急切地问："效果好吗？"

店员说："效果特别好，我们这开了两年了，很多都是老顾客。一到三伏天就来排湿寒，我们有个顾客……，接着她又补充，等做一阵子，你就会感觉腰轻快多了，浑身都轻松，干啥都不累。"

顾客问："那像我这种情况，得调理多久呢？"

店员说："你现在有时间吗？先给你做一次，推推经络看看情况。"

顾客问："那怎么收费呢？"

店员说："看你想做几个部位，一般先看你身体的情况再配药材，一盒药材差不多用一个部位，比如背上得用一盒，腰上得用一盒，胳膊、腿全身都可以用，看你想做哪里。一盒 ×× 元，能用 15 次。"

顾客问："一次要做多久？"

店员问："你一般什么时候有时间，你住的远吗？"

顾客说："我就住这附近，下午还要去接孩子放学。"

店员接着说："我们这 7 点前你来都行，你接完孩子几点？"

顾客说："接完孩子回来得 6 点多。"

店员说："那你就直接过来吧，给你做一次，你感受一下就知道了，做一次就能感受到效果。"

顾客说："我一会儿过来，可得治治我这个腰了。"

这样的一个销售过程，顾客就会非常满意。区别在于，这是对症下药，因为准确分析出他的问题，之后才做一个精准推荐，顾客从心底觉得说得非常有道理。现在明白了吧？我们一定要询问清楚：顾客购买东西给谁用，目前情况怎么样，希望达到什么效果。通过询问的方式去做精准推荐，顾客就会觉得你非常专业，这时成交率就会明显提升。

私聊成交第三步：闻。

通过前面"问"的步骤，会有一些顾客选择直接购买。对于具备消费能力的顾客而言成交会比较轻松（消费者不购买的四大原因：没需求、没兴趣、没有钱、不信任）。当然，不可能所有顾客都会轻易信任你的介绍。至少还有一部分顾客，可能还不会选择相信你，对你的产品效果存在着某种顾虑。

如果所有的顾客都相信你的产品介绍，那么世界上99%的销售都变得多余。“闻”就是指在介绍完产品之后，应该听出顾客的言外之意，找到顾客的顾虑，然后给出相应的效果证明。让顾客相信，你所描述的效果是可以实现的。

想象一下：线下一些门店的销售为了让你相信产品的真实性，都做了哪些动作？比方，超市的促销员为了推广最新的美食，拿着小喇叭告诉你可以免费试吃；家具店的销售为了让你相信他们的材料环保，直接在现场做了一个小实验。

私聊过程中要想打消顾客的疑虑，同样需要做第三个成交动作，这个步骤叫作效果证明（成功案例）。也就是要让顾客看到使用产品之后的效果，要用产品效果来证明你能解决顾客的问题，才能进一步激发顾客购买的欲望。证明效果最好的方式就是用户的成功案例（顾客经常会受到他人的影响而购买）。

比如我开超级个体特训营，当有用户来咨询的时候，我基本上都会给他看他同行业其他学员的成功案例，看看其他学员的一些收获和结果。我有位社群过来的学员，是做保险经纪人的，他想报名我的特训营，但是他还存在一个疑问，就是不知道课程内容是否适合他。

遇到这种情况，我一般会看看对方的朋友圈，判断对方是否合适。当我看了他的微信朋友圈后，发现他也经常发一些活动海报，但是缺少一些朋友圈成交脚本设计的方法，发出来的内容平淡无奇。这时，我跟这位社群来的学员说，在上期超级个体特训营中也有位学员是做保险的，刚开始也只是单纯地在朋友圈发一些活动，但是没有明显的效果。后来参加了我的特训营之后，学习了我的被动成交流程，变化特别大。他在学完之后的第二个月，就开始运用我的发售方法拉了一个群，当天晚上就成交了十几个顾客，还有五个是续保的老顾客，一共成交了将近四万元。并且后面还有顾客主动咨询他，问他自己适合买什么保险。同时，我做了一个关键动作，将上期那位学员的成交截图一起发送给这个社群来的学员。

这个时候社群来的学员开始感兴趣，想知道别人是如何做到的。然后我就会向他介绍，别人是如何设计被动成交流程，别人是如何发朋友圈的，最后又是如何追销的。等我把这样一个可复制的被动成交流程讲完，他觉得非常合适，然后就直接报名了。

这个叫作证明效果，演示你的解决方案。也就是我们一定要听清楚顾客的问题，洞察到他的顾虑所在，然后找出对应的案例去打消他的顾虑所在、解决他的问题。这样的话他就会向你消费。

你卖任何产品、卖服务都可以用同样的方法，就如我有位学员是做个人成长提升的，也就是指导年轻人如何去写简历、如何通过面试。那么当遇到有人质疑效果的时候，你就可以这样做，先找到他存在的问题是什么，然后找一个合适的案例，告诉他别人之前和他是一样的情况，但是通过你的指导，现在找到了满意的工作。

卖其他产品也是一样的道理。所以第三步效果证明动作，核心就是你要找到一个跟顾客非常相似的成功案例，并且要告诉他，这个案例是如何成功的。当你这样介绍时，顾客的脑海中立刻会浮现出一个榜样，如果他要追随这个榜样，最好的方式就是购买你的产品。记住这句话，特别重要，一个人的消费动机，通常会受到他人的影响。

私聊成交第四步：切。

如果一个产品现在买和以后买没有什么明显区别，消费者就不会有马上下单的动力。这意味着你前面所有的努力，都很有可能付之东流，也就是说，要给顾客一个马上下单的理由。需要通过一种方式“切入”到最后的成交，这一步需要做的是刺激下单。

刺激下单有很多种方式，比如常用的就是制造稀缺和紧迫的感觉，这类方式非常不错。下面给你介绍一个“可攻可守”的方法，也是一个刺激下单非常有效的步骤，叫作“关联销售”。运用这个方法，不仅可以有效提升成交率，而且还能提升客单价。

关联销售是什么意思呢？举个例子，你打开淘宝或者京东的时候，你点击一个产品打开来看，就会看到商家会推荐其他相关的产品给你，这就是关联销售的一种方式。关联销售这种方式，我以前在家居公司担任营销总监的时候，每次去到一个地方，基本上都会要求销售人员加以运用。这个方法，不仅可以提升成交率，而且还能提升客单价（也就是我们所讲的客户终身价值）。

下面讲一个超级个体特训营分享的案例。

夏天来了，各种各样的夏装都已经陆续上市。一些商场入口处的服饰广告，显得格外吸睛。巨型海报上一群青年男女，在海边椰林下快乐地奔跑着，上面配着一句炫酷十足的标语：“我的个性我做主，我的风格我表现。”

当你走进一家女性服装店时，看见店面装潢豪华，服饰琳琅满目，陈列有致。你顿时明显感觉到自己的两眼开始放光。这时，有一位美女服务员，迎面走过来跟你热情地打招呼。她发现你似乎对一款短裙很感兴趣，微笑着说：“喜欢可以随意试穿，这款裙子挺合适你的。而且你腿型非常好看，气质也非常符合。”

虽然被夸得心里很甜，但出于掏钱的痛苦，你还是试穿了好一阵子。她一边招呼其他客人，一边帮你去仓库找合适尺码的裙子，忙得汗都出来了。见她如此敬业，你内心感觉到一丝不好意思。接着，她又给了你一个建议："这么漂亮的裙子，你要不要选一件上衣搭配一下？"你正犹豫着要不要试试，这时销售人员马上介绍一款上衣："这个款式非常受欢迎的，刚上架一周，现在都快断码了，今早就有几个女孩各买了一件，比较百搭。"

相信你的内心早就已经蠢蠢欲动。心想："大家都喜欢的抢手货，今天可别错过了。"最终，你忍不住掏出手机，扫了商家的付款二维码。

以上，是大家在购物时经常会遇到的场景，销售人员巧妙地使用了关联销售的成交方法，让你的这笔交易顺利地成交。

或许你此时也正在想，关联销售还可以如何运用？再讲一个案例。

一位做文案培训的朋友跟我分享过他的经历，做线上一对一文案成交的课程。他的年度文案社群，价格是 999 元。有人私聊咨询他的文案社群，如果他直接报价格的话，有人会直接报名，也有人会选择不报名。要知道，在互联网超过 500 元的知识产品，对于很多人而言就意味着是高价产品，需要花时间做决策。

如何提升成交的可能性？

他是这样做的，跟想要了解的人说：我的文案社群是 999 元 365 天，有 365 个文案技巧。如果你看了我的朋友圈，大概已经知道有很多学员翻倍赚回了学费。我建议你同时购买我的一对一私教服务，价格是 19 800 元半年。这样的话，你遇到了难搞定的顾客，遇到不明白的文案问题，随时可以找我帮助你去解决，效果会更好。

如果有消费能力的人，而且又认可我的这位朋友，可能就会选择购买社群和一对一私教服务。这样的话，就多增加了 19 800 元的销量。有些没有消费能力的人，或者觉得暂时不需要，尽管不会购买私教服务，但是会直接购买 999 元的社群。

你发现了吗？关联销售的成交策略有一个关键之处：让客户产生一种“感觉自己拒绝了你，同时又亏欠了你一个人情”的心态。最后，顾客不仅买了原本要买的产品，可能同时也买了另外一个关联产品。

关联销售的核心，并不是随意地搭配产品。而是通过对顾客问题的诊断，推荐一个相关的产品配合使用，让他觉得搭配组合的产品是更好的解决方案，或者让顾客觉得更划算。想象一下：当一个医生告诉你，搭配止咳糖浆和消炎药一起使用，止咳的效果会更快、更好，你是否难以拒绝这样的解决方案？

（四）成交的延伸

事实上，不论是一对多的被动成交还是一对一的私聊成交，唯一的区别在于：推销和营销的区别。被动成交更多是靠吸引成交，而一对一的私聊成交在于主动出击，主动打破顾客的心理防御。但本质上都是遵循三个不变的底层逻辑：起心动念、建立信任、刺激下单。任何的成交流程都不开这三个成交步骤。

一对一销售是只要销售人员感觉到客户有需求，不论客户是否喜欢，销售人员都要进行说服式的推销，需要主动去突破客户的防御。但营销不是，营销是一对多的被动式成交。商家发了广告、投了广告是看不到客户有什么情绪的，看不到客户喜欢或不喜欢你。只能通过数据和转化率去判断，判断各项数据是否合理，是否需要优化。

打造个人品牌，我更推荐被动成交。

定价

如何给用户掏钱的理由

定价：如果不能告诉顾客有什么不同，你只能被顾客定价。

在经过很长一段时间的播种、施肥、种植后，当快要收获时，农民绝对不会这样认为："到了收获的季节，我们万事大吉了。"相反，农民会更加起早贪黑地劳动，确保真正的收获。然而一些人在做营销的时候，却忽略了这个道理，他们到处寻找各种营销套路，想方设法去开发市场、引流，却忽略了最后最不应该忽略的一个环节：定价。

定价，是一门学问，并不像很多人想象的那样简单。定价可以说是商业活动中非常重要的一个环节，直接影响商家的利润。而一个好的定价策略，可以极大地提升转化率，实现销量的爆发式增长。

一、重新认识定价

科学的定价，就是给顾客一个马上下单的理由。如果你的成交流程和文案吸引了消费者的注意力，激发了消费者的兴趣，也建立了最重要的信任感，消费者还是有可能不会马上购买。这其中一个最重要的原因就是：消费者觉得贵。

很多人遇到消费者抱怨产品贵的问题，可能第一时间想到的就是降价。他们天真地认为，只要选择降价，消费者就会买账。实际上，在消费者没有认识到产品价值之前，几乎任何降价促销的措施都是无效的。

针对消费者感觉"贵"的问题，我们可以换个角度思考：在大多时候消费的时候，你为什么会买一个产品？相信对于绝大多数人来说，最重要的是产品的"性价比"。

关于这一点，各种让消费者“剁手”的节日数据，就是很好的证明。加入购物车的东西平时舍不得买，一旦遇到促销活动，大概率购物车会被清空。

所谓的“性价比”，其实是一种心理感知价值。换句话来说，消费者并不会因为产品的成本去买单，而是为感知价值而买单。也就是说，价格就取决于消费者的认知。所以，我们可以通过制定一些价格策略去提升消费者的“感知价值”，最终实现转化率的提升。

请想一想：在什么情况下，你会觉得一件产品性价比很高呢？当然是同样的价格，你能感受到这件商品带来的价值越高，那么这件商品的性价比就越高。

举例如下：

阿芙精油，你在收到产品之后，会看到有很多种赠送的免费礼品。虽然这些礼品其实都是试用装，但是你第一次购买它时收到这么多的赠品，心情一定会非常不错，觉得购买阿芙精油物超所值，有非常高的性价比，很可能你下次还会继续购买。除了阿芙精油外，小米手机也是“性价比”高的例子，同样的价格，它的性能更加出色。

一般来说，提高产品的性价比有两种方式：

提升感知价值。

降低价格感知。

二、定价的实用方法

下面，我从如何快速提升成交率的角度，分享五个定价策略，帮助你提升产品在消费者心中的感知价值，解决成交过程中的临门一脚问题。

（一）锚定效应

为什么很多时候，产品会标出看起来高的原价，然后再给出一个优惠？

原因就在于锚定效应深深地影响着我们每一个人。锚定效应是指人们在对某人某事做出判断时，易受第一印象或接收到的第一信息支配，就像沉入海底的锚一样把人们的思想固定在某处。作为一种心理反应，锚定效应普遍存在于生活中的方方面面；第一印象先入为主是其在社会生活中的表现形式。

简单点来说，我们在对一件事物做出判断时，很多时候会出现认知偏见，容易受到第一印象或前一事物的影响（不论你相不相信，事实上都在影响着你）。

我曾经在不同的场合做过这样一个测试：

之前在培训加盟商团队的时候，为了让销售人员更好地理解锚定效应，我随手摘下手上戴了好几年的浪琴手表，然后问大家：你觉得这个手表大概需要多少钱？有的人回答几百元，也有的人回答一两千元（浪琴最低价格的手表也在一万元左右）。

而我在为另外一座城市的加盟商培训的时候，也进行了测试：我先告诉大家自己手上的这只手表不会超过两万元，你们觉得值多少钱？这时候台下人员回答最低的都是 5 000 元，而最高的是一万多元。很明显，他们受到了我两万元的影响。

那么，既然我们知道了锚定效应的作用，应该如何通过锚定效应来制定价格策略，让消费者觉得不那么贵？基于锚定效应的影响，可以设计三种有效的定价策略。

（1）制造价格锚点

罗永浩老师曾经生动地为我们做了一个示范：锤子手机在推广初期，罗永浩高调地在微博上进行预热和造势，总是拿锤子手机和苹果手机相比较。甚至，还宣称自己是“乔布斯在中国的接班人”。

而且在新款手机发布之前，罗永浩首先在微博上抛出一个 4 000 多元的价格，把消费者的心理预期价格设定在这个区域（锚定）。而锤子手机真正发布的时候，最终定价为 3 000 多元，低于锚点 1 000 多元，也就是相差了 1/4。这样的定价策略将会激发人们冲动购买的欲望，促进销售。

当消费者对产品的价值感知不明显的时候，如果提供一个具体的参考对象，消费者就可以瞬间感受到。就像消费者一开始对锤子手机不了解，这没有关系，罗永浩聪明地将锤子手机和苹果手机建立联系。你是不是对锤子手机就有了认知？而且，当手机真正发布的时候，价格还比苹果手机要便宜将近一半。消费者这时可能就会觉得：用苹果手机一半的价格，体验到苹果手机。

我在发售营销特训营的时候，首先会做一个简单的自我介绍，其中一项介绍就是我的营销顾问和咨询费用。我会告诉大家：我的营销顾问费用一家公司是 30 万元起，而营销咨询费用是 4 000 元一个小时。

这时候有了一个对比，大家就会觉得，我的 30 天互联网营销特训营只需要 999 元，还能有机会向我提问，简直太划算了。很多人就会选择跟我学习。

（2）商品打折促销

商品打折促销是常见的方法，在产品标上原价（比如 100 元），然后再标上限时优惠（比如说 50 元），让消费者觉得很便宜：哇！打五折，赶紧买。因为它受到了原价“100 元”的影响。在各大电商平台，我们经常会看到这类活动。

打折促销的方式，在消费者感知到了产品价值的时候，往往会非常有效。比如消费者在之前就一直了解你们的产品，但是可能因为价格原因而一直在观望，就是舍不得“剁手”。

再悄悄告诉你一个策略：以前我们做营销活动的时候，首先会在宣传物料上标出产品的原价（锚定），在活动价格区域会打上问号。然后交代一线销售人员：一定要邀请顾客来体验产品。如果消费者来咨询的话，一律按照原价的 8.8 折进行报价。当消费者来活动现场的时候，通过对比之前的报价，就很容易受到锚定价格影响而实现成交。

（3）价格降价排序

为什么餐厅的菜单上价格都是从高到低地按照降序排列？

你去餐厅点餐的时候会发现：前面几页的产品要么是招牌菜，要么是价格很高的肉类食品，而价格便宜的青菜一般都是出现在最后几页。

因为将产品按照价格降序进行展示，消费者可以受前面高价产品的影响而选择一个相对较贵的菜品，从而实现有效的转化和整体利润的提升。这就是价格降序排列的目的。

为了验证这个现象，国外一个酒吧进行了相关测试：测试时间八周，测试的产品是 1 195 种啤酒。通过随机改变产品的价格排序进行测试。当他们将啤酒按照价格从高到低的顺序排列时，获得的营业利润最高。

通过简单的顺序调整，酒吧老板平均每杯啤酒都额外赚了 0.24 元。但是背后是什么原因导致的呢？

- 锚定效应

当消费者对一系列产品进行估价的时候，他们往往会以看见的第一个产品价格作为参考价格。如果初次看到的产品价格比较高，消费者对价格就会产生较高的认知。而当消费者以这个较高的价格作为参考价时，其他产品似乎看起来就会更划算。

- 厌恶损失

作为人类与生俱来的本能，我们天然地会厌恶损失。当我们做出一个选择时，也意味着我们要放弃其他选择能带来的利益，这个过程让我们感到痛苦。

当你的价格排序变化时，消费者在看商品清单的时候也感受到了不同的损失。当商品按照价格升序排列时，消费者每见到一个新商品，就感觉失去了以一个更低价格购买产品的机会。因此，消费者倾向选择价格更低的产品来减低损失。

反过来：当商品按照价格降序排列时，消费者每见到一个新品，就感受到丧失了更好的品质，因此，他们倾向购买更高品质的产品来减低损失。

所以，你的店铺、你的橱窗可以试一试将产品降序排列，把那些价格较高的产品排在最显眼的位置上，让消费者第一眼看到高价的产品，说不定会有意外的惊喜。这个策略对于大多数产品都适用。2017 年，我针对高单价产品也进行过实战上的测试。

（二）增加干扰价格

1. 价格锚点

以上是常规的做法，更高级一点的做法是：用一个更高价的产品来衬托你要卖的产品（如果你还记得前面说过互联网销售的核心：引流品、利润品、形象品）。引流品是吸引人气，形象品是为了锚定作用，真正要主推的是利润品。

这是因为人们更多地考虑相对差异而不是绝对差异：在那些昂贵而且没有更好看的鞋子衬托下，其他的鞋子显得价格更低，更可以接受了。

人天生就更加在意相对差异而不是绝对差异：你在一家所有同事都月薪 7 000 元的公司里可能感觉不错，但是如果在另一家公司，你月薪 8 000 元而其他所有人 9 000 元，你可能就不会这么开心了。哪怕你实际挣了更多的钱。

所以，对于消费者来说，如果甲显著比乙好，那么就会毫不犹豫买甲，而不去判断甲是不是所有选择中最好的。对消费者来说，“甲比乙好”就是一个天然的巨大买点，是一个超脱理性的存在。

大多数时候，消费者都在用你其他产品的价格作为参考价格。为了让这个比较过程更加有效，你可以考虑增加一个“诱饵选项”。

有一个非常著名的研究或许你听说过：在《怪诞行为学》一书中，作者艾瑞里分享了某著名杂志的一个比较特别的现象。它提供了三种不同的订阅价格：

仅订阅电子版：59 美元；

仅订阅杂志版：125 美元；

订阅电子、杂志双版：125 美元。

如果从正常角度去看，第一反应会认为那个“仅订阅杂志版”的价格应该是编辑搞错了：几乎没有人会傻到，在同样价格能买双版的情况下还会坚持买个单版。

但是艾瑞里发现一个潜在动机，他对这个预感进行进一步的实验验证，结果证明，“仅订阅杂志版”这个选项的存在发挥了举足轻重的作用。如果没有该选项，人们没有办法准确地进行比较。天知道订阅电子杂志双版要多少钱，大多数人之所以选择“仅订阅网络版”纯粹是因为最便宜。

然而，“仅订阅杂志版”这个选项的存在迫使消费者认真地进行比较。人们能够很清晰地意识到“订阅双版”这个选项的价值所在。由于这个干扰项的存在，更多的消费者选择了订阅双版（一个更贵的选项），杂志由此增加了 43% 的收入。

当提供不同版本的产品时，人们会很自然地对不同版本进行比较。你可以参考上述案例，增加一个干扰项，引导消费者选择更贵的版本。通过增加一个与贵价产品十分近似但差一点的版本，你就能够影响比较过程。高价的产品就凸显得更有吸引力了。

这种定价策略，汽车厂商会经常运用：尊享款和旗舰款的产品，很多人可能就会选择购买 25 万元的尊享款。甚至苹果商家在 2018 年发布新款手机的时候也运用了这个策略：

64G 版，9 600 元；

256G 版，11 000 元；

512G 版，12 800 元。

苹果公司之所以将 512G 版定价在 12 800 元就是一个干扰选项，为了衬托 256G 版的手机非常划算。让大家一边吐槽，一边转身继续买 256G 版的苹果手机。

比如你卖护肤品，将一款面膜加上小套试用装高价标出，再用功效差不多的一款新面膜价格低很多作为参考。提醒顾客，这是升级产品，功能差不多，建议用价格低的这款，比较实惠，还能保证效果。

锚定效应的本质是引导消费者进行比较。消费者在做出购买决策的时候，会下意识地进行比较。为了对比顺利进行，我们需要给出一个参照物，有时候这个参照物是我们自己找的，有时候可能是别人给的。因此，需要注意参照物的合理性和来源的可信性。

价格锚点使用的两个原则：避免极端和权衡对比。

避免极端：在制定价格策略的时候，要为“炮灰产品”设置极端的价格，比如设置一个高价或者是低价的价格，以此影响消费者购买你真正想销售的产品。

因为在有对比的时候（如三个或者三个以上的产品），消费者往往不会购买标价最高的产品（会认为可能性价比不高），也不会购买标价最低的产品（会认为可能质量太差）。

权衡对比：人们习惯用已知的事物去理解未知的事物。简单点来说，消费者初期对产品会缺乏一些认知，会找一个产品进行对比。所以在制定价格策略的时候，要记得找好一个“锚点”。

2. 心理账户

为什么有的人愿意在夜总会一晚消费几十万元，吃早餐却选择在路边摊？

为什么有的人买鞋子愿意花费几千元？而十几元的视频会员却到处去借？

这并不是夸张，而是真实存在的现象。特别是第二种情况，相信你一点也不会感到陌生，我们经常在朋友圈会看到这样的信息：

“万能的朋友圈，谁有腾讯视频的会员？”

实际上，发类似信息的人并不代表他们支付不起一个月只需要十几元的视频会员。这是因为“心理账户”在影响着我们：每个人心中都会分门别类地设置不同的账户，比如“情感账户”“意外账户”“面子账户”等。而每一个心理账户，人们又会用不一样的感觉来对待。

类似的现象屡见不鲜，比如，无数的促销活动都写着“消费满 10 000 返现 20%”，但是为什么不写消费满 10 000 元打 8 折？相信任何一个人只要稍微在心里计算一下，就会发现：消费满 10 000 元返现 20% 和消费满 10 000 元打八折并没有什么区别，最终需要支付的价格都一样。

要解开这个疑惑，我们先来回顾一段历史：

2014 年元旦，国家公布了 2014 元旦的放假安排，由于当时的三天元旦假期后紧接着是连续工作八天。一时间，在互联网引起各种热议。于是，2014 年元旦也成了最受争议的元旦假期。

事实上，如果从天数计算，与以前的假期安排比 2014 年元旦并没有什么不同，都是一天而已。区别，仅仅出现在人们的感觉上。

为了解释这类现象，心理学家们提出了“心理账户”的概念。假设有以下两种情景：

（1）新电影上映，你在电影院花了 50 元购买电影票，但是你发现不小心又丢了 50 元，你还会不会去看电影？多数人选择会。

（2）新电影上映，你在电影院花了 50 元购买电影票，但是错过了开场时间，需要再花 50 元购票，你还会不会去看电影？多数人选择不会。

其实情景一和情景二都是损失了 50 元，变化的只是人的心理而已。大量的心理实验证明：“收获”和“损失”在人的心里设定了不同的“心理账户”。所以，人们常常会用不同的感觉来对待不同的心理账户。

同样的道理，前面提到的满返策略也是运用了这个心理：满 10 000 元打 8 折，只要 8 000 元就能买到，意义不是特别大（正常支出账户），但如果是满 10 000 返现 20%，意味着你先支出了 10 000 元（和 8 000 元差异不大），然后又额外收获了 2 000 元（意外收获账户），意义就显得不一般了。

所以，你现在明白这其中的奥妙所在了吧？

正因为我们每个人有不同的心理账户，所以有的账户你愿意多花钱（如一双几千元的名牌鞋），而有的账户却不愿意多花钱，甚至是不愿意花钱（如一个月十几元的视频会员）。

很多时候消费者之所以觉得你的产品贵，是因为你没有找对消费者的心理账户。也就是说，当消费者觉得贵的时候，你应该切换消费者的“心理账户”，从消费者最舍得花钱的那个账户掏钱。

比如你是做在线教育培训的，你可以试一试把单纯学习的账户，变成家长们“望子成龙”的账户。望子成龙是为人父母的心愿。你可以试试跟消费者说：有个著名的钢琴广告说的是，弹钢琴的孩子，不会变坏。这就是找准了家长担心自己的孩子学坏的点。

那么，你应该怎样运用好消费者的心理账户呢？经过大量的市场验证：一般消费者在三个心理账户最舍得花钱，零钱账户、意外账户、情感账户。

（1）零钱账户：

你有没有这样的感觉，一张百元钞票在经过找零之后，感觉很快就花完了？

因为在每个人的潜意识里，零钱就是用来消费的，而整钱是用来存的。你可以想象一下：放在微信钱包里的零钱，你花起来是不是不需要经过太多思考，但是如果是工资卡里面的钱，可能犹豫再三不肯动。

具体怎么运用呢？

比如，如果你的产品客单价比较高，你可以试一试用花呗收款，利用花呗提供的免息分期付款的购物方式，每个月只需要还较少的钱（零钱账户），这样消费者支付的时候就不会感觉到那么痛苦。

比如你是一名保险经纪人，你直接跟客户说一份保险需要两千元一年，顾客可能会纠结半天也舍不得掏钱。但是如果你跟他说：一天只需要几元钱，就能给自己买一份保障。顾客很有可能会下定决心掏钱，因为几元钱就是“零钱账户”。

（2）意外账户：

为什么“凭运气赚来的钱，最后都会凭实力输掉”？

比如我们最容易想到的“中彩票”，很容易把突然得到的钱拿去大量消费，买豪车进高端娱乐场所。再比如我们突然捡到一笔钱，很容易就请几个朋友一起大吃一顿花掉了。

不论是意外赚到的钱，还是平时捡到的钱，之所以很容易花光是因为这些钱没有付出过努力。比如白手起家的人往往都很节俭，那是因为他们的钱都是自己辛辛苦苦赚来的。

比如你有一笔存款放在微信的“零钱通”，每天都会有几十元钱的收益到账，当你中午吃饭想点外卖的时候，你会想吃好一点。因为每天这几十元的收益，相当于一笔意外之财，你会说服自己别亏待了自己。

具体该如何运用？

比如有时候你很喜欢一个产品，但内心还在纠结到底应不应该买。这个时候销售人员可能就会跟你说：既然这么喜欢，那就把它买回家，就当作自己少抽了几包烟（少抽几包烟的钱，感觉是意外得来的）。

比如你是卖礼品的，可以试试和一些公司合作，试试把年底的奖金变成购物卡或者现金抵用券。这样一来就变成了“意外账户”，他们很快就会选择把购物卡里面的钱花光。而你的销量会因此大大提升。

（3）情感账户：

如果一个商品消费者感觉有一点贵，会狠不下心“剁手”。我们消费时都会有“负罪感”。这个时候消费者的心理状态往往是这样的：

我每天辛辛苦苦挣来的钱，就这样一下子就花出去了吗？好舍不得！还有，未来的买房、孩子教育、家人医疗都要钱，多花钱消费，就少了储蓄，这是透支了未来，没有安全感啊！

这种“负罪感”，你是不是也很熟悉？

如果顾客有“负罪感”，就算他很动心，由于过不了自己这一关，也会放弃购买，而你的营销业绩就少了一块。

你可以试一试让消费者买你的产品是“为了家人”，以此帮顾客消除他的“负罪感”，让他心安理得地掏钱给你。毕竟谁会真正责怪一个关爱家庭的人呢？

所以，脑白金不会一味地强调自己的产品有多好，反而是不断地在向消费者强调，“今年过节不收礼、收礼只收脑白金”“孝敬爸妈，脑白金”。让消费者产生一种感觉：如果不送脑白金，感觉就缺少孝心。

比如你是卖护肤品的，你试一试把消费者的心理账户切换成情感维护账户，比如学一学哈根达斯的策略：爱她，就请她吃哈根达斯。

最容易让男人花钱的心理账户是“义气”，最容易让女人花钱的心理账户是“变美”，最容易让家长花钱的心理账户是“成绩”，最容易让孩子花钱的心理账户是“孝敬”。而你之所以没有让顾客狠下心“剁手”，是因为你没有找对顾客最愿意花钱的那个心理账户。

3. 损失规避

为什么促销活动永远会用“限时”这个成交必杀技，而之后马上又会有新的促销活动?

原来，经过心理学家研究证明，人在面对“得”带来的快乐与“失”带来的痛苦时，更在意“失”带来的痛苦。

所以，无数的商家各显神通，给消费者营造了一个限量的“紧张感”，传递了一种你不来参加活动，就会错过这个“难得的机会”，至少要再等一年的感觉。而这种“失去”的感觉会刺激消费者参与活动并下定决心购买。

虽然损失厌恶在营销领域是个比较新鲜的词（也可以叫“损失规避”），但是，在我们所处的环境中，它无时无刻不在影响着我们。

举个例子：假如你平时上班坐公交车需要等 10 分钟，但有时候公交车提前 5 分钟到站，你就会很高兴，觉得自己很幸运；可是如果公交车要是晚来 5 分钟，你就会很懊恼，开始各种埋怨吐槽，觉得自己坐哪辆车哪辆车就慢，这其实就是损失厌恶。因为公交车提前 5 分钟到站带来的喜悦，抵消不了晚来 5 分钟的不舒服。

以前策划营销活动，我们在启动大会上首先会对一线销售人员发放奖金，让销售人员报目标，然后根据目标发放奖金。为什么要先发奖金呢?实际上，先给销售人员发放奖金是为了让他们觉得钱是自己的。当他们认为奖金是自己的（或者已经把钱花光了之后），再让他们还给公司就会很痛苦（损失厌恶），就会努力去完成目标。

那么，具体如何运用呢？有四种比较有效的定价方法：

（1）先让消费者“得到”

有一次我和几位朋友去一家餐厅吃饭，刚坐下来的时候就看见餐桌上有一扎新鲜的果汁，开始以为是餐厅赠送的。当我们点完菜的时候，服务员指着果汁说：这个果汁你们需要吗？如果不需要的话我现在就撤走。看见是新鲜的果汁，我们选择了买单。

几秒钟之后我突然反应过来：被商家套路了。一开始我们就把果汁当作是自己的，当服务员要拿走的时候，出于损失规避的心理会觉得很痛苦。而商家用了这个策略无形之中提升了客单价。

当然，这个策略其实也可以反过来运用，比如你去一家商店购物，看到一件自己非常喜欢的商品，出于习惯你很可能会想跟老板讨价还价。但是，讲价也要讲究一定的策略。

常见的方式是：

顾客：“老板，这个价格能不能低一点？”

老板：“我们这个已经很便宜了，不赚什么钱。”

顾客：“少 50 元行不行？”

老板：“亏死了，这样吧，最多给你少 20 元！”

顾客：“好吧。”

下一次，你不妨用前面所讲的策略，换一个讲价方式试试，直接把你认为合理的钱扔到商家面前。基于损失厌恶的心理，商家很大可能就愿意按照你说的价格卖给你。

你代理了一个产品很不错的新品牌，顾客使用之后反馈都很好，但有些消费者就是不买账，他们有自己习惯的产品。你可以试一试之前提到的七天免费试用，当消费者习惯了之后，很大可能会选择买单。

（2）替顾客“承担损失”

你是销售手机的，各大品牌每年都会推出新款手机。但是很多顾客的旧手机完全能正常使用，他们觉得现在换掉有点浪费。你可以试一试“以旧换新”，把顾客的旧手机收回来，帮助消费者“承担损失”，很大可能消费者就会选择换手机。

你开了一家红酒店，但是同城快递费需要另外收取，消费者可能会非常抵触导致不会买单（他会觉得损失了一笔钱）。你可以试一试直接把快递费用算进产品里面，帮助消费者“承担损失”。

（3）暗示“失去”的痛苦

你可以试一试前面提到的阶梯定价的方法，每满 ×× 人涨价 ××，消费者就会觉得自己又失去了一次“以更便宜的价格购买产品”的机会，很大可能就会立即下单。

比如你是做电商的，很多消费者进店之后只看不买，可以试一试在店铺设置一些免费优惠券，并且规定在限定时间内使用，过期无效。既让消费者产生了紧迫感，也会因为不想失去而选择消费。

4. 比例偏见

以下两种定价方式，作为一名顾客，你认为哪种方式顾客更愿意掏钱？

假如你想换一辆保时捷轿车，汽车专卖店的销售员告诉你：如果今天下定的话，可以优惠 1 000 元。

或者你想换一辆保时捷轿车，保时捷的销售人员跟你说：如果你今天下定的话，只需要加一元钱就能换一张 1 000 元的超市购物卡，这张卡可以在超市当现金使用。

没有意外，第二种定价方式更容易打动顾客，让顾客选择马上下单。同样是优惠 1 000 元，为什么是两种不同的反应呢？原因就在于：1 000 元相对于百万元的保时捷来说是 1‰的比例，而一元相对于 1 000 元却是变成了 1 000 倍。

这两者之间显然不能相提并论。其实，这种现象就是营销学中常见的“比例偏见”。比例偏见是指在很多场合，本来应该考虑数值本身的变化，但是人们更加倾向于考虑比例或者倍率的变化，也就是说人们对比例的感知比对数值本身更加敏感。

数字的确不会撒谎，但你的顾客并不是专家，不能一下子读出来，不能知道确切的结论。数字好比是船，到达对岸、完成表达才是你的目的。

现在你应该理解：为什么有时候在菜市场买菜，菜的总价 100 元，费了半天口舌减了 10 元，感觉占了很大便宜，开心得不得了。

但是，如果在商场买衣服，衣服的价格 2 000 元，讲了半天，最后店家让利 100 元，感觉还是降太少，觉得商家太抠门。

10 元高兴，而 100 元不高兴，原因就在于这个比例，前者相当于降价 10%，而后者仅仅只是 5%。

顾客头脑中有个天平：左边是价格，右边是价值。如果价值感足够强，顾客就会忽略价格，获得强烈的欲望，促使自己行动；如果你的价值不能被感知出来，顾客就会摇摆不定，不下决心，不下订单，不去行动。

基于这种认知偏见，得出了一个结论：高价产品用数字体现，比如满 10 000 元送 10 000 元，这里体现的是现金价值。低价产品用比例体现，比如一杯奶茶 10 元，如果说第二杯降 5 元，消费者没有多大感觉，但是你说第二杯半价（5 折），就变得大不一样。

比例偏见是提升感知价值的一种好方法。那么基于比例偏见的心理，还可以怎样运用呢?

（1）买 ×× 送 ××

比如房地产做认筹活动的时候，很多时候会选择预存一万元送一万元，与买房子优惠一万元相比，预存一万元送一万元，消费者会觉得更有吸引力。

比如定金翻倍。苏宁有一次做促销活动，预存 50 元可以在活动当天抵扣 500 元，预存 100 元可以在活动当天抵扣 1 000 元，表面上看起来金额放大了 10 倍（天猫“双 11”定金翻倍同理），实际上可能未必比直接降价要便宜，但给消费者的感觉会更加划算。

（2）加 ×× 元换购

通过加价换购的方式，可以让消费者在心理上把注意力放在价钱变化比例很大的小商品上，产生很划算的感觉。比如天猫、京东上买东西，结算时弹出 1 元或 10

元换购原价 50 元或 100 元的某商品，一般大家都会愿意去买，觉得用很少的钱买到了高价值的东西。

你在超市购物的时候，也会发现经常有一些加价换购的活动。甚至在结账的时候，收银员经常会告诉你：现在我们有一个优惠促销活动，只需加 ×× 元，就可以换购我们的 ×× 产品。尽管很多换购的东西常是一些可买可不买的东西，但是消费者就是忍不住想占便宜。

你在商场买衣服，选好了自己想要的裤子，导购员很大可能会跟你说：再买一双搭配的运动鞋吧，这样两样算下来可以打八折优惠，省下好几百元钱，比你单买一样要更加划算。当你选好准备刷卡的时候，导购员还可能跟你说：这里有一件非常适合你的 T 恤衫，只需加 100 元就可以购买。很大可能你也买了。

（3）加价换配置

你是销售数码产品的，有一款充电宝产品售价 100 元，你可以试试推出一款新的充电宝，价格只比原来的充电宝贵 10 元，但是充电容量却从一万毫安时变成两万毫安时。多花 10% 的钱就能享受翻倍的性能，消费者会觉得物超所值。

或者，还可以把廉价的配置品，配在一个非常贵的东西上面一起卖，相对于单独卖这个廉价商品，更容易让消费者感受到价值。比如一件外套 200 元，一双袜子 10 元，201 元就可以同时拿走外套和袜子，大家在购买外套时就更容易多加 1 元买上袜子，从而带动了袜子的销量。

5. 迷恋小概率

为什么很多产品非常贵，商家还会亏本推出特价秒杀活动？

为什么同样是折扣优惠，而很多的电商会采取抽奖的形式？

我们经常在一些电商平台会看到秒杀活动，比如“9.9 元秒杀活动”、甚至是“1 元秒杀”，类似的活动层出不穷，到底是因为什么吸引消费者？

这是因为“前景理论”（增加盈余账户因素的修正版）提出的观点：当面对可能获得远小于购买力的利益的可能性时，我们倾向于增加风险。

心理学家曾经做过一个实验：一个自动售货机上的 10 元零食本来打 7 折销售，后来变成概率折扣，你购买时 70% 的可能性原价购买，30% 的可能性退回全款（免单）。实验的结果是自动售货机销量增加了 3 倍。

前景理论同时还提出：当我们面对远大于购买力而且小概率的利益时，我们也倾向于增加风险。比如人们的买彩票行为。所以商家如果采取抽奖等概率折扣，而不是固定折扣，往往是基于上面两种原因，以满足你对“风险”的渴望。

那么，我们可以怎样运用呢？

当你的产品客单价不高，或者是赠品价值不高的时候（比如就是几元钱随处可见的小礼品），不如试一试这种抽奖类的方式。

比如你也可以试一试上面提到的“秒杀活动”，设置一个限时“一元秒杀”。很多消费者可能就会准时参与秒杀活动，他们会认为：万一自己中奖了呢？

比如你的会员卡积分如果兑换的产品没有什么吸引力，可以试一试改成多少积分可以抽奖一次，这样很大可能顾客会为了多抽奖而多消费积累会员卡积分。

三、定价的延伸

定价策略，可以说是商业活动中非常重要的一个环节，直接影响到你的利润高低。

很多人是怎么理解定价的？很简单，成本加上利润，只要不亏本就行，也就是“成本加成”定价法，这种方式有非常大的局限性。

定价其实挺复杂的，我曾经看到有回答说调查对手的底价，然后降价销售。这个策略是不错，但有个前提是——“你要能彻底逼住竞争对手。”

如果不能，这个策略一定要慎用，因为你会走进价格战的死亡陷阱（你也降价，他也降价，最后大家都没钱赚）。

而且，能用成本上或者资金上的优势逼住竞争对手，一般都是资金实力雄厚的大企业或者投资人。所谓的薄利多销，往往是资源整合的结果。

记住：我们打造个人品牌，是为了让自己变得更贵。

（一）到底应该怎么定价

最高明的定价方式当然是让利润或者销量最大化，比如肯德基对不同消费群体就有不同的实际价格（发放优惠券）。

肯德基推出一个劲爆鸡米花，怎么定价销售合适呢？因为每个人的消费水平和观念不一样，所以每个人愿意支付的价格也不一样，有人愿意支付 15 元，有人愿意支付 12 元，有人只愿意支付 10 元。

假如定价 15 元的话，那么愿意支付 12 元和 10 元的消费者就不会购买，这时候销量和利润都不是最理想的。而如果发放优惠券使购买产品实际只需 10 元，愿意支付 12 元和 10 元的消费者都会购买，利润和销量都达到了最大化。

（二）同质化产品如何卖出高利润

曾经有人问我如何提高收入，我没有直接回答，而是提出了一个我认为非常重要的观点：产品思维。也就是当你想要获得更高的收入时，有没有想过这样一个问题：

“假如自己是一个产品，能卖多少钱？”

你真的问过自己这样的问题吗？很多人都想赚钱，也想开启副业赚钱，当你试着问自己这样的问题时，或许你就会恍然大悟：我们每个人其实都是一个“产品”，用自己的价值向社会交换财富。

当你有这样的产品思维时，我觉得赚钱的思路也就打开了：一件产品值不值钱主要看几个方面：是不是品牌？有没有核心竞争力？有没有产品的护城河？市场大不大？反映到一个人的工作之中就是：你是在大公司工作吗？你是在公司的核心部门吗？你的技能不可替代性高吗？

同样的道理，很多人整天绞尽脑汁想赚钱，却从来没有用产品思维思考自己是不是一个“好产品”。很多的创业者也觉得自己的产品很好（如果满分是 100 分，大概会给自己的产品打 80 分），于是到处寻求营销方法开发市场。

而事实的真相是：市面上大多数的产品往往只有 60 分，营销却是 80 分。很多的创业者和营销人都对自己的产品出现了误判。所以，产品同质化是每个创业者和营销人亟待解决的问题。

四、重新认识产品同质化

同质化产品怎么卖出高利润？实际上，我认为这是一个伪命题。因为一个东西，如果都一样的话，没有什么竞争力，商家最后为了销量，一定都会陷入无穷无尽的价格战。就像“七伤拳”一样，伤害对手的同时也会伤害自己。

举个例子：假如一个女性想要选择对象。如果排队上门提亲的男人有三个，分别是小米、小马、小明，他们三个性格差不多、事业差不多、长相差不多，这个女性会如何选？

那就只能拼“售后服务”，小米表示他结婚后，可以承包家里的做饭和卫生问题；小马表示他结婚后，除了做饭，还可以承包家里所有的家务；那么小明呢，除了上面的活都要干，大概还要“打不还手、骂不还口”！

然而，在真实的商业世界，很多人手上的产品其实看起来都差不多，那么这时如何摆脱同质化就很重要。想要解决这个问题，我们就需要理解这个问题的本质。同质化产品，之所以会陷入无穷无尽的价格战，是因为你的产品除了价格，再也没有让消费者选择你的理由。

就像你在互联网一样，人家为什么会买一个产品？难道现在真的还会缺产品吗？并不是。很多时候都是因为产品本身以外的价值而买单。比如一个人经常在分享护肤知识，她分享的知识就是产品的附加值，就是消费者购买的理由。我想，你现在应该能更深刻地认识到“为什么要打造个人品牌”，这本身就是一个超级购买理由。

所以，我们需要做出改变。那么，如何进行改变呢？产品、价格、顾客，在这三个影响你利润的环节之中，只要我们改变其中任何一个环节，我们就能摆脱同质化，实现利润或者是销量的提高。

五、改变产品同质化的实用方法

正如前一小节所讲的一样，我认为：通常大家所说的性能其实是“感知价值”，消费者能感知的价值越大，那么性能往往会更好。同样的价格，我能感受到这件商品带来的价值越高，那么这件商品的性价比就越高。

而产品、价格、顾客这三者，又有相应的方法去摆脱同质化，根据我这些年的市场经验以及观察总结的市场规律，一般比较有效地摆脱同质化产品，方法有八种。

下面就为大家一个个拆解。

（一）改变产品

1．重新打造产品，在分量上发现机会

我们可以在源头上做一些改变，比如对产品做一些细微的改进，例如包装、赠品、外壳的小改造等，或者是数量的变化，又或者是相比同行的产品做一些味道、尺寸、风格等方面的改进。

改变产品的话，有两个经过市场验证的方法。

第一个方法：改变产品的分量。

（1）把产品分量做得更加大

比如市面上的奶茶商家几乎都是采用标准杯来售卖，500mL 左右，而一家店推出同等价格奶茶，容量 1L装，顾客看了觉得好实惠。同样的钱，人杯容量多了很多，赚到了，每次都喜欢来这里买。而实际店家的原料成本增长并不多。

比如，今麦郎推出了一种新的促销装方便面，六袋方便面打包卖，还附赠一个大瓷碗，与此同时，收集六个空袋子还可以再换一袋方便面。这样的活动吸引了很多人前来购买，主要原因就是赠品的分量让人从主观上觉得很划算。

比如说，别人的训练营都是 21 天时间，或许你可以考虑用同样的价格，时间延长到 30 天时间，提供陪伴式指导服务（用 21 天时间学习，7 天指导答疑）。

人的潜意识思维里有“占便宜”的意识，当我们日常消费的东西容量一下子变得超乎我们认知的时候，就会觉得自己省钱了，内心的满足感油然而生。

（2）把产品分量做得更加小

既然把分量做大会有机会，自然把分量做小也有机会。

比如市面上的比萨，都是一个锅面那么大。有个品牌叫斯比特，他们就非常聪明，特意把比萨切小，每一块都是不同的口味。很多“小仙女”看到之后就心动，不再担心吃不完。而且，一次可以吃到好几种口味，还可以和同事一起点，做下午茶的小点心，立刻成为当地的一个爆品。

比如我前几年服务过一个做医美行业的客户，叫作伊丽莎白，后面新开了一家分店。由于很多项目的单价都比较贵，所以我就帮她们设计了一个办理季卡或者月卡有优惠的服务。这样做的目的是让顾客单次的体验价格降低，用多次接触之后达到一个回头客的目的。现在都讲究获客成本，情愿把更多的服务和疗效提供给顾客，进而减少广告的投入。

比如我的一个客户，带孩子学习乐器，老师把课程设置成了一节课 9 元，学几节课，交几节课钱。很多家长不知道孩子能不能坚持下来，就会选择在他那里报名。

比如你带女朋友逛街，你的女朋友突然想吃水果，有些水果又不可能一下子买一整个，也不方便买来当时就吃，所以有些商家会把水果切成小块，装在盒子里，或串成一串一串卖，这时买的人特别多。

像很多高端的香水品牌，为了占据购买力有限的年轻女孩市场。在 30 毫升、50 毫升、100 毫升等常规规格之外，还会推出 10 毫升款，甚至 5 毫升的 Q 版包装。

把分量做得更小，本质是在使用分解“基本单位”的策略，这样做会让价格看起来相对比较容易接受。尤其对于推广初期想打开市场的创业品牌是一种不错的方式，因为占据的是消费能力有限、价格高度敏感的年轻消费者，这个策略对此有很大的帮助。

所以，你可以思考一下：你的产品是不是也可以做成大分量，或是是把分量做小？改变后，对顾客是否有一些新增的价值？

改变产品的第二个方法：重新包装。对你的产品重新进行定位。

2．重新打造产品，在竞争中发现机会

在竞争中寻找机会。这里有两个思路，第一个思路是指出竞品的错误做法（一般是行业内的头部品牌）。

比如我有一位做外卖代运营的朋友， 操盘策划过一个粥类品牌。由于这个市场同质化比较严重，所以他给这家店提出一个点：我们不是“工业粥”（对粥进行提鲜和增稠，做成半成品，销售时加热一下，卖给顾客）。我们是纯手工熬粥。

这样的话，顾客感觉更新鲜、更健康，当月超过了连锁粥类品牌的销量，每日订单达到 160 单，因为下单率高，也得到了平台的流量扶持。

比如自立门户，自己做一个品牌，告诉消费者别人都是模仿你的，你是原创，你是正宗。当年的加多宝和王老吉不就是一个经典案例吗？这个方法比较常见且有效，但是需要达到一定基础后才比较容易实现，所以就不多讲。

第二个思路就是去找竞品的顾客差评。顾客吐槽什么，就说明顾客在意什么。

有家卖榴梿千层的朋友，特意去了很多卖竞品的店铺看顾客评价，发现很多女生最担心的就是吃了长胖。他马上响应这个需求，主打“不加糖，自然果肉甜，吃

一点不会胖”。当年的销量，仅外卖收入，就达到了一千多万元。

举两个大家熟悉的品牌例子：

比如当年的康师傅、统一等大品牌方便面占领了大部分市场的时候，五谷道场却异军突起，正是抓住了“油炸方便面不健康”这一点，主推“非油炸更健康”的概念，使销量暴增，但后来由于市场和产品的运营问题，这个品牌遭遇了问题。

比如我们熟悉的真功夫，跟五谷道场的理念相近，面对肯德基和麦当劳这种洋快餐的强势品牌笼罩市场的情况，硬是打开了一个突破口，为国产快餐做出了好榜样，主打“蒸的更健康、油炸食品不健康”的理念，使其销量受到很大冲击。

实际上，很多的市场机会都是在竞争对手的差评中发现的，比如我的营销训练营不也是吗？据我对市场的了解，我的训练营提供了营销工具和底层逻辑。

你可以思考一下：你的竞品有哪些行业问题？可以试试找行业专家了解一下。有哪些差评？去看看竞品的评论区，大概你就会有不一样的思路。

3．重新打造产品，在包装上发现机会

如果你的产品本身很不错，但和市场上其他的产品在使用上也没有什么明显差别，可以试试在包装上做一些创新，增加产品包装复杂度，也是一个提高感知价值的方法。

这一点月饼厂家就是例子，比如市面上的月饼其实差不多的，而商家为了让月饼的价格更高，用大气精致的包装，将普通月饼包装得像礼品。实际上，月饼厂家这么做的目的是重新定义月饼，让月饼跟礼品进行比较，而不是与散装月饼相比较，也就是前面所说的锚定效应。

同时，月饼商家还运用了“送小礼品”的方式，在月饼盒里面放一些低价红酒、钢制刀叉之类的东西来增加产品复杂度。这样做是为了避免大家产生“几百元钱就买了十元钱都能买到的散装月饼”的感觉。

轻食餐厅的外卖，包装就和普餐厅不一样，它是用一个长方形盒子来包装，很有辨识度，看起来就像一个礼盒，相比于普通餐厅的外卖包装看起来更精致。

很多人都知道“喜茶”这个奶茶品牌，喜茶之所以获得成功，有个很重要的原因就是在包装上进行了重新设计。喜茶本身的包装上，茶杯上一个喝茶的人物形象很鲜明，让人过目不忘；喜茶店面在装修上也是别具一格，很多奶茶店都是开在街边，喜茶直接杀入人流量大的商场，装修风格是冷淡风（现在有各种“高大上”的装修风格），空间够大，可容纳许多人同时用餐，用餐体验非常不错。

当然，也不一定就要“高大上”的，有些东西需要接地气。如果你去过青岛，就会有感觉。比如前几年我去山东的时候就注意到了一个很有趣的现象：啤酒通常是用玻璃瓶，而在青岛当地，有很多商家直接用塑料袋装啤酒，然后配上一根吸管直接饮用，也是一个不错的设计。

如果你的产品在“高大上”方面不能有所突破，不如试一试接地气。

（二）改变价格

任何的产品，很多时候最终卖得还是一个信息差，因为消费者了解的信息和渠道没有你多。但是，如果消费者拥有强大的搜索能力的话，就会开启比价模式。比如他去别的市场对比价格，在淘宝搜索了，发现有的人价格比你低，而你的价格那么“贵”，你就显得没有优势、没有吸引力。

哪怕你的东西真的比别人的好，但是消费者也不这么认为，这些情况大家肯定也遇到过（消费者不会真正为产品的成本买单），所以就需要打乱消费者的几种模式。

第一种：打乱比价模式。消费者在消费的时候，其实都会比来比去，包括我们在买东西的时候，也是一样喜欢对多个产品进行比较，挑来挑去。

难道一定只卖一个产品吗？能不能组合起来一起销售，几款产品组合起来搭配销售，然后重新策划一个主题，消费者比较起来的难度就增加了。这个思路，在超市和一些快餐店经常可以看到。

比如有些低质量产品本身就卖得非常便宜，它就会拖你的后腿。所以，最好不要让消费者有太多的比价空间，你自己也要做出比较合理的选择，比如推出高中低三种产品的价格，然后推出一个优惠的套餐，让消费者自己去选。

如果消费者不选高价，也不选低价的产品，一般就会选择中间的产品。如果都想要的话，那就选择套餐。这样操作的话，消费者选择你的概率就会更大。

第二种：打乱对比模式。如果我们只是推一款，或者还是用原来的名字的话，消费者很快速、很容易就搜索到同类产品了。

比如之前我做了一个项目，就重新去找了两款产品进行组合，进行重新包装和重新定义，就变成了一个新的产品，给其不同的定义，风格也不一样。对于消费者来说，就变得没有那么容易比较了，不会花太多精力去搜索。即使搜索的话，几乎也搜索不到，除非是真正内行的人。

如果这个消费者很内行的话，那就说明他不是你的主要顾客，你应该把他发展成代理商会更加合适一些。

第三种：打乱品牌模式。所谓的打乱品牌模式，也就是你要教消费者成为“行家”，不要花冤枉钱。

比如我之前在为志邦家居做营销的时候，消费者总喜欢拿志邦橱柜和某品牌橱柜进行比较。尽管志邦也属于一线品牌，但品牌知名度确实不如某品牌，但是价格又跟其价格只相差 15% 左右。

因此，我就会选择打乱品牌模式，选择教消费者怎么样去选一款橱柜，告诉消费者买橱柜的一些注意事项。并且我们会说：志邦之所以没有那么高的知名度，是因为志邦作为徽商比较低调，我们选择让利给消费者，踏踏实实做产品。而某些品牌产品之所以出名，是因为广告打得比较多。

当你有什么土货，很有营养，又很健康，那你完全可以教消费者成为行家，告诉他你的东西才是真的好。比如逢年过节送礼品，一定要送茅台、进口红酒吗？对于一些人来说，他会觉得茅台就是噱头，农村酿的酒才是真正的好货。

因此，如果你卖的是手工作品，在品牌上没有优势，在成本上因为需要手工也没有太大的优势，但是你的产品比品牌更好，更有性价比，你就可以尝试教消费者成为一个行家，从而打乱品牌模式，最终选择你。

（三）改变顾客

第一种方法：重新定义人群。你的产品不一定就卖给原来的消费者。

大家应该都知道，以前花店一般是把男性作为主要消费人群，男人买花作为过节送爱人的礼物，这个消费习惯持续了很多年。而一个创业品牌“花点时间”对人群进行了重新定位，选择主打都市女性白领一类的人群，“每月只需 99 元，就可以送自己 4 束鲜花，给自己一个惊喜和好心情”。通过重新定义人群，一下子就打开了市场。

同理，运动鞋的市场竞争也非常激烈，基本上只有大牌才能在市场上活得好。而有一家店铺不走寻常路，直接卖“运动袜子鞋”，主打：方便携带、舒适、安全，卷起来就能带走，赤脚穿进去直接就可以跑步、健身。

以前的那些鞋子主要是卖给普通人，他们常年在本地活动，而袜子鞋选择的是卖给商旅人士，他们经常出差。这个产品只需要一卷就放进行李箱，不占位置，而且非常方便，成为商家投放的一个爆款。

比如专业的知识就一定要卖给从业者吗？按照传统的做法，中医知识是医生才需要的知识。而有个中医老师，就把自己课程的群体定位为普通人，设计的内容知识也简单易懂，每个人都可以学习一点中医知识。一经推出之后，受到很多宝妈的关注（因为宝妈带小孩经常会遇到发烧、感冒等问题）。

再如男性就一定不能卖女性用品吗？李佳琦做了一个很好的示范，一个大男人去卖口红，业绩还非常不错。又如袜子就一定是卖给大众群体吗？有一家生产袜子的厂家，就选择卖给那些怕感染、怕过敏的人群，很快也打开了市场。

所以，你可以思考一下：你的产品能不能卖给另外一群人？或者是更小众的一群人？

第二种方法：帮消费者“偷懒”。

人存在惰性的一面，一件事情如果有人替你去做或者有其他方式解决，为什么还要自己动手呢？也是因为如此，才不断地推动着社会前进。

比如在微信上卖产品，就一定要囤货和发货吗？要知道这个门槛对于很多人来说都特别高。想尝试副业还需要投入资金囤货，还要面临发货的问题。而很多社交电商为了打开市场，推出无须打包无须发货、只管销售收钱的模式，吸引了大量宝妈的加入。

很多人抱怨拖把难洗，经常是毛发缠绕，而且滤水费劲。有一个卖拖把的商家，看准了这个需求，做了一款拖把只需要轻轻按压一下，水就挤出来了，不用弄来弄去清洗拖把，价格也不贵，很快成为淘宝上的一个爆款。

类似的例子屡见不鲜，比如各种代步工具的出现，比如电商网购和快餐业的快速发展，这些现象实际上都是在帮人们解决问题。

运用到具体的产品中：比如卖洗碗机的，就可以强调用了洗碗机之后不需要自己洗碗，可以节省时间做很多其他有意义的事情；比如卖速食的，可以说只要拆开包装就可以吃，每天可以少炒一个菜，早上可以多睡一会儿觉。

思考一下：你的产品用起来有哪些麻烦？你能不能帮用户“偷懒”？

六、差异化的延伸

如何摆脱同质化，获得更多的利润和销量？我为你分享了上述方法，而这节就全部教给你了，希望你能有所收获。

在改变产品、改变价格、改变人群这三个摆脱同质化的方向中，除了以上一些方法，我认为最有效的方法是打造个人品牌和提升产品附加值，也就是一定要学会卖自己。个人品牌近两年之所以流行，归根结底是因为现在已经不是一个物质匮乏的时代，但是很多人依然还在执迷于卖产品。

大家缺的并不是产品，而是一小段时间，一份可以跟着你买的信任，比如前面提到的“偷懒”，难道喜欢“买买买”的女性会不知道如何购买一支口红吗？她们当然知道如何购买，只不过可能成本会很高。而李佳琦帮她们去试，试过之后告诉她们哪个好。

未来的时代，大家一定要学会卖自己和卖产品的附加值。比如卖衣服的，市面上大多数衣服的质量、款式几乎都不会有太大的区别，个人去卖衣服的话，价格肯定也不如一些电商大卖家。在这样一个同质化的市场里面，如何打破同质化的局面？

或许你可以试一试提升附加值。比如，既然衣服没有什么太大的区别，那么消费者真正在意的是什么呢？在意的是形象问题。也就是说，如果你有选款的能力、选风格的能力，你知道什么风格未来会比较流行，知道什么风格比较适合你的顾客，消费者是不是就愿意选择你的产品呢？特别是对于女性来说，买衣服买的就是款式。

要想最终改变同质化产品的困境，在产品上做出创新，往往需要你对自己行业有着深入了解，同时要经常关注市场的动态（如关注竞争对手哪些地方值得学习，哪些地方有槽点），才能发现一些潜在的市场机会，实现基业长青。

产品，不仅仅是产品本身，也可以是你自己。

产品，不仅仅是你有一个具体的产品，而是背后隐藏的所有东西。为什么说同样的一个产品，两个人卖出不同的感觉呢？因为背后的东西是不一样的。毕竟，有种需求叫作看不见的需求，多数人天天整的是那些看得见的需求。这也是个人品牌存在的意义。

财富

如何升级个人品牌

财富：一个人今天有所成就，
一定是过去做对了一些什么。

尽管个人品牌并不算是新鲜事物，只不过是互联网的出现，普及了这样一个概念。但是，我依然发现很多人对此存在误区，所以我总结了三个升级战略，可以帮助你更好地打造个人品牌。毫不夸张地说，运用好了以下三个战略，意味着你的个人品牌会更有影响力。

我曾经问过我的学员一个问题：你为什么会向我付费？

我猜，很多人可能会认为，是因为需要我，是因为信任我，是因为觉得我之前的公众号、微信朋友圈和知乎的分享有用，所以才愿意向我付费。

这有什么问题吗？

当然不能说是错的。因为一切消费的前提，都是基于信任。如果没有信任，消费者几乎不太可能向你下单消费。但是，这付费的背后到底是因为什么呢？所谓的信任到底是因为什么而信任呢？

事实上，大家之所以愿意信任我，是因为我在公众号、知乎等自媒体平台，输出了几十万字的观点和方法，而在我的朋友圈，每天更是保持分享 3 ～ 5 条的商业观点。我用了几十万字的分享，用每天三条以上的观点和经验，换来了大家的信任。所以，这就引出了本章的第一个战略。

一、个人品牌升级战略

（一）免费极致，后端前置

从前几年开始，一直流行一个词：知识付费。你向高手请教问题，需要付费；

你想学习一个技能，需要付费；你买一个视频会员，需要付费。

总之，都要付费。

但是，你想在互联网让消费者把自己辛辛苦苦赚来的钱，凭你发一条朋友圈就向你买单，可不是那么容易。付费听得太多了，当所有人都在喊“要付费”的时候，我觉得你应该考虑拿出互联网最有杀伤力的武器：免费。

为什么？因为只有免费体验到了极致，才有付费的可能性。如果你在互联网上赚不到钱，一定是因为你免费的事情干得太少。我希望，这句话你一定要深深地刻在脑海里。免费的事情不做，却总是想着收费、卖给别人东西。每天刷着朋友圈，发着小广告，最后发现没有多少人买你的东西。

所以，我觉得你可以试一试：免费极致，后端前置。

这是什么意思呢？

比如你在朋友圈卖货，你的朋友圈每天有没有输出价值呢？哪怕你只是一个卖美妆用品的微商。冬天来了，你有没有教大家怎么护肤？当夏天来了的时候，你有没有教大家怎么选择防晒霜？还是整天只知道发一些硬广告？

比如你想做社群引流，那么你有没有经常在群里分享一些自己的技能、心得，让别人觉得你有料，自然而然地想加你、想认识你。还是整天只知道在群里无意义地大量添加其他人，然后开始推销产品？

比如你想让别人关注你，那你有没有在平台写文章、拍视频，为大家解决问题？

所以，在互联网赚钱，你一定要执行第一个战略：免费极致，后端前置。因为消费者经常会讲一句话：你的东西我不知道好不好，用都没用过，也不知道买了之后靠不靠谱。就像很多人为什么付费加入我的社群？有的人会说这样一句话：就凭你在朋友圈分享了那么多的干货。

所以，请记住：免费极致，后端前置。如果你在互联网赚不到钱，一定是因为免费的事情做得太少，或者甚至根本没有做。

（二）不做“专家”，只做“玩家”

你可能会很奇怪：竟然叫我不要做“专家”？而是做一个“玩家”？

的确，如果按照一般的思路，我们难道不是应该选择做一个特别专业的人，人家才会关注你、才会信任你，才会买你的东西吗?

别急，我给你举个例子。

话说 2006 年，在网络博客上有个人特别火，他写的历史书籍发表之后，阅读量在当时达到了百万，一时之间，引发了一阵“追明潮”。当时的媒体把这件事称为“明月门”。后来，作者出了一整套的书《明朝那些事儿》，出版之后图书的销量达到了千万，而作者本人也因此获得了 4 000 多万元的版税报酬。

我猜，你肯定也知道这个人的名字，他就是：当年明月。

为什么呢？写历史相关书籍的人太多了，为什么当年明月写的明朝的故事，就能收获那么多人的喜爱。

我们可以想一想，历史其实是一件非常严谨的事情，但如果说写得像教科书那样专业，很多人肯定看不下去，自然也就不会那么火。而之前大多数写历史的作者，就是这样。

再举个例子：

有一个经济学家，叫作薛兆丰。他的一门经济学课，应该是达到了几十万人次付费购买。

为什么？讲经济学的人很多，为什么偏偏薛兆丰那么受欢迎？

因为不少经济学者分享的内容太过正式，正式得让普通人完全看不懂。而薛兆丰用一种通俗易懂的方式，让大多数人也能学一点经济学常识。

你现在应该明白：为什么我会传授你这样一个赚钱战略：不做“专家”，只做“玩家”。

也就是说，普通消费者其实需要的并不是特别专业，而是有趣。在有趣的前提之下，消费者惊奇地发现：好像你还很专业，也可以解决我的问题。这时候，消费者自然就向你买单。

所谓的不做“专家”，只做“玩家”，并不是让你投机取巧，自己的技能和产品一塌糊涂，还想着怎么让别人买单。

而是告诉你先做一个有趣的“玩家”，之后在服务环节上体现你的专业水平。如果你一开始就立牌坊说自己是专家，就会导致这样一个现象：因为门槛太高、太厉害，让你的潜在顾客望而却步。

而且，也会因为强调专业，被各种条条框框锁死，这样一来你的思路也就封闭了。专业，首先要藏起来，先让人觉得想试一试才是最好的。

而不是展示自己很专业，你一定要买，不买就是不识货。应该是，这款适合你，我们不妨试一试。让顾客自己去评价，自己说服自己。

当一个顾客不断地说“是”，当你的专业一点点成为公认的事实的时候，他就会买你的产品了，因为是他自己的认为。人不会去违背自己的认知，小生意有我，大生意无我。

你想想，如果薛兆丰的课程也那么专业，专业得就像论文一样，还会有那么多人购买吗？肯定不会，只会让那些想了解一点经济学常识的普通人望而却步。

比如，我之前遇到一位创业者，他觉得中医很有市场，想让更多宝妈学习中医公认的常识，打算开发一套课程。我看了一下他的课程介绍，课程的标题叫作：“学完这套课程，你就能入门中医知识”。

你可以停下来思考。你觉得存在什么问题？

最大的问题就是：如果你的角度是把顾客变成中医，那么这个思路就会很难。要把中医这个概念，先降低维度，让消费者能够接受。如果不这样做，这种思路让人觉得害怕。因为顾客不是专业的，并不想成为中医。

所以，我给他的第一个建议就是换标题，改成：7 节宝妈中医常识课，每天 10 分钟让你的宝宝更健康。这样的课，期待就变得简单，不仅降低了预期，也让消费者更容易理解。

要把知识变成“消费品”，而不是“论文”，面对是那些想要一些生活小妙招的妈妈。要让顾客转换概念：你是一个妈妈，你想要成为一个好妈妈。每天花 10 分钟，学习中医相关常识，能带来一些帮助。

为什么大家会觉得“专家”更赚钱呢？因为在大众眼里，能够写文章的，能够拍视频露脸分享的，几乎都是“专家”。所以，你一定不要陷入了“专家”这个陷阱。

而且，我说一个事实：对于一般人来说，肯定是成为网红的概率更大。所以，如果你想在互联网做自媒体，想在互联网分享你的产品，分享你的知识，不需要过分追求所谓的专业。

50 分干起，60 分做自己，不要有什么压力。不做“专家”，只做“玩家”。

（三）强化营销，弱化推销

为什么做个人品牌，应该放弃推销？

2018 年 12 月，我开始推出自己的知识产品。两年多时间里，我从来没有向大家主动推销我的产品。每当有人问我社群的问题，我最多只会回答三次，然后把产品介绍的页面发给他，愿意买的人就买，不愿意买的人，我也不会强推。

我身边也有一些知名大咖，这些大咖大多都是服务知名头部公司的商业顾问和营销顾问，有自己的工作室和小公司。他们有一个习惯：再大的公司，如果对方不愿意来他们的小公司，都会放弃这个业务。

为什么？

要解释这个问题，首先你要有“交易成本”的概念。作为个人品牌，时间有限，无法去做那些“交易成本”太高的事情。我一直坚信一个观点：买单不多问，多问不买单。这句话背后的意思是：当信任到位了，成交只是一分钟的事情。如果还有太多顾虑，还在考虑值不值，那是自己还没做到位，继续执行“免费极致”的战略。所以，我一直在强化营销、弱化推销。

为什么说要弱化推销呢？这里说的推销是指销售。

记得有位老师说过一个观点：一个好公司，不需要销售很强。营销强但销售不需要很强。比如世界上首个市值突破万亿的科技公司苹果。如果你去过苹果线下体验店，你会发现：他们的销售员并不像其他品牌的销售一样会跟着你服务，也不会说太多话，更不会担心你不买。你买的话就买；如果你不买，他们也无所谓。因为苹果公司的产品强、营销强，所以销售就不需要强。

同样的道理，如果你想升级个人品牌，销售就不需要很强。你见过哪个优秀的个人品牌，总是追着别人购买吗？我们更多的是要用营销视角考虑问题，知道顾客真正需要什么，而你手中的东西能很好地满足他们，持续地做好传播顾客便会不请自来。

这里，我建议你可以停下来思考一下：营销的作用是什么？让消费者在进店前，就已经做好了购买的决定。比如新一代手机出来，顾客就想着要去实体店，拿手上体验一下，没问题就直接刷卡下单。

销售的作用又是什么呢？是顾客来到店里的时候，他还在犹豫，还在对比。到底是苹果手机好，还是华为手机好呢？这时候，销售的作用就非常大，他要察言观色，要善于沟通，最终才能成交顾客。

营销和销售哪个更重要？其实都很重要。单纯地比较没有意义。

如果要把个人品牌做大，那一定是营销重要。你去找顾客和顾客来找你，结果几乎是完全不一样的。就像很多大公司都是产品和营销特别好，产品还未上市你就想买。比如说苹果公司每次产品一发售，顾客去现场唯一的动作就是付款；有些自己喜欢的大咖在公众号发了一个产品预告，可能你早早就调好了闹钟等待抢购。购买决策其实早已经做好了。

为什么销售排后面？因为好的销售较难复制。如果你做过销售，或者带过销售团队，你就会发现一个好的销售必须具备三大基本素质：一是胆子大；二是情商高；三是腿脚快。而这些素质，已经刷掉大多数的人，哪怕一个人具备了这些素质，至少也要磨炼好几个月，才能变得优秀。这是从自身角度而言。而从外部角度来说，每个顾客的成交情况不一样，很难一概而论。因此，你能很快复制出 100 个好销售吗？不可能。

但大多数好产品可以快速复制。比如说，越来越多的品牌餐饮店扩张到了全国，重点就是靠复制好产品，而不是依赖厨师。好的营销也是如此。比如说好的引流方法、内容框架、成交流程以及广告等，都可以快速复制。

打工的时候，我们希望成为明星销售，在公司里拿奖金、受表彰，提高不可替代性，成为公司离不开的核心成员。创业的时候，我们不希望公司依赖明星销售，而是把营销做强，让顾客自动成交。这样的事业才能更快复制，能复制的事业才能做大。

所以，作为一个超级个体，一定要选择可以复制的事业。超级个体就是要你轻装上阵，你不是大团队。但就是一个个体，学会复制更多的自己，利润可以大于一家店铺，甚至是一个公司。如果你总是靠推销，总是“离不开自己”，你会很累。

所谓弱化推销，并不是让你不要搭理顾客，也不是当顾客咨询你的时候，不介绍产品。而是让你学会用吸引的方式，进行被动成交，也就是我讲的被动成交流程，大家一定要好好去用。

思考一下：如果你打算在互联网做一个超级个体，不论你是卖货还是卖课，你有没有与这三个战略背道而驰？你打算做哪些免费的事情，又打算如何做一个“玩家”？请根据你的行业，找到你认为有趣的“玩家”，学习人家的同时，也明确自己的方向。

二、品牌的延伸

以上三个思维在打造个人品牌的路上，是环环相扣的一种关系。实际上，不论是做“玩家”还是“专家”，本质上不是对立的。你要选择适合你的，以及融合了解本质之后去驱动自己行动。有些个人品牌之所以做不起来，就是因为什么都做对了，但气质完全不搭（做了不适合自己的事情）。

个人品牌的核心，就是我做到你不能做到的，我这里有你想要的，而这一切需要通过消费进行获取。要相信这个世界上每个人的经历都不同，所以只要你亮出自己领域的几个成就，哪怕你就销售一份书单，也会有一群人向你消费。

所以，核心的个人 IP 就是通过长期输出，价值到位，产生消费。而这个消费的来源是客户早在没向你消费之前就已经得到价值了。

以知识付费为例，搞“任何训练”都不是上来便出个收费文案。而是免费先写几十几百篇文章或免费释放1 000节录音后，再来说收钱的事。很多人想做知识付费，一上来就开启收钱模式，付费的人自然寥寥无几。

收费的前提是什么？是疯狂释放价值。当你释放的价值多了，吸引的人多了，买单的人才会排队。所以，为什么要长期曝光，为什么要免费极致。首先，证明你的能力；其次，长期的曝光与输出价值，才能换来新的消费。想象一下：为什么可口可乐是一个知名品牌，还要大量做广告？因为总有新的消费群体，而且广告一停，人们便会有新的消费对象。

营销

如何像高手一样做营销

营销：营销并不是要做大事情，
而是要做好一个个小细节。

高手和小白的营销动作有什么不同?

有的人可能会觉得高手擅长奇招百出，甚至是一招制胜。事实上，从细节上来说高手和小白之间或许有很多不同。从整体上来分析，高手与小白最大的不同就是：普通人想一招是一招，而高手出招讲究章法和系统。高手做营销工作就像下棋一样一点点推进，形成一个闭环。

在本章，我要传授给你的就是一个高手都会用的经典营销模型。这个模型一部分是一些新方法、新观点，一部分是针对前面所讲的一些内容进行整合，帮助你融会贯通。如果你还没好好地吸收前面所讲的内容，建议从第一章开始仔细阅读。我教大家的都是有用、有效的，而且是不会过时的方法。所以大家一定要好好地执行。

我必须要提醒你，这个模型不仅是我一直在使用，一些优秀的互联网营销人，其实也都是按照这个模型做营销。当然每个人的运用方式和水平不一样，可能过程会不太一样。但大体上来说，框架以及思路都差不多。

思考一下：个人品牌想持续盈利，要做好哪些关键营销动作?

非常简单，只需四个环节：拉新、养熟、成交、裂变四个步骤。而这四个步骤就是我接下来要传授给你的营销模型。

首先是流量，我们要想尽一切办法去获取流量，吸引用户到我们的鱼塘，然后在鱼塘养熟，比如在微信里面经常所说的养号就是这个意思。所谓养熟，其实就是建立信任的意思。当顾客信任你以后，如果你提供了一个有价值的产品，能解决顾客痛点的产品，那成交就是很简单的事情。最后，你要想方设法让顾客去转介绍，扩大自己的客户群和影响力。

你发现了吗？这个模型每个环节都是协同推进的，比如你拉新环节做好了，可以实现养熟，可以实现成交。养熟环节做好了可以获得拉新，可以实现成交；成交环节做好了也可以实现养熟，可以实现裂变；而裂变环节做好了，可以实现成交以及可以实现拉新。这简直是一个超级成交闭环。

千万不要小看以上四个环节，如果你将拉新、养熟、成交、裂变四个环节操作好了，完全就是一套强大的商业模式。毕竟我们要做的是给顾客提供终身价值，而不是一次性生意。这就是营销模型的价值。

一、引流

说起引流，我们首先要正确地认识流量，因为很多人都陷入了流量的误区。

第一个误区：流量越多越好？

事实上，流量贵在精准，过滤。很多人天真地以为，拼命搞流量，流量多了就能有转化。其实这个思路是错的，因为流量最多只是一个数据，如果这个流量，对你没有需求，对你的产品没有需求，你营销再久也不会有成交。

所以，不少“百万大号”说自己粉丝百万，结果连一个面膜都带不动。为什么会这样？因为他所谓的引流，只不过是用了一些日常的引流方法，流量是上来了，但都是看客，并不具备变现的价值。

流量分为三种：受众、买家、粉丝。

受众：只看不买；

买家：又看又买；

粉丝：不仅自己买，还安利别人买。

也就是说，你的受众多不代表买家和粉丝多。受众的价值，最多是帮你传播，点赞带来阅读量的提升。只有买家，才是真正产生利润的核心群体。而买家是如何成为粉丝的？那就是高频地买或者是高频地接触。所以，当一个人天天消费你所提供的价值，又认可你所提供的价值，必然就会成为你的粉丝。这就是多见效应，见多了、买多了，自然也就信任了。

你用什么样的方式引流以及在什么地方引流，基本上决定了你的粉丝群体的质量。比如靠送一本电子书引流，吸引来的大多数是一些贪便宜的人。但换一个方式就会变得比较精准，比如你说你赠送的是你制作的关于这本书的精华读书笔记。这样引流而来的人，至少会有一半是因你而来。所以，粉丝基数少的个人品牌并不代表不赚钱，一些粉丝只有五万的自媒体的收益比一些“百万大号”还要高。原因就在于他们的用户群体足够精准，拥有足够的支付能力，产品足够刚需。

有没有注意到前面反复出现的词？精准流量。什么叫精准流量？通俗点讲，就是之前已经有这个消费习惯的人群，而不是从没有这个消费习惯的人群（把这段话再读一遍）。如果你选择的人群或者吸引的人群之前没有这个消费习惯，你做起来就会事倍功半。因为如果你选择的产品需要教育消费者，对个人或者创业公司来说，并没有那个时间和资源去教育用户。

所以，我们知道了什么是精准流量之后，当我们达成这个共识之后，在此基础上，我们就会发现流量在哪里比较有效。

在之前有了这个消费习惯的人流里比较有效。这背后的逻辑是什么呢？有了这个习惯，就意味着有人把他们聚集起来了。那你直接去引流是不是事半功倍？

基于这一点，普通人想要快速引流，除了去平台上做内容之外，一般还有三种方式比较精准：圈子、互推以及老客户转介绍。这三个是最简单且有效的方式。所以你现在大概知道前面所讲的定位和影响力有多重要。假设你不做好自己的定位，不打造好影响力，那你就没有办法去吸引别人。用户加你之后到底有什么好处？我们不能忽略的一个事实就是：用户都在朋友圈之外。

我常常跟大家说，对于消费者来说，永远只有两件事：一件是关我什么事；另一件是关你什么事。而大多数人在做的，其实就是关我什么事。

那都不关客户的事情了，对他们都没什么利益了，他们为什么要关注你。所以我还会说，围观我的朋友圈，可以学习到商业观点，是吧。

根据前面对流量的分析，相信你已经更好地重新理解了流量。但你可能依然担心自己是一个普通人，没有价值，应该如何引流？的确，我遇到的很多人总觉得自己是一个普通人，没有什么闪耀的价值。

我们以社群引流为例，将普通人如何在社群引流再梳理一遍。普通人想要在社群引流，首先你必须要做的是：积极地变得不普通。一个普普通通的人，似乎也缺少让人关注的理由。当然，这里所指的不普通并不是说一个人在身份与地位上的不普通，而是说至少你的思维和行为，不能太过于普通，让别人完全没有任何关注你的动力。

所以，我就不讲什么简单和具体的技巧了，因为我一直的风格是，喜欢带大家分享一些商业和营销上的本质问题，帮助大家去打通思路，再去做事。所谓方向不对，努力白费。

很多人不知道的是：引流本身也没什么捷径，有的只是给别人提供价值（把这句话再读一遍）。而且引流做得好的人，能持续引流的人，往往也不是因为执迷那些简单和具体的技巧，而是解决了一些关键因素和底层逻辑，比如精准定位和营销流程等。所以，我从最核心的环节告诉你引流怎么做。把这一点想清楚了，胜过所有的简单技巧。

什么是引流？无非就是获得流量。而流量的定义在前面章节已有详细介绍。之所以为什么有人总是不断地问，到底如何引流？一般来说问这个问题的人，都是不知道做什么的人，不清楚自己到底要提供什么价值（解决什么问题）。

当你的产品能解决潜在用户问题的时候，当你能为他们提供价值的时候，几乎是不会缺流量的。当你清楚以上逻辑再来回看大多数人遇到的问题：一个普通人引流，应该如何做？

分享一个真实案例，或许会让你分分钟顿悟：请注意前面所强调的，普通人几乎是没有办法引流。那，什么是普通人？我们以社群为例，社群可以说是普通人引流的最好方式。因为社群一般都是有门槛的，相当于别人提前帮你筛选了，那些都是你的精准用户，或者是潜在用户。

如果你是一个“普通人”，你的做法可能是：加了一个群之后，直接就来了个硬广，然后等待你的就是管理员送的“飞机票”。这就是不懂规则，也不懂规矩，都不懂提前“拜码头”吗？所以很多人存在一个误区，去到一个地方，完全以“我”

为中心，一上来就想“搞事情”。

又或者是这样：

一直默默领别人的红包，然后做个潜水冠军；

不懂得配合群主，帮他活跃一下社群的氛围；

从来不敢冒泡、分享，做个出色的吃瓜群众。

静悄悄，普普通通，还指望引流？所以，我前面说了，想要引流的核心是：提供价值。人都是很现实的，没有谁会关心和自己没有关系的事情。

我们看看“不普通的人”是如何引流的？

举个例子。

我有段时间在一个付费社群，看到有一个教人做朋友圈美学的女性创业者。她并不是什么大咖，也不是大人物，但是却经常有变现的动作。所以，我对这样上进的人感到好奇，就私下跟她聊了几句。其实我知道她是如何做的，因为引流的底层逻辑就是用价值吸引他人（所谓的价值不一定就是具体的价值，也可以是虚拟的价值）。但是我故意问她：你作为一个普通人，是如何引流的？为什么我要故意问她？其实就是为了收集案例，告诉大家思路决定出路，别总是自我设限。

以下是她的回答：经常跟老师互动，就会有人主动加你呀。我在群里也没有什么明显的优势，之前的培训经验在群里发挥不出来。为了提供价值，我特意去学了一门思维导图的课程，总要提供一样价值人家才会关注你。

我想，这位女性创业者的所作所为应该可以给你一些启发，或者会让你明白自己的误区在哪里。人家为了给社群的人提供价值而专门去报了一门思维导图的课程。然后每一次群主分享完后，她就马上做好思维导图笔记分享给大家。你觉得这是不是一种价值?

当然是。因为很多的群为了活跃度，一般都会组织一些活动，组织一些各类主题分享等。可能隔几个小时不看就有了几百上千条未读消息，大家就容易陷入一种信息焦虑，既抓不到重点又浪费时间，甚至直接不看而错过了重要信息。这时有人直接帮群员提炼精华，不就是一种价值吗?价值完全可以自己主动创造。从这个角度来切入，大概这就是有心人和普通人的区别。

记住：一个经常问如何引流的人，其实是不知道自己要解决什么问题的人。当你将以上所讲的内容和引流逻辑彻底想通了，胜过所有引流方法。沉迷那些具体又简单技巧的人，走不远。并不是引流难，难的是你从来没有认真思考自己到底要为一个什么样的人群提供价值；难的是你从来不去想，如何主动创造价值。

关于社群引流还有一些关键点，先问大家一个问题：一个群如果爆粉没人管，发广告也没人处理，这个群是好还是不好?答案很明显：所有人都可以在社群任意而为，又能有什么价值。

前面我也一直在强调如果你要引流，真正要做的是“引”，引流的精髓在于提供价值吸引顾客到你的鱼塘，不然为什么不叫“加流”，不叫“增流”。如果你的引流动作都不能为顾客提供价值，都是一些与顾客无关的事情，对他们也没什么利益，别人为什么要关注你，为什么要被你“引流”。

所以，现在去爆粉、大量主动添加别人，几乎没什么意义了。混群引流最忌讳的就是去爆粉。因为没有价值前提。大概就像这种感觉：你连对方做什么的都不知道，可这个人已经把手伸进了你的口袋里。这样不被人谴责就已经很不错了。即便被你成交，这样的顾客，随便一说就购买，是什么水平也可想而知。

因此，正确的混群引流方法恰巧不是在社群内，而是在社群外。当你在群外有一定知名度的时候，你加入一个社群其他人会争先恐后地想主动链接你。假设现在罗永浩进了你所在的社群，你肯定会想加他的微信。这是第一种通过社群引流的正确方式。

而另外一种就是你主动帮助大家做了很多事情。比如长期在社群出现，长期地在成就群主，大家加你微信就是水到渠成的事。因为已经提前构建了一种信任。比如有些人经常帮群主整理分享记录，都是自发主动，那他真的想在社群做点什么事情，自然大家也是支持他的。

客户并不关心产品，客户关心他能够得到什么。所以混任何的群，你一定要想好你能给别人提供什么价值，而不是你要引流、你要卖东西。而且大家捧什么样的人呢？毫无疑问的是，肯定不会是那种急功近利、小手段不断的人。难道群主会把自己的人脉资源介绍给这样的人吗？肯定不会。学会诚心地去帮助群主，帮他做事情，帮社员提供价值。当你不计回报的时候，往往回报就来了。

引流靠的是提供真正的价值，而不是各种小聪明和套路。

比如群里大家在问：去西藏哪里好玩。如果你是个专业做旅游的可以帮忙回答，顺便给一些小提醒，又或者你在当地开了一家旅馆，是不是会找你消费，是不是会下榻你的旅馆。因为你已经帮助解决了一些问题，而解决问题的能力就是你的价值。

很多人在抱怨引流难。绝大多数的人，有时候缺少的并不是引流方法，反而是坚持。如果你反问他们公众号文章写了几篇？朋友圈发了几天？抖音发了几条？跑了多少家公司？见了多少个客户？他往往哑口无言。所以，高阶的引流之道，就是重复一个有效的方式，一直坚持再坚持，打通一种渠道、一种方式，然后复制放大。

记住：认准一两个合适的方法，反复去执行才是高手。如果一个方式有用，为什么不一直用呢？

二、养熟

所谓的养熟，其实就是成交过程中非常重要的一个环节：建立信任。而一些做私域流量培训的人也会经常说微信需要养号，需要打造人设等，也就是通过经营好朋友圈之后再开始推广产品。本质上这也是一种建立信任的过程。

如果你是我的读者，有稍微关注过我的微信朋友圈，或者阅读过我的几篇文章，你就会发现我一直在强调一个观点：成交的背后是信任，而信任是因为长期出现。如果没有信任，就一定不可能成交。请问：你会向一个不信任的人消费吗？

“成交的背后是信任，而信任是因为长期出现”，让我们再读一遍这句话。尽管我经常在强调这个观点，或许很多人还不能很好地理解背后的逻辑。

思考一下：在互联网时代，什么最值钱？

毫无疑问是信用。今天的征信报告、芝麻信用分、微信支付分等，都是一个人有没有信用的体现。如果我们把信任比喻为信用，并且一直专注提高自己的信用，就像提升芝麻信用分一样，就会发生一系列神奇的事情。当一个人有信用的时候，平台会借给你钱、会免费借产品给你体验，顾客会因为相信你而购买你的产品。

所以，基于以上逻辑我们会发现，当一个人有了信用，就等于有了财富。既然信用是一种无形的资产，我们就应该好好积累并发挥出作用。而建立信任最好的方式就是长期出现、坚持出现。同时，请仔细想想本书自序的内容，或许你会有新的感悟。

作为个人品牌，通过长期出现建立信任的方式有两种比较有效。不仅有利于打造自己的个人品牌，也非常有利于建立信任。

一是输出价值。当你在一个领域不断地深耕并输出价值，平台会给你流量扶持，用户会信任你。而你的个人背书也越来越强大。这个过程会帮你建立信用，反过来信用也会帮你获得更多回报，相当于一条增强自我价值之路。

一些互联网大咖就深谙这个真理，不停地在输出和传播价值打造超级个人品牌。甚至有的大咖还会专门请一个内容团队来维持公众号的日更，有的大咖选择每年写作一本书等。比如在传播一章介绍的公众号作者，其实就是通过长期输出价值而建立了一种信任，最终让用户自愿掏钱消费。

很多人可能不明白为什么要长期出现，难道没有什么神奇的办法，可以快速让陌生人掏钱吗？

接受事实吧。并不是所有人看到你的产品就会马上买你的产品。相反，刚开始只有少数人会购买。也就是，一开始只有少数人会在一两个月之内买你的产品，然后有一大部分人会在一年内买你的产品，还有一小部分人是在两三年内，甚至是更久的时间才会第一次购买你的产品。所以，成交的背后本质上也是一场持久战，如果你露一下脸就消失了，谁敢买你的产品呢？

就像我的特训营有一个学员分享环节，有些学员经常会分享报名特训营的经历：先是在知乎上看到我的文章，觉得有价值选择关注。然后围观了一段时间我的私人微信朋友圈，觉得我每天分享的创业思考和营销观点非常受益，再选择报名一个课程。有的甚至是购买一个课程之后，继续再报名其他的课程。

所谓长期出现，不要仅仅只是拘泥于形式，比如与顾客多聊就是一种建立信任非常有效的方式。做过销售的都听过一个规律：大多数顾客的成交，是在跟进 4 ～ 11 次之后实现。

举个例子。

一位大咖朋友分享过一个案例：他问一个广东卖户外广告牌的销售冠军，他们公司一个月卖上千万元的牌子，他知道这些牌子都很贵，几万～几十万元等，我的朋友就好奇地问他：你为什么能做到冠军呢？你有什么特别的方法吗？

出乎意料的是，销售冠军就简单地回答了两个字：多聊。他说我有事没事就往客户公司那边跑，坐下来喝茶，聊业务聊同行也聊生活。有时候客户说你不要来了，我不会买你的产品，但我还是跑过去。聊久了就聊熟了也成为朋友，客户结婚也会请我，我们也常一起喝酒吃饭。

让我惊讶的是，他虽然是卖广告牌，但是他承认自己对广告文案、策划不是很懂，都是同事在负责。专业并非很强的他，卖广告牌却很多，他的方法就是多聊。

多么质朴的两个字：多聊。本质上我们去卖东西，卖的是一个人的人品。你把钱交给我，而我人品好能给你服务满意，顾客有这个信任，成交就容易了。但这样需要消耗我们的时间，多聊就是多花我们时间。这也对我们提出了要求，多花时间在服务上，同时业务不能开展太多。你做一个业务，你有时间去多聊顾客，你同时做 5 个，那就够呛了！

再如在朋友圈多给潜在用户点赞，时间久了之后也会存在一种熟悉感，就像是一个陌生人经常对你微笑。有了熟悉感之后就利于破冰，也利于建立信任。这难道不也是一种长期出现的方式吗？

二是承诺一致。什么是承诺一致呢？简单点来说就是你承诺了某一件事，然后你兑现了承诺，这个过程可以帮助你建立信任。在前面章节提到的影响力建立的过程，其实也属于是一种承诺一致的行为。通过公开承诺死磕 101 天，当你做到了之后就对你更加信任。

比如我以前跟大家分享过一个原则，我之前在公众号写过一篇文章《君子爱财，取之有道》。那里面分享了三条我不赚什么钱的原则。其中第一条我说的是，不赚是是非非的钱。也就是说我不去赚一些是是非非有争议的钱。这是我的承诺，大家可以一起来见证，而且我在文章中还附上了一些日常的截图。后来我发现：当我发布了这篇文章之后，购买我知识产品的人明显增加了。

我承诺之后我做到了，大家是不是就觉得我很靠谱呢？这其实就是承诺一致。这种方式建立的信任难道不好？养熟的这个阶段，快的话一般会在一个月左右。

正常一般是三个月左右，那一个月就是时间上的一个压缩，刚好是一个压缩的周期了。你分享完之后，其实你就可以开始成交了。这个方法其实没有那么复杂，最重要的还是你要长期出现。

我将承诺一致的方法教给我的学员，他们不仅自己在运用，也在特训营分享过身边的营销现象：

当大家有问题去百度搜索时，跳出来的页面信息很多。这时候你发现百度里面正好有人在分享这些东西。这个人分享了一部分内容，但是和你想要的东西还差点。这个时候你发现他说：加我微信，免费发送。你抱着试试又不吃亏的想法加了此人的微信。然后他也不打扰你，而且你想要的东西二话不说直接发给你了，同时还附有一些规范和使用小贴士。

这时候是什么感觉？我想至少会感谢这个人吧。因为没有套路你，而且让你的心情比较愉快。毕竟这个人做到了真正的免费分享，还算一股清流。到了这里，我想问大家这个商家在这次引流环节做到了哪些步骤？或者说哪些事情让你感觉很舒服？

答案是：免费赠送，没有套路。因为这个人之前的宣传是：加微信免费送。加了微信之后没有让做多余的动作，直接免费分享给你了。真正做到了承诺一致。

所以，如果你想通过承诺一致的方式快速建立信任，最好、最有效的方式就是公开承诺一个计划，比如直播 100 天、公众号日更 365 天等。当你兑现了前面的承诺之后，用户会天然地更信任你。难道一个说到做到的人不值得你信任吗？

以上的方式，看起来是三种方式，其实背后都存在一个共同点，那就是多见效应。当潜在用户见得多了之后，自然而然就建立起了信任，自然就成为你的用户。

当然，建立信任的方式还有很多种：

从众效应。人类天然地认为“很多人选择的就是好的”，因此从众效应的作用就是展示自己的产品非常畅销，让大家选择你的产品。比如线下餐厅如果排队的人越多，生意反而会越好。比如一些做朋友圈营销的不断地晒成交截图暗示畅销，加入的人会越来越多。

权威转嫁。大公司天然地有强大的资源和背书，而很多人或创业公司刚开始既没有强大背景与资源，也没有权威的背书、技术等。这个时候就可以利用权威专家的方式。例如有些微商为了解决信任问题，会开一些线下店；有些创业品牌会将店开在高端商场等。

事实上，很多时候思路决定着出路。遇到问题的时候，如果我们稍微变通一下，就会发现解决的方案有很多。不是普通人找不到权威的背书，借不到他人的力量，而是很多人缺少一双发现机会的“慧眼”。相关思路可参考本书知乎章节《借力思推》的内容。

三、成交

成交：如果你把前面所讲的步骤每一步都进行优化，比如定位，多做免费的事情以及长期出现，再结合被动成交的流程，还有将一对一的成交用到极致，你的成交势能会远超很多人。

成交的核心就像我一直在说的：你要去吸引顾客，而不是你追着顾客跑。你吸引人家，等于是人家在找你寻求解决方案；而你追着别人主动推销，等于是你想去掏别人的钱。你给人家的感觉，就是你想掏人家的钱，那人家能乐意吗？这是两个完全不同的概念。所以前面的环节一定要认真优化和执行，尤其是前面提到的长期出现和承诺一致，值得你认真对待。在知乎上有一个比较火的问题：销售的最高境界是什么？我认为是“被动成交”。而被动成交之所以有效，是因为最重要的信任问题解决了，所以顾客会毫不犹豫地掏钱购买。

说起成交，或许方法有非常多。如果说要我只推荐一种，那我一定是推荐：顾客证言。相信只要卖过产品的人，都知道顾客证言的重要性。如果在整个转化环节只能放一个数据，我一定只会放顾客证言。比如微商在朋友圈晒对话截图，就是一种顾客证言的方式。

成交的方法有很多种，但我们每个人驾驭的方式不一样，或者说能驾驭的东西不一样。成交要素中最好的方式是顾客证言。为什么一定要用顾客证言？因为你的顾客只有看到和他一样的人用了你的产品，产生了什么样的效果，才会自然地信任你，从而激发更强的购买欲。并且，你夸自己的产品有多好，远远不如真实顾客的赞美有效。顾客证言之所以有效，本质上也是受到从众效应的影响。

事实上，当你看过很多顾客证言的案例后，会发现可以简单地把它们分为两类：商家式顾客证言和用户式顾客证言。这两者最大的区别就在于，前者自卖自夸的痕迹太明显，商家式的顾客证言非常硬，就是直白地夸自己产品质量很好。用户看完这样的证言会觉得很假。千万别忘了，你面对的客户越来越聪明，不要想着糊弄，他们看完就觉得这个证言是不真实的。而真实的顾客证言往往看起来没有过于华丽的文采，也不会直白地夸好，让用户看了就觉得非常真实，会动心想要试试。

千万不要把顾客证言想得很简单，不要单纯地认为顾客证言就是“刷好评”。不信你可以打开朋友圈看看，有很多人的顾客证言都不合格，让消费者看了没什么感觉，比如这次消费很满意、产品很不错之类的评价。这有什么问题吗？最大的问题就是你的评价看起来不痛不痒，消费者看了根本没什么感觉。

做事情都应该带着目的，顾客证言当然也有目的，它的作用就是让顾客看了之后起心动念并付诸行动。所以，正确的顾客证言做法要符合两点：美好的使用体验和畅销暗示。你不仅要把简单的“产品不错、值得购买、用起来很满意”等模糊的词语，改成具体、形象的真实使用感受，还要暗示你的产品非常受欢迎。

举个例子。假如你在微信朋友圈卖水果，可以把“很新鲜、很好吃”，换成：“每天都要吃好几个，一斤水果没两天就吃完了（暗示畅销），果肉非常晶莹剔透，入口细腻甘甜、爆汁无渣，仿佛尝到了一整个夏天的美好（具体的美好体验）。”

同时为了让顾客证言更有效果，最好能让潜在顾客感知到真实体验。怎么样可以让顾客也能身临其境般地感受到？比如你的产品对顾客非常有帮助，可以试试让顾客发个语音，让潜在顾客感受到那种兴奋、感受到说话的情绪。甚至，你还可以让顾客拍成一个视频做你的顾客证言，通过音乐和真人出镜的影响，顾客会更容易感受到你的产品效果。

顾客证言之所以有效，是因为从第三方的嘴里说出来的话更有说服力。

免费退换。有些产品没有用过或者是没有了解过，消费者没办法知道产品的好与不好。这时消费者会觉得有风险，你要做的就是转移风险，否则就有可能失去一个准顾客。而免费退换的本质就是将风险转移到自己身上。

所以，可以试试让用户提前试用产品，降低选择失败的风险。甚至，为了降低这一风险，无数的商家推出了大量的“免费试用”产品，将风险转移到自己身上，让消费者放心下单试用。

当然，你可能会担心，如果采用“免费退换”的方式，真的有大量的消费者来退货怎么办？根据我多年的操盘经验，这个问题完全不需要担心，大量消费者退货或者退换的概率完全可以低到忽略不计，前提是保证你的产品没有质量问题且没有任何夸大宣传。因为人们不愿意轻易将得到的东西失去。

在早些年，我在为科勒和志邦做营销策划的时候，统计过相关的数据，即使是家居这样的高单价产品，退货的概率也低到可以忽略不计。而且，当推出免费退换的政策之后，成交率会明显得到提升。再如家居行业推出的“免费设计”，也能够消除客户的感知风险，提前让消费者看到效果，从而促进成交。所以，如果你是做教育培训的，可以试一试免费体验课和免费试听课。如果你是卖产品的微商，可以试一试小分量的试用装，用来解决消费者的信任问题。

比如一些做知识付费的个人 IP，为了成交也会推出零风险的承诺。他们通常会这样操作：听了之后觉得没有效果，全额退费。知识付费作为虚拟产品，之所以会做出这样的承诺，一般是因为有筛选机制。或者是条件限制，比如两节课以内不满意可以退款。

四、裂变

如何用裂变思维发展新顾客？

如果问你：觉得创业或者做营销，最应该重视什么？你可能会说是流量、机会、也可能会说是人脉资源，甚至可能会说是一些“一招制胜”的锦囊妙计。而我想告诉你的是，其实你最宝贵的资源就是你的老顾客。

尽管一直有观点在强调老顾客的重要性。比如，开发一个新顾客的成本是老顾客的 10 倍。但是，依然有很多人并没有意识到老顾客有多么重要。到底有多重要？一个老顾客可能给你带来几个新顾客。

我在写本书时刚好看到一个理发店老板的案例：一位理发店老板创业了十几年，他成功的秘诀就是只服务老顾客。这位老板从来不服务新顾客，新顾客只会交给其他发型师服务。道理非常简单：他明白只有把老顾客服务好了之后，生意才会越做越大。

一些创业者并不是不知道转介绍的重要性，只不过在实际的运营过程中，会涉及太多问题。这就是我们接下来要讲的内容：如何用裂变思维发展新顾客。也就是通过转介绍的方式，调动你的老顾客为你介绍新顾客。这样做的好处是，可以源源不断地获取新顾客。并且，介绍过来的新顾客非常容易实现成交。因为有了老顾客的口碑与背书，新顾客对你有着天然的信任感。

2016 年的时候，贵阳当地的一家装饰公司找到我做营销咨询，希望我为他们的品牌做营销和互联网转型方面的工作。在了解客户的过程中，我发现了一个特别有意思的现象：这家公司不仅在当地销量排第一位，而且 80% 以上的销量都来自老顾客。

它是怎么做到的？

这家公司从贵阳的一个小县城起家。它一开始是选好一个小区，作为主要的开发对象，非常用心地把客户服务好，甚至为了让客户满意，老板不仅对施工过程、细节把关，还亲自去做售后服务，一直服务到客户满意。之后就产生了神奇的效果，这些客户就在业主群帮助他宣传，还将装修后的效果拍照发到群里。因为有了邻居这层关系的信任，很多业主也前去了解并且成交。他们开发的第一个小区市场占有率就达到 60%。

积累了第一批口碑用户之后，经过一段时间的滚雪球效应，这家公司的顾客已经达到几百户业主，而营收规模也达到了千万元。整个过程，他们使用的只是一些平淡无奇的营销方法。只认准了这套转介绍的流程，一直重复做，就能够取得惊人的效果。

这家公司的转介绍案例对我的启发特别大。或许，对于创业公司来说最好的方法并不是追求所谓的“套路”，而是做好转介绍，打开市场的速度会远远高于你的“自我感动”式的推广。转介绍有一个非常神奇的效果，当你有了一个客户，你可以从他裂变出三五个顾客，甚至是几十个客户。

这个怎么来实现？根据我之前提到的流量逻辑进行设计，一共有三个步骤：

第一步是找到你的鱼塘，与他们建立情感链接；

第二步是制造你的诱饵，让老顾客当你的诱饵；

第三步是设计你的钩子，触发顾客进行转介绍。

第一步找对鱼塘。或许你会对此感到不可思议，为什么老顾客转介绍，还需要找对鱼塘？他们不是已经成交了吗？不是属于精准用户了吗？没错。可你必须要接受一个事实，并不是所有老顾客都愿意且有能力帮你转介绍。

因此，请记住第一步的核心：找对鱼塘。这点非常重要，也就是我们应该如何去选择优质的客户，只有优质的客户群体才是你转介绍的精准鱼塘，才能给你源源不断地带来新顾客。

当你准备做老顾客转介绍的时候，你会发现老顾客永远会分成两种：一种是少数人，他们属于优质客户，这类顾客一个人可以介绍几十个顾客；还有一部分老顾客，相对来说属于比较普通的客户，他们可能只能给你介绍个位数的顾客，甚至有可能不会给你介绍顾客。

为什么？因为每个人的社交情况不太一样，有的人能量很高，性格外向、为人热情，也愿意分享和乐于帮助别人，所以天然是一个优秀销售，可以给你带来源源不断的新顾客；而另外一部分人比较内向，比较少去社交，因此自然也很难给你带来新的顾客。

因此，我们要想找对鱼塘，首先第一步要分辨出谁是优质的顾客。分辨的方法非常简单，有两个标准可以参考：

第一点，是不是铁杆用户。用户也需要分等级，铁杆用户，是属于最高级别的用户，意味着他愿意帮你转介绍。这样的顾客是“粉丝”，而不是单纯的“买家”。

假如你的顾客对你比较认可，会在日常行为中体现出来。比如，铁杆用户不仅会购买你的产品，还会转发你的产品到朋友圈，甚至告诉身边的朋友。与他们沟通时，也会明显感觉到他们发自内心的认可，比如言语之中透露着对你产品的认可，甚至是对你的感激等。而一些非铁杆用户，他们的语气通常会比较冷漠，或者根本不会回你的微信。这类情况属于比较一般的顾客。

第二点，看顾客的影响力。影响力，意味着他有转介绍的能力。有的顾客对你的产品非常认可，也有转介绍的意愿，但可能转介绍的能力比较弱。比如，没有影响力，无法说服别人成交，不知道如何进行转介绍，能力比较弱。

“物以类聚，人以群分。”如果顾客是一个有影响力的人，那他身边的朋友也大概率如此，而且他也会是身边朋友的榜样。比如，你的老顾客可能是一个事业有成的企业家，可能是某一家大公司的高层管理，又可能是一个网络红人，甚至哪怕只是一个社群的群主。当你了解到这些信息以后，你就知道他们无疑是超级好顾客，值得你好好重视。

事实上，有一些人非常聪明。他们深刻地认识到，自己的能力终究有限。所以他们倾向于找到那些有影响力的人，借助其力量为自己拉新。这就是所谓的“群主战略”。要知道，一些有影响力的人可以轻松为你带来几十、几百的顾客。

而有一些顾客可能相对来说没有那么高的成就，个人生活也比较普通，职位也不高，那么辐射的范围就相对较窄。所以，我们首先要找到那些积极热情、事业有成的优质顾客。这些人可能随口一提就会给你带来几十个新顾客，而带来的新顾客又会源源不断地带来新顾客，最终形成一个正向循环，所以你要学会去分辨他们。

我们的原则是，要优先链接好有能量、有意愿、有能力的优质顾客。这一点，还需要过多解释吗？有一个规律，相信你并不会感到陌生，大约 80% 的业绩，往往是由 20% 的顾客创造。

记住：以上两个原则缺一不可。缺少任何一个，转介绍的工作都会失败。

当你找到了对的鱼塘之后，并不是直接就要求他们进行转介绍，不然很大可能会吃闭门羹。你需要做的是进一步深度链接，从顾客关系变成朋友关系，他们才愿意分享给身边的朋友。

具体怎么做呢？两种方式：当他的顾客和制造小惊喜。

成为他的顾客非常简单，也就是购买他的产品。优质的顾客，往往都已经有自己的一份事业，他们有自己的产品、自己的服务。在你能力范围之内购买他们的产品，并且认可他们的产品，就可以让你们迅速地建立友好的关系。大概一提到需要花钱买产品，可能有些人会舍不得花钱，我想要告诉你的是千万不要舍不得为客户花钱。事实上，优秀的圈子往往都是付来付去的，这就像投资一样，有投入才会有回报。

举个例子。

我有一位朋友专门研究朋友圈营销，她是一位百万付费导师。她每年大概在广州会开设三四期线下课。有一位学员听了她的课之后非常满意，忍不住向身边的朋友推荐她的线下课。

有一次这位学员私下跟我朋友聊天，想分享一下最近的一些收获，结果我朋友意外地发现这位学员是一位心理咨询师。刚好她最近家里出了一些状况，导致她的妈妈最近心理压力有点大，所以想预约心理咨询，就直接付了八百元一个小时的咨询费。她妈妈反馈很有效，整个人轻松了很多，接着又推荐她弟弟咨询。后来这位学员非常感动，又推荐了好几个身边的朋友报名我朋友的线下课。

因此，你应该观察一下你的优质客户在经营什么业务、销售什么产品，如果他们的产品刚好是你需要的，或者是你能够帮上忙的，就在自己的能力范围内做一些投资。这样他也会给你介绍更多的新顾客，双方都是共赢的，朋友越交越多，订单自然也越做越多。

当然，如果你想团结的人，成为他们顾客的门槛比较高，自己的经济条件暂时不允许，也可以主动帮他们做事，提供价值上的链接。比如，前面提到我的学员案例，如果你是设计师，试试为他主动设计一张惊艳的海报。

另一种方式是制造惊喜。你期待收到快递吗？

我为企业客户做消费者调研的时候，洞察到一个现象：消费者在网购的时候，最期待的是收到商品的快递。收到快递那一刻，心情会非常愉悦。既然如此，我们没有理由不好好抓住这个心理。

现在，尝试给你的老顾客送礼吧。送礼从古代送到现在还一直流行，主要是因为送礼的效果非常明显。谁又能真的拒绝结束朝九晚五的生活后收到的一点小惊喜呢？

而且最关键的是：每一个人都渴望被重视（注意我用的词是渴望）。既然如此，你就应该极度重视老顾客，别舍不得那点小礼品，老顾客带来的回报会远远超过小礼品的价值。当你在合适的时间给那些优质顾客送礼，感谢他们对你的支持，表达你对他们的感谢，他们就能够感受到你的心意，就能够跟进一步强化关系，以后他们自然也就愿意帮你介绍新的顾客。

需要注意的是，送礼虽然很有效果，但是送礼方法也大有学问。一定要注意，千万不要去送那些千篇一律的产品。比如中秋节送月饼，你要知道优质客户在中秋节大概会收到很多的月饼，当把这些快递拿回家，可能都分不清哪一个是你的心意。这样做的结果就是，你花了钱送月饼，但是对方完全记不住，你送了约等于白费精力。既浪费了礼品费用，也浪费了宝贵的时间。

正所谓物以稀为贵。因此，类似端午节送粽子、中秋节送月饼，这些无趣的事情上尽可能不要浪费精力。我们应该送一些更有意思的产品。

关于送产品，有一个非常好的方式叫作：定制。也就是完全按照优质客户的姓名、头像、爱好等信息，为他们定制礼品。

定制的礼品有“专属感”和“荣誉感”。回想一下：当你还在上小学的时候，每当快要放假的时候，你是不是特别期待一张奖状，享受那种让同学们注视你的感觉，特别期待回家之后听见家人的夸奖？如果有一张“三好学生”的奖状颁发给你，你可能会兴奋好几天。

我曾经为志邦家居策划过一个“爱妻日”的营销活动。这个活动不仅创造了前所未有的到场率，并且在很多城市的成交率高达 50% 以上（当时业内平均水平在 25% 左右）。除了其他环节的策划外，有个很重要的环节就是礼品上的“专属感”。

我是如何设计礼品的？首先我没有按照其他商家的传统思路，一般商家是看自己产品体系里有什么赠品或者是自己采购的常见礼品。而我根据活动主题送的是一份定制的礼品：用一个心形盒子装的一套碗，看起来十分精美，也跟活动主题十分搭配，并且给每位妻子还发了一个 27 元的签到红包。顾客看到之后特别喜欢，也特别意外，之后我在去到的城市都复制过“爱妻日”活动，几乎没有失败的案例。

再举个例子。我有一位学员是位大学生，在知乎看到我的分享之后觉得受到了很大启发，毫不犹豫就加入了我的付费社群。在社群学了三个月之后，通过学习我分享的一些营销思维，赚钱思维发生了改变，因此她特别想要感谢我，她的一位同学去日本旅游的时候，就叫她同学顺便帮我带了一件礼物。很多次都在微信上问我要地址，希望将礼物寄给我。因为我几乎不会收学员的礼物，每次都委婉地拒绝。

有一次她给我发微信：余老师，这点小事本来不应该打扰你的。然后顺便把礼物的盒子也拍了照片发了过来。当我看到盒子之后，马上就决定收下这位学员的心意。为什么呢？

礼物盒子图上有这样一句话：想改变的人都寂寞，还好你有余味。这句话是我在公众号每篇文章中必写的一句话，当我看到这句话之后瞬间就有了一种“专属感”。

于是，我就收下了这位学员的礼物。

比如有些做知识付费的，可以试一试给你的优质学员送书。一般书的价格也就是几十元左右，一本书的成本并不算高。可以试一试根据学员的情况，定制一本适合他的书送给他，并且在书上写上学员的名字，让他感觉到“专属感”。甚至，你还可以写上一段话鼓励他，说不定在他收到书的那一刻就想着拍照发个朋友圈，因为每个人都有炫耀的需求。

或者，你还可以尝试在淘宝上搜索定制类的礼品，比如定制的奖杯、手工蛋糕、签名笔等。“万能的淘宝”有各种各样的礼品可以满足你的定制需求。最重要的是要体现“专属感”，刻上优质顾客的名字。如果可能的话尽量也刻上顾客的头像，甚至是刻上一句非常有意义的话，他会觉得更加意外。

甚至你还可以做得再细致一点，比如说备注好每个顾客的购买时间，过一段时间需要送礼的时候，就可以这样说：这是你购买我产品的 xx 天的日子，我为你精心准备了一份小礼物，希望你会喜欢（贴出顾客的购买时间，不仅特别有仪式感，顾客也知道你一直在关心他们）。

值得注意的是：如果礼品预算有限，应该遵循“以小博大”的原则，也就是在预算内买一个最好的礼品。比如你只有一千元的预算，这时你送个手机可能就会没有档次，别人也根本不会喜欢。但是如果你买一个价值 1 000 元的蓝牙耳机，就显得特别好。然后，也可以赠送一些家乡的特产，既不会拿不出手，也比较实用、接地气。

实际上，对待客户就像对待恋人一样，你要记得对方的信息（如生日）。你要时不时给对方制造一点小惊喜，别出心裁地送他一些小礼物，收获了他的芳心之后，你得到的回报将远远超过之前的付出。同样的道理，你要备注好顾客的一些信息，对一些优质的客户给予特殊待遇。

第二步：制造诱饵。

营销的工作固然重要，而营销之后的工作更加重要。有很多人只想着如何做营销，却忽略了营销前后的工作。我曾经给学员强调过一个观点：一个创业者至少要接触两种角色：营销与客服。

当你通过筛选的鱼塘找到了种子用户之后，接下来你应该做的就是用心服务他们。服务好这些客户之后，他们就是你制造的“诱饵”，他们就是你的内容，会自动帮助你去传播和推荐。

90% 的人在成交之后是没有售后服务的。他们会在将产品卖给顾客之后，对顾客不闻不问。至于重要的产品体验与效果，他们并不关心。他们关心的是要去找一些新的顾客，然后继续成交，这样他们才能赚更多的钱。反正老顾客的钱已经收到了，为什么要给自己找麻烦呢。可如果你要一直盈利，最好放弃这种糟糕的念头。

记住：成交并不是结束，只是开始。

一味追求新用户，不重视老顾客的体验和服务，这是一个很多新人都存在的误区。如果老顾客缺乏你的关心，缺乏一些相关的产品指导，他很可能会因为没有正确使用产品而导致没有效果。

你可以回顾一下你购物的经历：在你购买的产品里面，有没有哪个商家的售后服务做得特别好？几乎很少。在我自己的购物经历中，至少 80% 以上的商家都没有建立一套完善的售后服务。

你再回顾一下有没有这样的现象：有些顾客使用了你的产品之后没有反馈，好像也没有什么效果。可能并不是你的产品有问题，而是他使用产品的方式不对。比如他可能吃的量不对，可能用的时间不对，可能使用的姿势不对，导致他觉得没效果。所以，他就不会再来复购，更不可能介绍顾客给你。

举个例子。

我有段时间因为新家装修，然后同时给家里和办公室各网购了一套不同款的网红沙发。办公室的那套沙发，卖家特别细心周到，不仅有一张安装图，而且详细画出了每一个安装步骤，简直就像傻瓜式操作，所以安装起来特别快。

而我家里的那套沙发，是从其他商家购买。我有一次抽空回去看，发现包装上没有附带安装图。我咨询客服：是不是漏发了安装图？他说没有安装图。然后我又问：有没有安装视频看看？他说安装很简单的。然后又说找其他家的视频给我看，结果半天也没有发过来。非常明显，他把所有顾客当成了安装工，天然地认为所有人都应该会安装。

试问：如果你遇到这样不顾用户使用体验的商家，心里是怎样一种体验？你会不会给他转介绍？我想只要是一个正常消费者，恐怕以后都会选择将其拒之门外。

现在，相信你也知道为什么我会在开始的时候强调：创业者必须接触一下客服的角色。别忘了偶尔充当客服，别忘了体验自己的产品。这个工作有时候甚至比前期的营销推广还重要。改进和优化，从来就不应该停止。假如你不这样做，或许你连改进的机会也不会有。

因此，如果你想要获取更多优质顾客，想要让顾客成为你的“诱饵”，一定要重视并且服务顾客出效果。只有顾客有了效果，才会感到满意，会为你带来两个意想不到的结果。

首先，他们会继续选择购买你的产品，你获得了复购率的提升，提高了对顾客而言的终身价值；其次，当你需要组织转介绍的时候，他们会愿意为你的产品代言，推荐给身边的朋友。因为他们知道有效果，也很感谢你，所以推荐起来就没有心理障碍。这样子给你推荐，很容易又是几个订单，所以就非常重要。

当然，很多人也知道要让顾客有效果，他才愿意转介绍。有些人可能还会抱怨：我也想让顾客有效果，可惜自己是个小白，不知道从何入手。我的观点是：没有顾客案例的人，往往是因为顾客做得太少。如果刚开始没有漂亮的用户案例，一定要学会主动出击，主动去帮助你的顾客，让他们成为你的案例，为你带来源源不断的顾客和转化。

那怎么样服务出效果呢？答案是：细节。

我给你举个例子：我之前服务的志邦家居公司，有一个比较特别的售后服务叫作“微笑行动”。也就是顾客在买完橱柜之后，每年年底志邦各个专卖店都会打电话回访顾客，然后上门对顾客的橱柜进行维护、调试，甚至是清理卫生（后来很多品牌开始模仿）。

这个微笑行动的服务让顾客特别满意，服务完之后我们工作人员一般会要求拍照，顺便还会要求顾客介绍给邻居和朋友。这个时候顾客感受到了前所未有的服务，一般都不会选择拒绝。因此，志邦每年的开门红活动有很多成交的顾客，都是来自年底顾客推荐的朋友。

简单说就是我们一定要服务出效果。因为顾客只有看到了效果，才会去做转介绍。学好这一堂课，我们的目的是提高顾客转介绍率。假设你服务了十个顾客，那么目前可能有三个顾客愿意为你做转介绍。而通过我们这节的学习，可能会有八个顾客愿意为你做转介绍。这样子帮你转介绍的顾客就会越来越多，你做生意就越来越简单、越来越轻松，你的收款会越来越快。

相信你看到这里也感受到了这种力量，那么具体怎么做呢？我来为你详细拆解。

以我自己的特训营为例。我举办第一期特训营的时候，首先招生的对象是之前的老学员。在老学员招募会上，有 50 人左右参与。那付费报名的人有多少呢？答案是全部报名（复购率百分之百）。而且，我还特意强调：特训营需要花很多时间准备课程和答疑，价格会比之前的知识星球贵很多。如果有人觉得我不靠谱，现在可以退群。结果不仅没有一个人退出招募会，反而全部报名。

我是如何做到的？刚开始做知识付费的时候，选择的是做知识星球社群。一开始教学员去做营销、去卖货，只有学员看了你的分享、你的方法真的有启发，真的有收获之后，才愿意继续复购，也才愿意去做转介绍。

不论你卖什么产品，你的目的是要提供指导且服务出效果，裂变式的转介绍才能够有效实现。比如，我的特训营很多学员之所以愿意发朋友圈转介绍，就是因为他们受益了，感觉到有效果。

那么，如何帮助顾客出效果？

第一步叫作回访顾客。以我的特训营为例，首先前期在特训营结束一段时间之后，我会私聊老学员询问他们：目前是什么样的状态？学完特训营有什么样的感受？有什么具体收获？去行动了吗？假如他们没有行动的话，是存在什么阻碍？回访的意义在于提醒他们行动。

第二步叫作提供指导。有些学员认真听了课之后会存在一些问题。比如，有些学员会说：学了群发售的内容之后，因为刚开始在微信卖货，朋友圈没有多少人，群发售存在阻碍。当学员提出了自己的问题之后，我就开始对他进行辅导，告诉他一定要去尝试，甚至还帮助他指出问题。有一个学员经过我的辅导之后，直接去尝试了群发售，一晚上就成交了三万多元，是他之前一个多月的销量。

所以，如果想让转介绍的效果最大化，我们一定要做好两步工作，第一步就是主动回访顾客。我们把东西卖给顾客以后，一定要做好顾客信息的备注，比如在微信上备注好是属于哪一类顾客，用一个文档记录销售信息，及时地跟进一下成交顾客的情况。到了顾客预计收货的时间，可以关心一下顾客产品有没有收到，包装有没有损坏之类的。在顾客收到产品之后，可以提醒顾客开始使用，并告知产品使用注意事项。

第二步是提供细节指导。很多人存在一个误区，总是认为那些需要安装的产品才需要售后服务，而一些相对来说没有那么复杂的产品就不需要售后服务。其实并不是这样，很多时候顾客对产品的使用都不是特别清楚。

比如同样销售的是减肥产品，很多人会认为说明书上不都写清楚了如何服用吗？如果再去主动询问、主动提供服务是多此一举。但是，优秀的微商是这样做的：每天会提醒顾客要什么时候喝，每次搭配哪些产品，怎么样喝会更有效果。这样子不断地提醒顾客，经过一个月之后会发现有明显的效果，这样不仅顾客愿意转介绍，同时也是最好的销售案例。

所以制造“诱饵”环节一共分成两步：第一步主动回访；第二步提供指导。很多的产品都可以通过这种方式去提供服务，指导顾客及时产生效果。

这里，再次以我的超级个体特训营为例。

当学员报名了特训营之后，我们会在三天内发送一个入营指南，提示学员根据指南做好相关准备。入营前一天，我们会再次发送一个入营攻略，提示大家怎样做会更受欢迎、怎样做不受人待见等。特训营的前期阶段，我们会询问学员有没有不适应的地方？并会分享如何做好时间管理。而到了中间阶段，会再次主动询问学员：特训营已经讲了打造超级个体的方法论，有没有遇到什么问题？

部分学员可能会提出来一些问题："我觉得自己的定位不清晰""我不确定这个领域是否值得深耕"等。这个时候，我会给他们进行相关答疑，应该如何选择，帮助他们找到并确定自己的定位，或解决其他问题。经过这样的长线沟通，一些学员变得自信，更加坚定了自己的方向。超级个体第七期特训营有位学员，我跟她沟通完之后，她在短短几天时间内，用我所提供的方法就成交了十几万元销量。

这个时候，甚至你不用主动提转介绍，一些学员就会主动开始在朋友圈分享在特训营的收获。当他们的朋友看到之后，可能就会立马感兴趣：你在哪里学的？我也想了解一下。因此就很容易地进行了转介绍。

举个例子，王永庆在年轻的时候是卖大米的，刚开始的时候销路特别不好，挨家挨户地扛着大米去推销，问的人也没有几个。后来他是通过什么方法打开销量的？答案就是服务到让顾客满意。

王永庆卖大米跟别人不一样，那个年代因为技术比较落后，顾客买回去的大米都需要筛几遍才能放进锅里煮。王永庆洞察到了这个细节，于是他把大米里面的一些小石子之类的杂物先一点点挑出来，然后再卖给顾客。过了一段时间，顾客都反映他家的大米质量好，省去了淘米的环节，王永庆的小米铺也因为顾客的口口相传而红火了起来。

不仅如此，王永庆还主动帮顾客送米上门。并且王永庆送米上门不是直接把米放下就走人，而是将顾客没有吃完的米先倒出来，然后把送来的米倒进去，把没有吃完的米放在上面，这样顾客就不需要担心陈米来不及吃而坏掉。最关键的是，他随身带着一个小本子记录每家的人口、吃多少米，时间快到的时候扛着大米就送上门。凭着这样精细的服务，王永庆赢得了大量的顾客，最终生意越做越大。

阅读到这里，我建议你停下来思考一下：可以如何回访顾客？如何找到他们的问题？如何帮助他们产生效果？

假如你销售女性服装，顾客买回去试穿之后，你通过回访得知，顾客觉得衣服质量很不错，但显得腿有点短。试试跟她说："搭配一双跟裤子一样颜色的鞋子，可以让身材看起来更加细长一些。"

假如你是线上的瑜伽教练，顾客按你的视频课程练了之后，身材一直没有明显变化，正感到有些沮丧。试试跟她来一次视频通话，用你那迷人的身材，激发她对美好身材的向往，用你专业的技能，纠正她的错误姿势。

假如你是一位家庭财富规划师，你通过回访顾客得知，由于最近经济形势影响，导致定投了两年的基金，受到了短期的波动，顾客正在考虑停止定投。试试用你的专业阻止对方："短期波动是非常正常的现象，并且这只基金有独特优势，新一轮的涨幅预计很快就会到来。"

有些顾客购买了你的产品之后，可能自己都忘了使用，这个时候就需要通过回访顾客去提醒他们。可能刚好他们遇到了问题，而你又为他们提供了指导服务。在这个服务过程中，顾客也与你建立了信任感，为转介绍写下了重要的一笔。

这里不得不再次现身说法，前面提到我购买网红沙发的经历。我当时就在想：并不是每一个人都会安装，他们真应该配一个傻瓜式的安装图纸。即使没有安装图也应该电话回访。他们可能不知道，因为这个小错误让他们损失了多少老顾客，至少我是其中一个。

第三步，设计钩子。还记得在流量章节中所讲的设计钩子吗？如果你的钩子设计得不合理，同样会让你的转介绍进程按下“暂停键”，让你之前所做的努力功亏一篑。这一步，你需要做的是引导好你的种子用户进行转介绍。

这也是转介绍过程中最关键的一个环节，也就是如何优雅地向顾客开口，让对方心甘情愿地帮你转介绍。

比如一个老顾客，你通过前面的方法与顾客加深了链接，也通过售后服务有了一定的效果。这个时候跟顾客说：我想请你帮我一个忙，你能帮我介绍一些有需要的朋友吗？

这种情况下并不是所有人都会答应你的请求。有些顾客天然地会自我设限，在他们内心会觉得不好意思：“天啊，这样做好像在向朋友推销东西。如果他不喜欢我的推荐怎么办？如果他拒绝我怎么办？如果对方认为我想赚他的钱怎么办？如果他认为我拿了什么好处，怎么办？”

在实际操作过程中，几乎每个商家都会遇到同样的问题。基于这些心理，顾客通常会很纠结，导致他们不敢去行动，明明对你的产品很满意，但是仍不愿意给您做转介绍。因为他们不知道怎么去开口，怎么去说这个事情。这个过程变得非常尴尬。那么转介绍到这里就按下了“暂停”键。

那么，应该怎么触发客户的转介绍呢？触发老顾客进行转介绍有几种方式，比较常见的就是向老顾客赠送礼品、给予返现等激励。这一类属于外在动力。而顾客之所以存在阻碍，比如不好意思，担心朋友觉得自己在赚他的钱，往往是内在动力出现了问题。

这个时候，只需要对症下药即可。比如帮助老顾客消除内心的阻碍，让他觉得自己是在帮助朋友，而不是在算计朋友。我通过大量案例的总结和探索，发现了一个非常有效的方法，叫作“体验消费”。这个“体验消费”适用于所有行业。

事实上，体验消费是很早就存在的现象：

比如你去到一家服装店，看到一件非常漂亮的衣服，忍不住停下脚步幻想：这件衣服穿在自己身上一定很好看。所以你很大可能会进店拿上它，然后走进试衣间。试穿之后如果觉得很合适，你就会买下它。

比如你去逛超市，有些新的饮料和食品的品牌推销员，会拿着一个小杯子邀请你进行品尝，目的就是让你体验一下他们的产品。如果试吃之后你觉得满意的话，很大可能就会购买这个品牌的产品。

最近几年，互联网知识付费开始流行起来，一个人只要有一项拿得出手的技能，就可以通过互联网变现。然而，也正因为过于火爆让一些人扰乱了知识付费的市场，导致顾客害怕被“割韭菜”。

那么，这种情况下怎么实现转介绍呢？最好的方式就是设置“试听课”。比如得到平台的系列大课都可以享受五节免费试听课。

我在互联网发表过一篇关于如何提升收入的文章，其中提到了一个很常见的现象：有很多平面设计者不知道如何提升自己的收入。我分享了一个思路：很多在朋友圈营销的人其实有大量的设计需求，但是，一般的教程对他们来说晦涩难懂，找人设计对很多人来说又是一笔不小的费用。我们可以把设计的技能做成付费课程，让他们也可以学会简单的海报设计。

有个设计专业的学员看了我的分享之后开始执行，专门制作了七节“傻瓜式”课程，让普通人看了也能马上操作。比如学了课程之后马上就知道怎么设计朋友圈的背景、朋友圈海报等。但是在推广的时候，她发现了一个问题：明明大家学完之后都反馈很好，但是分享的人却很少。

这位学员感到非常困惑，找到我希望我能诊断一下问题。经过我了解之后发现问题主要有两个：一个是学员完全不知道怎么转介绍；另外一个是课程是必须购买后才能学习。我当时就感觉这样设计损失了很多的顾客，简直就像按下了转介绍的“暂停键”。你想想，每个微商都会有很多同行、代理和微信群，这些人几乎都会需要这样的课程。一旦裂变开来，这个顾客群体非常庞大。

但是如果没有体验的话，大家就不知道这是个普通人也能学的设计课，都以为会很麻烦、很复杂。后来这个学员就改成把课程承接到平台（之前是在微信群授课，分销有点麻烦），可以自动生成分享的海报，然后设置了一节免费试听课程，专门教如何设计朋友圈背景。然后在学员群发动大家帮助分享，告诉大家每个人都可以邀请朋友来试听。

听过课的学员都觉得课程不错，所以很乐意去分享，而且还能节省团队的时间。后来，不仅课程当月卖出去了 300 多份（完全是从 0 到 1），还接了两家的企业外包设计服务，当月的收入增加了两万多元。

整个从老顾客转介绍到成交过程非常自然、非常流畅。所以，我们惊奇地发现并总结出一个现象：如果让顾客直接推荐产品，对于不善言辞的顾客来说很困难。因此我们就拿出体验装给他（比如一节免费试听课），让他主动分享给身边的朋友，在流程上很简单，顾客心里也不存在压力。当顾客分享出去之后，我们就可以获得一个精准的新顾客。

这样的“体验消费”具体如何运用？

第一步，精心准备好体验产品。不论是什么产品，必须将你的体验装做到极致，而不是随便推荐一款毫无特色的产品。

第二步，精心包装好体验产品。塑造产品的稀缺价值，让老顾客重视并积极推进。比如，你可以跟老顾客说：“体验装只有老顾客才有资格免费领取，且名额只有三人。”

第三步，引导新顾客升级产品。帮助新顾客正确地使用产品，获得及时反馈，再巧妙地推荐升级产品（如果顾客之前对产品认识存在误区，而你能指出误区并纠正，他就会更加信任你）。

我的一位朋友是文案专家，他代理了一款减肥产品，这款产品根据减肥周期分为几种类型，分别是：7 天、28 天、56 天。他会将 7 天的产品作为体验装，然后选择只赠送给老顾客或下面的代理：现在有五套体验装产品，想送给一直支持我的老顾客。这些产品你可以送给你身边非常好的朋友，然后邀请他们免费体验。你自己体验过这个品牌的效果，我也希望你的朋友也能够用上这样一个好产品。假如你是这位老顾客，是不是也会感受到对方的重视。

注意到了吗？通过体验产品的方式进行转介绍，老顾客的内心往往不会有压力，反而认为是一种利他行为。当他送给朋友之后，对方只需要根据提示加我朋友的微信进行体验，整个过程非常顺畅。

在这 7 天之内，他会搭配一位营养师制作食谱调理，告知对方不能饮用啤酒、吃高热量的食物等，给出专业性的建议并耐心地监督执行。7 天之后，当顾客减了

3 斤后，开始对减肥有了信心，整个人都变得愉悦起来，无形之中已经建立了一种信任感。

此时，我的朋友会巧妙地切入话题：我知道，减肥这件事，已经困扰了你很长一段时间。经过 7 天的体验，相信你已经知道我们的产品减肥原理，是在科学地帮助你减肥（打破顾客原来对减肥的误区）。根据你目前的情况，现在有一个产品套装，既可以调理，又可以帮你在四周时间将体重减下来。有没有兴趣再尝试一下？有了之前的专业指导与建议，同时又获得了不错的效果，升级产品就变得非常简单。

比如，我的一位朋友是做微信朋友圈文案培训的，她的训练营价格是 1 299 元。如果直接让老学员转介绍，难度非常大（在互联网，超过 500 元以上的虚拟产品，一般顾客会认为是高价产品）。

她线上的训练营体验消费是怎么设计的呢？首先，是设置一个 9.9 元低价的三天体验营，每天晚上都会分享一些朋友圈成交方面的知识点，讲透一两个文案。并且打出了一个口号：一人付费，三人同行。

在体验营准备开营的时候，我的朋友就会发出通知：购买了体验营的学员有三个免费体验名额，可以赠送给身边需要的朋友。这样一来，大家都比较乐意分享给自己的朋友，一场体验活动很容易裂变出几百个新学员。

比如，你是做保险的，为了让大家更好地了解你的产品，可以试一试在互联网开直播，或者是录制好几节课给大家听。因为很多买保险的人，其实对保险的了解真的不够。比如很多人买理财保险，指望一二十年后能拿到多少钱，但是他们远远低估了通货膨胀率。

所以，你就帮助他们再多了解一些保险产品的知识，比如第一天可以分享保险有哪些类型，第二天分享每个保险品种的优缺点，第三天分享买保险的时候有什么事项应该注意，帮助他们少踩一些坑，甚至你还可以赠送他们半个小时的咨询，对他们买什么保险给出部分建议。相信通过这样的方式，不仅听了你分享的人会推荐给身边的朋友，帮助你获得新顾客，成交率也能提高不少。

体验消费的核心在于，一旦试用后觉得很好，就再也不想用以前的产品。所以，不论是试听课还是体验装，都应该拿出最好的产品，应该做到极致，让顾客感觉到你的效果、你的专业和实力。在这个过程中建立信任关系，让顾客为你推荐更多的顾客。

裂变，其实也有非常多的方式。实际上，有些看似走不出来的困境，往往是因为思维没有转换过来。我经常强调一个观点：现在这个时代，很多事情我们应该反着来。

比如在 2018 年我给学员分享过一种裂变方式：先将一个产品定价 9.9 元，然后用分销的形式推广。自己一分钱不赚，9.9 元给别人，然后用户归你。你是不是也参与过这样的活动？尽管这类方式现在很多人都会用，但依然不过时。

这背后的逻辑是什么？财散人聚，财聚人散。这种看似不赚钱的方式，不仅能给你打造一个好的案例，还能帮助你积累资源与势能（你的影响力会大大提升）。人都归你了，钱，你还赚不到吗？如果你有一个能帮助别人的产品，又设计了一个诱人的分销佣金，你觉得大家会不会帮助你转介绍？我想一定有一群人十分愿意积极宣传。

需要注意的是：尽管老顾客转介绍非常有效，但我们一定要学会主动叫老顾客帮我们转发。因为人都会避免麻烦，或者根本不知道怎么做，不知道你需要帮助。当然，不是所有人都会帮你转介绍，前面也提到过用户分为三种类型：受众、买家、粉丝。有的人只是买家，就不会做粉丝才会做的事情。

五、营销的延伸

说起营销，很多人会单纯地认为营销就是“套路”。所以我觉得很多人对营销的认识太片面，甚至是没有真正理解营销。一个“套路”（积极意义上的），或许可以单纯地理解为营销的一个方法，但绝对不能简单粗暴地把营销理解为套路，甚至是某个“套路”。

作为多家创业公司的营销顾问，我自己也开了营销工作室，长期服务一些创业公司和短期项目。有时候也会遇到一些客户，想让我们出一些“点子”，一般对这种情况，我们会选择拒绝，建议找我们做一次性的营销咨询，而不是长期的营销顾问。因为营销是一个完整的系统，从产品、渠道、定价到最后的推广，我们在每个环节都会给出建议。如果只是执迷于“点子”，只能解决表面问题，解决不了本质问题，很难长久。

通过前面介绍的营销模型，你会发现营销是在做大量的细节，是精细化的运营。事实上，那些营销做得比较好的品牌，往往都是平淡无奇，并没有大家想的那么惊艳。其实很多时候就是认定了一种做法，一直在重复地出现。而不是很多人认为的需要经常变换什么“套路”。

比如脑白金就是一个例子。它就是十几年的时间一直在重复地出现，很多人都表示有反感，可是到过年需要送礼的时候，大家还是会想到脑白金。营销有时候就是如此简单。营销卖货的核心在于信任，而信任往往是因为品牌长期坚持、长期出现。

品牌

如何让品牌越来越值钱

品牌：工欲善其事，必先利其器，个人 IP 必备的十大心法。

个人品牌增值的几条秘诀

这一章讲让个人品牌增值的 10 条秘诀。

秘诀一：用户。

作为个人品牌，永远不要陷入“好卖”的思维。

记住：你服务的对象是谁非常重要，因为你的用户决定了你是谁。

很多人在卖产品的时候，总是一味地追求好卖，追求漂亮的销售数据。我承认，这非常关键。好卖，意味着市场足够大，意味着你每天都有钱入账（这几乎是一个无法抗拒的诱惑）。

但是你有没有想过，这可能是一个陷阱：所谓的好卖，往往意味着低价。比如低于 300 元的社群非常好卖，比如抖音上直播带货几十元的产品非常好卖，比如 99 元的课程很好卖。

同时，作为一个个体或者小创业者，你也陷入了一个极大的误区：只有当你不再一味地追求好卖，而追求卖更贵的时候，你才会有强烈的动力去升级自己，去让自己变得更优秀，你才能卖出更高价格的产品。

而你，自然也就更值钱，也更赚钱。

秘诀二：案例。

想要打造超强个人品牌，有一件事你要极度重视：想方设法去产生更多的用户案例。准确地说，是用户的成功案例。

我们知道，不论你卖什么产品，想让自己的产品卖得更好，最好的方式就是有大量的用户案例。这些成功的用户案例，是你的成交“核武器”。毕竟，自卖自夸的方式，远远不如第三者的证言。而且，你会吸引更多优秀的人。

但是，新人刚开始没有用户案例怎么办？

没有案例，就主动帮助他们成为你的案例。也就是说你要做的是细心发现一些比较优质且值得培养的顾客，然后主动帮助他们去使用好你的产品，让他们产生效果，成为你的传播道具。

比如在我的超级个体特训营或其他学习社群，我都会亲自对一些学员进行回访，询问他们有什么样的效果？存在什么阻碍？遇到了什么问题？然后，我再尽可能地帮助他们答疑解惑，指导他们应该如何去做。而他们也成为我的用户案例。

秘诀三：背书。

一个强大的背书，不仅可以让你的个人品牌增值，也能十分有效地解决信任问题。

如何让大咖为你背书？

经常有年轻人会问：自己加入了一个大咖的付费社群，想让大咖为自己背书，应该怎么去做呢？

相信这个问题应该是很多人都会遇到。因为大咖就是自己的资源，就是自己的创富快车道。如果有一些大咖的背书，各方面都会比较有利。既增加了影响力，也建立了强大的信任。

那应该怎么做呢？或许方法有非常多，比如你很舍得发大红包，比如你很擅长搞关系等。这类方式的确也非常有效，只不过还有更值得推荐的方式。

事实上，最好的方式是互相成就：你只需要好好学习，好好实践，好好出结果，努力成为大咖的优秀学员。那个时候已经不需要他为你背书，因为他会经常把你挂在嘴边宣传推广（换我也一样，如果有优秀的学员，我也会挂在嘴边宣传）。

所以，好好学习，极致践行，努力成为大咖的优秀学员，让他帮助你成功。

秘诀四：工具。

朋友圈也好，视频号也罢，都有各自的功能。我们要好好利用他们的功能。

你有没有想过如何定义自己的视频号？

先给大家举个例子：开线下实体店的人有两种：一种是为了获得流量，比如小米手机；另一种是为了促进销量，比如苹果手机，比如一些微商的线下店。

这两种方式是有本质区别的。一个是从来没有听说过你，但是因为你开店了，所以了解了你。一个是之前听说过你，但是还需要更加了解你，所以去实体店的唯一目的就是体验，没有问题直接就购买。

我在视频号跟大家说过：我的视频号就是给学员和读者拍的。也就是我的视频号更多的是为了促进转化，这是我对视频号的定位。

很多学员看了之后有启发，那是一种附加价值。而很多之前的读者或新用户，可能看了真人视频之后觉得有价值，就自己加入社群成为我的学员。

所以，每一个工具都有它的用处，你应该认真想想如何定义你的工具，让它们帮助你更好地高效工作。

再如，如果你把手机当作“创富工具”，玩手机的“罪恶感”也就会大大降低。

秘诀五：口碑。

我曾经在多个公开场合说：一个开了两三年的公司，我如何看它有没有前途？一个重要参考标准就是：看这家公司的老员工数量。如果一家创业公司，总是在不停地换员工，我判断这家公司的内耗特别严重。而且创始人也存在问题，不然怎么会一直换人呢？

同样道理，看看你的老顾客，或者你公司的老员工有没有在一半以上，基本上就能看出你未来的发展趋势。

当然，如果你是卖技能服务和知识服务的，比例可能会偏低一些，特别是从低价群跟随到高价群的比例。

所以，不论你在卖货也好，开公司也罢，请留意你的元老级人物的数量。并以此来时刻警醒自己“极度重视老顾客”。老顾客，决定了你的最终收入和成就。

这条路很长，但一定要走。你的个人品牌，值得你好好经营。

秘诀六：拜师。

我们如果想要有更大的成就，一定要学会拜师，有一个好的导师特别重要。

但是，你要注意，只是有导师还不行，还必须要做到：听话照做。

2013 年，有个老师说收我为徒，要求是：学费 5 000 元。原因是，不付钱就不会听他的。当时我刚在移动互联网创业失败，兜比脸还干净。我还是咬着牙付了，事实证明我的决定是对的。

为什么需要老师呢？

因为我们总会遇到各种各样的问题，而这些问题，在那些牛人看来根本就不是什么问题。而一个人的成就，也离不开老师的指点。其实这一点在武侠小说经常会看到，比如杨过、郭靖在每个阶段都有老师指点。

我可以负责任地告诉你：你所知道的大咖、人物，背后都会有自己的导师，包括我自己。所以，找到你认可的老师，听话照做。你想没有成就都很难。当然，前提是你要让人觉得你值得“培养”。

秘诀七：技能。

关于知识付费的“真相”，必须清楚。

知识付费有用吗？当然有用。

但是知识付费只能把大家引进门，也就是“领上道”。至于这条路能走多远，能不能有成就，有多大的成就，最终还是要看自己。

一方面是看自己的领悟和死磕执行，一方面是看有没有老师不断地给你指点，因为你在实践的路上，总会遇到很多新的问题。

我到底想说什么呢？

我建议你死磕自己的技能，要想办法让自己变得更好，这样至少有两个好处：

（1）你有能力去上更好的课程，好好拜师，获得更大的收获。

（2）你有能力去教优质的人群，提供指导，获得不错的一种收入。

看懂了吗？

如果你有一项技能，你不需要担心平台会把你吃掉。因为你的技能可以指导别人，而别人总是需要导师的。

这点平台做不到。就像尽管已经有很多学校的存在，但是外面的家教和私教，永远都有市场。

这就是认知差，也是个体创业永恒的红利。

秘诀八：死磕。

很多人都热衷于追风口。然而，真正的风口往往都是给有准备的人准备的。

事实上，对于大多数人来说，要学会用大量的时间去研究不变的东西，那个才是改变命运的方式，至少会比较接地气。

比如流量和流通，这两个从古至今都没有变过。

比如女人怕老、老人怕病等，也是不变的东西。

比如可以帮助别人实现世俗意义上的某种成功。

这些都是我们可以去死磕的方向。当然，最重要的是，你要不断地去提升自己的营销思维。这不仅可以帮助迷茫的人确定方向，更可以帮助我们去提升自己。

比如说如果有一种做法，大家一直在用，那就说明这个方法经过了大量的验证。这个时候就非常值得我们花时间去学习、去研究。

多研究那些不变的东西，少执迷那些变化的东西。对于大多数人来说，就会更容易取得成功。

秘诀九：势能。

很多人学习一些营销方法为什么没有效果？

那是因为别人做了一些你看不到的工作，比如“积累势能”。在真正做成一件事情之前，他们就做了大量相关的工作，比如积累人脉、提前造势等。这些往往是很多人忽略的东西。

不论是做生意，还是做人，其实最关键就是一个字：势。比如，很多人都知道“罗辑思维”，都知道罗振宇是在2012年赶上了公众号的红利。

但是，罗振宇之前是干什么的？节目主持人，本来就已经是一个“流量体”。

在前面的章节我们提到过，社群引流有两种有效的方式，其中一种是：势能在社群之外。也就是说，在社群外有一定知名度的时候，大家都会积极地链接你。这其实也是一种蓄势。

你以前蓄的势，当方向对了的时候，就会回报给你。想一想，你现在做的事情，能不能蓄势？你以前的人脉和你现在做的事情有关系吗？他们愿意参与吗？他们愿意支持你吗？

记住：营销方法很重要，但是势能更重要。

秘诀十：入口。

个人品牌的关键，在于影响力。你能影响多少人，你就有多大的影响力。而影响力的关键来源于入口。

可是很多人口口声声要打造个人品牌，天天在做的只是发朋友圈。当你百度一下他的名字，发现几乎没有关于他的展示。你没公众号，别人怎么找你？即使你有，百度也搜索不出来。

所以，你想要有一个超级个人品牌，想要有一个好的影响力，首先你要有一个足够大的入口，让别人了解你。

比如将你的一些案例和方法，发表在百度比较容易收录的平台，知乎、搜狐、新浪博客等，都是不错的展示平台。

比如你有一个好的产品，要让更多人看到，可以用裂变的方式吸引更多人，可以设置分销奖励。

对于个人品牌来说，传播的工作千万不能停。即使你宣传了很久，一些人很有可能还是没有看到。

规则

如何借力知乎算法思维

规则：先予后取，先读懂对方的规则，再达到自己的目的。

不要执迷私域流量，私域流量做得好的人，通常势能都在朋友圈之外。而知乎，就是你积累势能的好战场。

这本书结合了个人品牌和知乎营销的方法论。之所以选择两者结合起来，有一个很重要的原因。还记得我们前面提到的观点吗？社群引流其中一个最佳方式就是：在社群外就已经有一定的知名度。所谓“人若无名，专注练剑”。我相信当你理解了“坚持传播就是积累无形资产”的观点，你将会把知乎当作是打造个人品牌的重要渠道。

知乎，是我个人非常看好的一个内容平台。只要你在平台上持续分享，持续创作优质的内容，那么知乎回报的价值其实是远远超过你想象的。当然，任何平台都喜欢能够持续创作出优质内容的创作者。这一点毋庸置疑。

为什么说我非常看好知乎？以我自己的知乎成果为例。我 2018 年 8 月开始利用自己碎片化的时间，在知乎分享我的一些营销和创业的观点。截至目前，我大概在知乎创作了 150 篇内容，几乎每个星期都会抽时间在知乎进行分享。

因此，我目前在知乎也有了以下收获（见下页图）：关注者 17 万 +、点赞 28 万、收藏量 72 万，学习量接近 3 000 万（以上数据仍在不断增加）。而且你要知道，仅仅用了一年的时间，我就摇身一变成为知乎十万关注大 V。

以上仅仅只是数据上的变化，而这些数据的背后也为我带来了很多的变化：有一些知名出版社和图书公司找到我，希望我能写一本书；有的企业机构找到我，希望我能为他们内训；有的创业公司找到我，希望我能成为他们的合伙人。

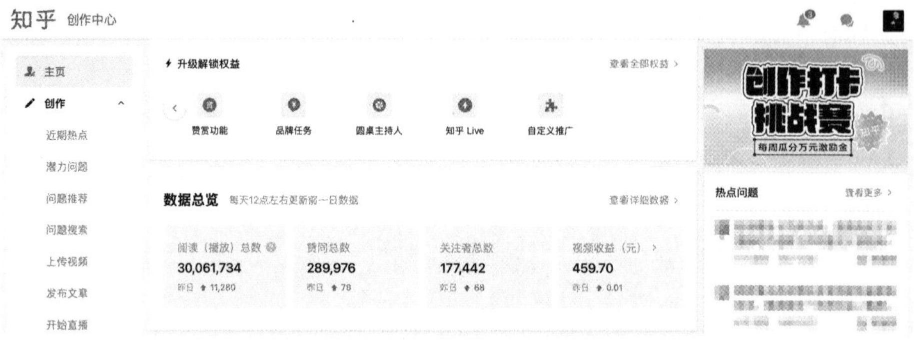

（图为 2021 年数据）

作为一个在个人品牌上有结果、有受益的人，我建议你好好重视知乎，好好挖掘知乎的价值。这一点对每个想要在互联网打造个人品牌的创业者，都值得好好重视。

一、知乎的三大独特价值

如果你只看前面的介绍，未必会对知乎有足够的重视。所以，我接下来将具体为大家介绍知乎的价值，分别从认知形象、流量和长尾效应展开讲，针对知乎做一个整体的介绍，带大家认识一下知乎的算法思维和逻辑。

（一）流量池

知乎上的流量到底有多大？

2018 年 12 月 13 日下午，知乎官方宣布，截至 2018 年 11 月底，用户数突破 2.2 亿，同比增长 102%。其问题数超过 3 000 万，回答数超过 1.3 亿。而仅 2018 年 3 月的时候，知乎平均日活跃数就超过了 3 400 万。

以上数据，不论是百度贴吧、悟空问答还是豆瓣等平台都无法相提并论。

同时，知乎是可以实现跨平台转化的平台。因为知乎和微信本身存在一些资本上的合作关系，所以目前知乎对于微信公众号的引流是允许的，这一点其实非常难得。

目前的互联网内容营销环境，不论是头条系的抖音、今日头条，还是小红书等其他内容营销平台，对外导流的方式都会有很多限制（当然，只是针对目前环境而言，以后可能会随着环境的变化而开放）。比如今日头条和小红书你就很难明目张胆地往微信进行引流，一不小心就会封号，或者是降级、降权重处理。但是知乎，是允许你往微信公众号进行引流的，甚至是个人微信号。

最后，知乎的潜在用户相对而言比较精准。我认为，知乎的用户相对其他平台会比较精准一些，在知乎上营销，营销人其实是不用去花钱买流量的，也不需要做任何的裂变、抽奖获取用户。所有的用户关注以及跨平台的转化，完全是用户自愿的一种行为，因为用户对你的内容产生了认可、期待、感同身受而关注你。所以知乎的用户相对来说是比较精准的。

（二）长尾效应

我个人之所以非常看好知乎，是因为知乎有三个非常有价值的点，而这在互联网其他一些内容平台完全无法实现。

比如知乎的长尾效应非常明显，在知乎回答了一个优质问题，几个月之后（甚至几年）都还会源源不断带来曝光和流量。不论是知乎站内还是站外，都会有用户通过问题找到你。

同时，知乎属于沉浸式阅读的一个平台。在国内目前的互联网环境下，知乎是为数不多可以让用户去实现沉浸式阅读的一个平台，大多数人的注意力是被短视频、信息流媒体所占据。

沉浸式阅读，本身也会变得越来越稀缺。我认为文字相比视频而言，更加容易产生黏性和忠诚度。通过看你文章而关注你的人，也更加有价值。所以从流量价值的角度来说：内容引流大于视频引流。

（三）专家形象

你是不是在朋友圈也看到过类似标题的公众号文章？

“知乎高赞：×××”；

“知乎高赞：×××”；

“知乎高赞：×××”。

从这些标题就足以看出知乎的定位。知乎用户，截至 2018 年 3 月，注册达 1.4 亿（注意这只是 2018 年的数据），但知乎粉丝上万的不过三四千人。这就给大众造成了一个印象认知——“知乎大 V 就是大神”。

以至于对了解互联网运营的人，大概只要你说自己是知乎大 V，不论你的出身背景如何，别人都会对你另眼相看，觉得你是有真本事的人。并且我们不能忽略了一个重要现象：在大众的眼中往往会写文章的人比较优秀。

也就是说，只要你拥有了“知乎大V”的标签，就相当于有了一张高含金量的就业证书。非常容易让读者打心底把你列为值得信赖、追随的灯塔，这就形成了你强大的、优质的信任背书。

了解到了这些优势之后，你还有什么理由不好好经营你的知乎账号呢?

以上三点，是我个人认为知乎平台的三个独特价值。知乎就像一座金矿，价值远远超出了你的想象。并且内容创作者想要在知乎获得这些价值，完全只需要付出非常低的成本。除了花费一点时间与精力之外，几乎可以说是零成本。

在接下来的章节，我会为你一一揭秘，如何在知乎打造个人品牌，从而实现引流和变现。在讲如何在知乎打造个人品牌之前，我们先从一个最基本且最实用的概念开始说起：规则思维。帮助你更好地走上知乎的个人品牌之旅。

（四）规则思维

你喜欢玩游戏吗?

相信你或多或少都接触过游戏。或许你不知道的是：游戏，其实也需要一种游戏化思维。这个东西本身不算什么新鲜事物，不过对于绝大多数人来讲，可能会比较少接触这个概念。因为在营销圈里面，似乎并没有人把游戏化思维当作一种营销思维来理解，所以一般会比较少见。

顾名思义，游戏化思维是从游戏里延伸出来的一个概念。可能大家现在只要一说起游戏，就是手机游戏。如果再早一些时间的话就是 PC 游戏。现在一说起游戏，感觉都是从手机和 PC 端来的，但其实其他游戏也应涵盖在内。比如游戏厂商开发一个小孩玩的游戏，或者是公司团建活动的一些游戏等，其实都属于游戏。

游戏，从角色层面大体上可以分成两类角色：一类角色是游戏的设计者和运营者；另一类是游戏的参与者。那么对于设计者来说，他设计这个游戏，是为了要达成什么目标呢？目的就是要让这个游戏有趣好玩，最终让更多的人愿意参与。

而对于参与游戏的玩家们来说，他们希望在这个游戏中，能够取得一个比较好的成绩，能够从这个游戏中获得一定的乐趣与快感。乐趣与快感，本质上也属于一种成绩。

那么对设计者来说，一个游戏怎么样才能变得好玩？通过什么手段来设计？现在，请暂停一分钟：想一想你玩过的游戏，它具备什么样的特征？要有什么样的要素？

或许你马上会脱口而出四个字：及时反馈。的确，及时反馈是人们沉溺于游戏的一个原因。因为在现实中，大多数的反馈往往不及时。比如投资理财、买保险或者创业，见到可观的收益需要一定时间。尽管如此，及时反馈并不是接下来我要说的重点。

实际上，一个游戏要想好玩，关键点在于游戏生产商设计的规则，这是它的核心。普通游戏者，可能有的人会觉得游戏好玩的标准是：有好的画面、有好的剧情、好的操作流程等。不过这些都是外围，内核永远是游戏的规则。比如游戏中的奖励、惩罚，以及游戏角色的成长、武器、功能等，这些也属于规则的范畴。

我猜，你已经明白我在表达些什么。我真正想说的是，如果我们想要在平台上打造个人品牌，想做内容营销，首先要具备的就是“规则思维”。如果没有制定规则，游戏不会好玩。而如果不了解规则你会无从下手，在升级打怪的路上磕磕碰碰。

不知道你有没有发现，不论是在生活中还是工作中，其实很多的人都不具备我们所讲的规则思维。我们不妨随意举例一个现象：

互联网的付费社群越来越多，有些人喜欢通过混社群的方式引流。当他们进入社群之后想要引流会怎么做？低级的做法是一上来直接加群友，合格点的做法是发个自我介绍到群里。聪明点的做法是先发个红包，再发个自我介绍。

以上是比较常见的三种做法。

不论是哪种，都不符合我们所讲的“规则思维”。你首先要做的是了解社群的规则，然后了解群主的目标。在遵守社群规则的前提下，帮助群主完成目标，引流只不过是一件顺带的事情。

就像很多人可能都没有思考过：平台为什么要给你流量？答案显而易见。不论是在哪个内容平台，他们都希望把流量给那些有稳定创作能力的内容创作者。而不是给那些只想着一味从平台索取，却从不作出贡献的人。

换成你，你愿意将自己辛辛苦苦积累的用户，随随便便给一个试图抢走你流量的人吗？你要知道，商业竞争本质上是流量之争。这意味着，很多时候需要我们学会换位思考，只有懂得付出、懂得利他的人，才有可能真正迎来丰收的时刻。

在商业世界，如果你想在任何一个地方，任何一个平台上生存，必须首先掌握这个平台的规则。比如你想进入电商领域，却不了解淘宝、拼多多的规则，那你很容易就会出现大问题（你甚至不知道在哪个瞬间就会面临平台的处罚）。

所以，你想在知乎做内容营销，达到自己的营销目的，首先必须了解平台的规则和底层逻辑，然后利用平台的规则来实现自己的目标就会事半功倍。

哪怕是最简单的活动，也必须要有一套规则。这个规则需要很多条件，比如需要参与者愿意认可，需要参与者觉得这个规则是合理的。然后，这个规则还要有利于让更多的人愿意参与，让更多的人愿意更长时间地参与，并且在参与过程中能让运营者得到好处。

值得注意的是：规则制定好之后，并不意味着这个规则会一成不变。有些人会感到很奇怪，因为有一种固化思维，觉得这东西就应该是固定不能变的。实际上，规则会经常变，包括现实社会中的规则也是经常在变。

就像我之前在朋友圈发表过一个观点：有的人总钻牛角尖。为什么你现在讲的跟之前讲的不一样了？不要忽略了时间。你小时候喜欢看奥特曼，为什么现在反而喜欢看美女了呢?

再如淘宝，我原来也运营过一段时间淘宝，所以感触特别深。很多人可能不知道：淘宝上的卖家有一个非常痛苦的点，每个商家都需要在平台上花费大量的时间和精力。并且这些时间并不是花在如何做好产品、如何服务好用户，而是放在研究淘宝平台的规则上。淘宝的规则容易变，翻来覆去地变。

比如淘宝希望卖家将商品的 SKU（库存量单位）做多，它就会用规则去鼓励这一点；当平台希望卖家做少，也会用规则去鼓励卖家做少。平台想鼓励卖家将销量大的产品拿去做一个爆款，同样会通过规则去鼓励。当淘宝希望卖家花钱去投直通车、玩聚划算或者是从淘宝转到天猫开店等，都会通过规则的改变去实现。

规则的改变，某种意义上说就是与时俱进。以前我们是一个什么样的状态、什么样的局面，需要哪样的规则，现在情况改变了，我们需要一个新的规则。这个规则是适应新的情况，适应运营者的需求而改变。

为什么我会花一节专门讲规则思维？只是想告诉你，我们想要在任何一个平台上获客变现，首先要做的是研究平台的规则，并且好好顺应平台的规则，再来实现自己的目的。

规则思维的背后是大家熟悉的一个词：利他。

2011 年我在移动互联网创业的时候，曾经约见过一位大咖。我们交流了很多的经营心得，他给我推荐了一部商战电视剧。这部电视剧里面有一句话让我反复思考了很多遍，并且成为我后来为人处世的重要原则。这个词只有四个字：先予后取。

什么是“予”呢？

电视剧中是这样说的：在我们与人相处的时候，不论是商业活动还是日常生活，如果双方的利益达不到一致，就很容易出现矛盾，如果没有一个很好的方案去权衡，就无法“取”，而这个解决方案就是“予”。

很多人做事情没有结果，就是因为没有很好地解决这个问题：作为一家公司，如果你没有先给消费者提供价值，就不可能获得消费者的回报；作为一对情侣，如果你不向你的对象提供价值，对方也不大可能托付终身。

而这些现象都是在告诉我们一个道理：当你想要做好做成一件事，首先一定要学会“先予”，接着你才能达到“取”的目的。

尽管知乎是一座金矿，但希望大家在开采之前谨记本节所讲的规则思维。时刻谨记一个原则：将欲取之，必先予之。明白了这个原则，才是我们打造个人品牌的开始。

二、知乎的算法机制

如何在平台上获得高赞回答？

接下来，我为你分享知乎引流的一个底层逻辑，也就是算法介绍。也是很多人存在的一个疑问：在知乎上面做内容营销，到底如何才能运营好知乎，达到营销的目的？

正如前面所说，我们想要在一个平台实现自己的目的，首先要了解平台的一些规则和逻辑。不仅能让自己的工作事半功倍，也能规避一些棘手的问题（如被禁言、封号等）。

（一）知乎威尔逊算法

你是不是经常会看到一些点赞数比较少的回答，会出现在知乎的推荐页面或者是排名比较靠前？

这是因为知乎引入了一套超强算法。这套算法可让专业、严谨、认真的高质量回答排序更靠前，也能让新创作的优质回答更快获得好的排序。因此，尽管有些创作者的回答点赞数较少，但它在知乎算法中的得分却更高。因此，赞同数少的回答是有机会且大概率排在高赞的回答前面。所以，只要大家对自己的内容质量有信心，完全可以放手去展示自己，不必过于担心排名问题。

知乎的算法称为威尔逊区间法。这个算法的第一个特点是排序动态，也就是任何一个内容创作者在知乎问题下的回答，排名都是由系统进行动态调整的，然后来进行最终的排序。这个算法逻辑对于内容营销者来说是一个福音，因为知乎的算法既能让优质的内容能够更好传播，也能让创作者新创作的优质回答更快获得更好的排序。核心都是为了让优质内容被更多用户看到。

威尔逊算法是知乎的核心推荐机制，为的就是鼓励创作者创作优质内容。也就是说，只要你的内容足够优质，哪怕是零资源、零背景的创作新手，在知乎的威尔逊算法下同样能获得平台推荐，得到大量曝光的机会。而知乎平台的管理机制也是紧紧围绕这一宗旨服务——最大限度地给予优质内容曝光机会，坚决打击劣质内容的流入和作弊行为。

在这种算法和管理机制之下，获得曝光机会的唯一途径就只有生产好内容。我一直在强调一个观点：普通人寻找机会首先考虑的就是互联网。从一些平台的规则可以看出互联网就像一家先进的开放式企业：谁强谁上，用实力说话。几乎不存在才华被埋没的现象。

那么，知乎动态排序的标准是什么呢？根据用户对内容的反馈来排序。有五个重要的维度，分别是：点赞、反对、评论、喜欢和收藏。系统会根据这五个维度来进行综合评定，最终给予相应的流量和内容进行分发。

你注意到“动态”两个字吗？也就是说知乎回答的排名是动态的，比如一个话题下的某个回答不会永远排在第一名，而是根据前面所讲的五个维度不断变化。

我们来看上面的这张图片，你看到的是知乎最大的两个流量洼地，也就是知乎的推荐和热榜页面。在左边的推荐页面，是知乎根据用户的浏览习惯所进行的千人千面的内容分发，每个人看到的内容都是不一样的，这取决于你平时喜欢阅读什么内容。这里告诉你一个技巧：如果你想知道你的领域是否垂直，只需要看推荐页面的内容。如果系统推送给你的内容是你的领域则说明垂直。

右边是热榜页面，是知乎的一个巨大流量池。在知乎的热榜页面，所有知乎用户看到的内容完全一样。并且热榜页面话题的热度，决定流量的是知乎系统的分发：

根据 24 小时内的热度数据实时更新。

在推荐页面的话题，决定流量的是系统的自动分配（根据用户阅读习惯）；在热榜页面的话题，决定流量的是系统的人气排名（24 小时内的数据）。靠前的流量话题，排名自然也会越高。而最终决定流量的分发和排名，靠的就是前面所讲的五个维度：点赞、反对、评论、喜欢、收藏。

那么，这对于我们来说意味着什么呢？在知乎，哪怕你是一个知乎小白用户，不是什么网红大咖，在知乎上的流量分配也是相对比较公平的。如果你创作的内容，能够引起用户的积极反馈（注意是积极反馈），哪怕你只是一个小白用户，也会有机会成为爆款文章，成为大号。

第二个特点是：权重分化。创作者在某个话题下的权重是根据过去在相关话题下的回答得到的赞同、反对和喜欢以及收藏的票数计算得出。这是知乎威尔逊算法的一大特点：你在哪个话题下面有优质回答，你在这个话题下的权重就会更大，但仅限于这个话题。也就是说我们一定要专注自己的领域。这一点非常重要，一定要牢记在心。

什么意思呢？这个就是威尔逊区间算法的不同之处。比如你的领域是情感话题，经常去回答一些情感问题，也做到了几十万的用户数量。但是有一天，你回答了一个营销类的话题，比如新人应该如何学营销？系统并不会因为你是情感领域的大号就给你营销话题的权重，也不会给你特殊的权限（比如给你很多流量、排名靠前等）。

在威尔逊算法下只会认可你在情感话题下的回答。也就是说，此时作为情感大号的创作者回答营销类问题的效果，和一个新手用户回答问题的效果几乎是一样的。等于大家都是从零开始。唯一不同在于，相比新手而言，情感大号已积累了一些初始的用户。能不能获得曝光，关键在于看创作者能不能吸引用户看自己的回答。所以在没有权重积累话题下回答，大号跟新手用户其实是基本平等的。

实际上，作为“知识百度”的知乎为了鼓励垂直内容的完善也明确指出：持续专注深耕固定领域更易获得关注和内容传播。翻译过来就是：在一个问题下，系统会倾向于给该领域的“优质回答者”更高的权重，把他们的回答排在前面。

第三个特点：权重越高，初始排名越靠前。这一点也可以结合前面的权重分化进行理解。也就是你在某个话题下的权重非常高，你去回答这个话题下的所有问题，你的初始排名都会靠前。

你是一个个人成长类的大号，有几十万的粉丝量，同样是回答一个知乎推荐给你的问题，比如“毕业三年后，同学们之间的差距是如何产生的”。假设已经有了几百个、一两千个回答（甚至更多的回答）。当你去回答这个问题的时候，你的初始排名很大可能会出现在前五名。

同样的道理，如果说你存在违规行为，比如回答的内容被系统折叠，或者是被知乎禁言等情况，你的权重可能会被系统降低（建议多看看知乎的社区管理规范，多了解平台规则，避免出现类似情况）。

所以，在知乎上做营销，一定要有意识地去积累自己在某个话题下的权重。也就是说，回答的内容要尽可能专注、有针对性。建议回答话题的分配比例是 7 ∶ 3。比如你是一个情感号，回答了 10 个问题，这 10 个问题至少有 7 个是关于情感的，剩下的 3 个，我们可以适当地去蹭一些热点，或者是回答你擅长的其他话题。

所以，在了解了威尔逊区间算法之后，你会发现一些大号相对于新人而言，最大的不同就是权重的不同，最大的价值就是初始排名，而且是特定话题下的排名。

至于后续能不能不断地获得关注，能不能继续排名靠前，关键还是看内容的质量能不能在算法中获得高分。

答完题之后，知乎会将你的分享推荐给一部分用户。在一定时间内，系统会计算你的内容质量（点赞、反对、收藏等）。如果分享的内容没有价值或不被用户所喜爱，算法照样不会认你，照样没什么人看，没什么人点赞。

说到这里你大概已经明白：知乎，其实是给了小白用户很多的机会，每个人都有机会成为大 V。只要你的内容足够吸引用户，你的回答和文章就有很大的机会去超越大号，成为爆款文章。

最值得关注的是，知乎推出了一个新的重要功能：知友推荐计划。系统会根据内容创作者的活跃情况，将你的账号推荐给新注册的用户。换句话来说，这是知乎给你送流量。我服务的企业客户用一个小号做过测试，哪怕是一个新号，在连续回答了五个问题后，大概率会被推荐。

这个知友推荐计划，根据我的测试，每天能够增长几十个用户关注。

（二）知乎的权重提升

如果你早期接触过网络营销，就会知道网站权重的重要性。在十几年前，百度的搜索流量大行其道。这点现在依然值得我们重视，在后面的关键词环境中会提到。如果一个网站的百度权重越高，排名往往就会越靠前。而一些网站的站长为了让网站获得一个高权重，简直可以用“八仙过海，各显神通”来形容。

通过前面的介绍，相信你也知道了知乎账号的权重意味着什么。一个知乎账号的权重越高代表着越专业，有着天然的信任感。最重要的是，权重高的账号在知乎可以获得巨大的曝光，源源不断地带来新的流量。

知乎权重的提升是基于威尔逊算法。在威尔逊算法机制下主要由权重主导着，用户在某个问题下的权重是根据他过去在相关话题下的回答得到的赞同、反对、喜欢和收藏的票数计算得出。

不过知乎在近两年推出了一个“盐值”功能。盐值分对于权重提升来说有着非常重要的影响，所以想快速提升权重的创作者可以从盐值入手。

盐值的定义：在知乎，不同的群体分享着自己的知识、经验和见解，并在交流中达成了认真、专业和友善的社区共识。基于社区共识，平台对每位知友在站内的行为进行了智能识别和加权计算，形成了由基础信用、内容创作、友善互动、遵守规范、社区建设五大维度构成的知乎盐值体系。盐值的浮动将会对应不同的账号权益和权限，还将直接作用于内容的推荐系统和赋权系统。

简单来说，盐值，类似于一个评分系统，就像支付宝的芝麻分，是评估一个账号质量的关键指标。当你的分数越高，你能够享受的权利就越大，能享受的特殊待遇就越多。

比如以目前知乎的规定，当盐值达到 750 分以上，就能对回答给出高权重赞同的投票；当盐值达到 850 分，就能对内容进行高权重反对投票。甚至，你能享受到更多创作者的福利以及官方组织的活动。

因此，知乎账号的权重，就像一个人的身份，直接代表了在知乎平台上的地位。毫不夸张地说，一个高盐值的知乎账号，就像是“黄金”账号。

如何去提升知乎账号的盐值?

实际上，每一个内容平台都会给出具体的操作提示，就像游戏里的新人指南，教你如何一步步升级。如何提升盐值，知乎官方同样给出了答案，只不过没有引起大家的重视，而且需要我们认真解读一番，你才能更好地理解如何操作。

在知乎的个人主页页面，点击“盐值”后会看到以下提示：

知乎的盐值分数在 0 ~ 1000 分，新用户会有一个 300 分左右的初始盐值。如果我们想要快速提升盐值，就需要通过五个维度来精细化运营。这五个维度，我们可以简单地划分为三类：个人信息、社区建设、内容创作。只要我们在这三个方面去用心运营，就可以快速地提升知乎的盐值分数。

1. 个人信息

每一个知乎账号都有个人信息，当你根据系统提示把所有信息完善之后，就可以提高“基础信用”这个纬度的分数。相当于你在知乎有了一个“身份证明”，这其实也是在为后面的“包装策划”环节做准备。

比如填好你的工作经历、教育经历、个人简介等。如果你有不错的教育经历和工作经历，展示在个人主页就是一个漂亮的加分项。如果你是某一家公司的创始人、高管等，最好可以完成相关认证。总之，你只需查看一下个人主页，那些没有完善的内容选择完善就好。

2. 社区建设

在前期运营期间，如果你用心地做好社群建设，积极地维护好社区环境，盐值通常会上升得非常快。这个板块是盐值获得提升的重点。

通过做好社区建设来提升盐值分数，有一个方法特别有效：举报。按照知乎官方规定，正确举报那些不遵守社区规定的用户。知乎官方为了维护社区环境鼓励用户准确举报违规内容。比如，你可以维护知乎的和谐环境，举报一些不友善的言论。

一般来说，人身攻击、敏感话题、垃圾广告会比较容易举报成功，盐值也很容易得到提升。当有人在评论区进行辱骂、歧视时，你可以毫不犹豫地点击举报按钮，或者某些热点、争议类的话题下的不符合规范的评论。

我们在浏览一些回答的时候，如果提示“回答被删除”，一般是创作者存在违规行为。这个时候可前往查看该问题下的其他回答，一般还会发现违规内容。

当然，尽管知乎的举报功能可以帮助我们快速地提升盐值，但更需要通过认同他人的内容，来做好知乎社区建设工作。比如可以多关注一些自己相关领域的作者，对喜欢的内容可以进行点赞、评论等操作，这也是一种社区建设的方式。注意：最好不要在短时间内大量重复点赞、评论的动作。这样做很有可能系统会判定为刷号行为，反而会适得其反（正常用户不会在短时间内重复操作）。

另外，后期可以考虑加入知乎的“仲裁官”，也是一个不错的升盐值方式。当你的盐值和创作等级达到一定高度的时候，知乎会向你发出加入“仲裁官”的邀请。

3. 内容创作

通过在知乎提出问题、回答问题、回复评论、写文章、发布想法、发布视频，然后获得用户的赞同、感谢、收藏、评论，都有助于我们完成“内容创作”的纬度，并有效地快速提升盐值分数。

在内容创作上，需要我们重点花心思去对待。毕竟其他环节做得再好，盐值的分数再高，但如果没有提供有价值的内容，也没法实现打造个人品牌的目的。而且，当你的盐值达到了一定的高度时，想要继续提升盐值靠的还是内容。

首先你要稳定持续地输出内容。注意是稳定持续地输出。这是所有平台都会喜欢的创作者。建议每周至少保持两篇高质量的输出，每天保持一篇会更好。并且积极进行互动，在评论区友好地回复读者的评论。

如果你是一个新人，刚开始不要有什么包袱，也不要过于追求完美。前期可以回答得简单一些，在做的过程中慢慢完善。这样做既可以提升活跃度，也可以校正自己的网感。其次，提升你的内容质量。在知乎这个优质内容型平台，加上知乎的算法机制，每一个用心创作的人都不会被埋没。具体的创作方法，我会在后面的章节为大家分享。

在内容创作这个维度，如果想更好地提升盐值，提升账号的权重，一定要注意专注在一个领域且尽可能地成为优秀回答者。有机会的话，可以考虑参加知乎官方举办的线下活动。

最后，我们要注意在发布内容时不能违规。一旦多次出现了违规操作，就会阻碍盐值的提升，或者直接导致盐值下降，甚至会导致一段时间内盐值难以提升。严重者还可能会出现长期禁言的情况。

知乎的系统有一个叫“瓦力”的机器人，当你发布内容的时候，会经过几分钟的审核流程。瓦力会对你所发表的内容进行自动识别。当创作者出现了“答非所问、占位不答、拿评论当回答”等低质量的情况，或参与发表了一些敏感话题，你的内容会被系统自动识别（也有可能被他人举报），等待你的就是内容被折叠、删除，甚至是你花了大量精力运营的账号，也会面临封号的处罚。

不得不说，知乎推出瓦力机器人的举动，其实是内容创作者的福音。在瓦力这双火眼金睛的监测下，知乎的内容相对来说比较优质。同时，也是真正做到了给普通人同样的机会——内容为王，只要你的内容足够优质，就会获得推荐和曝光。

按照以上三个方向去认真运营自己的知乎账号，不仅可以快速有效地提升知乎账号的权重，还能避免踩雷：回答被折叠、禁言、封号等。同时，在这里也建议读者，在前期做准备工作的时候，就多看看知乎的一些管理规范。当你完善了以上基础信息后，你所精心创作的内容才不会那么容易石沉大海。与此同时，这也是账号提升的关键因素。

实际上，如果你注意到前面我们所讲过的规则思维。你就会对提升盐值的技巧并不陌生。以上所讲的核心都是在遵守别人的规则下，先为平台创造价值，最终再来实现自己的目的。与规则思维相比，所谓的养号方法终究不过是浮云。

以上所讲的内容也是一个知乎养号的过程。账号注册好之后先熟悉知乎的社区环境和操作规则。如果一个新注册的账号一上来就打广告，相信没有一个平台会喜欢这样的行为，知乎亦然。

最后，我建议大家关注一下官方账号“知乎小管家”，在该账号的专栏中有完整介绍知乎规则的文章，一定要多看看、多了解。毕竟我们在知乎的一切操作，都是在知乎的规则体系下进行的。一旦违反规则，轻则删除回答，重则禁言封号。

策划

如何策划你的个人品牌

策划：哪怕你能不以貌取人，

但不能要求他人不以貌取人。

一、个人品牌：如何找到适合的细分领域

实际上，不仅是知乎，所有主流的自媒体平台都拥有庞大的用户群体。比如目前知乎有两三亿用户，微信有十几亿的用户，而抖音也有五六亿的用户。在如此庞大的用户人群里面，肯定有非常多的细分领域等待我们挖掘。

所以，不论在哪个平台分享和打造个人品牌，我们首先要明确一个问题：自己的定位是什么？自己的细分领域是什么？擅长分享什么东西？如果这些不清楚的话，你就相当于是蒙着眼睛射箭，偶尔射中一两个目标也不精准。

记住：细分领域与用户人群可以是完全不同的概念。比如宝妈人群，我们可以分为很多细分领域，至少会有：育儿、辅食、亲子教育、英语。甚至是教宝妈人群做瘦身，让她们的身材恢复到怀孕之前的模样等。

每个人群都有对应的一些细分领域。我们首先要做的不是去找出自己擅长什么，而是要找出我们对哪个人群最了解。如果你是健身教练，你对什么人群最了解？肯定是对健身人群最了解。那么这类人群里面是不是包括要增肌的、要减肥的，或者要维持好身材的、要塑形的？

所以，每个人群都有很多细分领域，而你对哪个人群最了解，就应该从这个人群里面找出在知乎引流变现足够好的领域。

这里透露一个商业秘密：得女性者，得天下。如果你的群体是女性居多或选择的是女性群体，等同于拥有了一座金矿。而如果是男性群体，变现相对来说远远不如女性群体。主要体现在以下两点：

（1）女性天生会消费，而且不喜欢去调研各种平台。如果换成男性用户，大概率会上百度把你产品的“前世今生”通通搜索出来再下单。

（2）女性天生会传播，一个消费了会传播给另外一个，简直就是社交电商的主力军。如果换了男性群体，可能就是一句在忙，连朋友都没得做了。

以上两点，哪一点不是商家营销的核心？不论从消费习惯还是从圈子来说，经营女性生意是很容易赚钱的。

（一）重新认识个人品牌

绝大多数人在互联网做个人品牌，都存在一个极大的误区：只想着如何卖自己的产品和服务。当然，卖产品本身并没有任何问题。毕竟我们做个人品牌，最终核心都是为了一个“卖”字，都是以变现为导向。而不能变现的个体，自然也称不上是个人品牌。

但是，你真的是要单纯地卖货吗？真的还要用原来那套方式吆喝别人买你的产品吗？真的还是用那种“望眼欲穿”的卖货方式吗？这样就是大错特错。

如果你的项目前面不能有一个“教”字，而都是起源于一个“卖”字，估计就做不大，也不适合互联网的环境。一句话搞懂：你卖的是衣服吗？并不是。卖的是教会中国女人穿出自己的味道。

我认为，现在是一个供大于求的时代。经常逛知乎的人都是在生活中遇到了问题，然后需求解决方案的人。所以在知乎，只要你学会把卖变成教，都会是一个不错的方向。

比如一个卖螃蟹的微商想要在知乎引流，想要在知乎上卖螃蟹，如果仅仅只是强调螃蟹的卖点、强调螃蟹的价格、强调螃蟹的产地等，效果不一定好。所以有一位在知乎卖螃蟹的学员非常聪明，他是从大家吃螃蟹的误区开始入手，教大家如何去吃螃蟹，如何去选择螃蟹。最终轻松地将自己的螃蟹卖了出去，还积累了几千个用户。

实际上，打造个人品牌的意义在于通过持续地分享建立自己的个人影响力（或者是公司影响力），在某个领域建立专业形象。只有这样你才能真正帮助到用户。因为目前的商业环境就是如此，未来也将按照这个趋势发展。

不妨思考一下：大家缺的已经不是什么产品，也不是什么服务。市面上有那么多产品和服务，其实很多时候消费者真的不知道怎么选。比如你想购买一个新电子产品、新化妆品。如果你不懒的话，稍微有点网感，肯定知道该如何去选择。百度看一下大家的测评，相信心中已经能判断个大概，大致能分辨清楚自己要买什么样的产品。

但是分辨需要时间，也需要试错的成本，大家的时间都有限。如果有一个值得信任的人帮助你解决这些问题，其实就是一件很值得的事情，双方共赢。这其实也是以后销售的核心，未来一定要聚焦在如何教用户买产品、如何帮助用户买产品，而不是单纯地卖产品。

（二）个人品牌的实用方向

运营知乎最终都是为了引流创富，肯定是找一个创富比较方便的领域。在知乎上面有很多的细分领域。以下所列的领域，是在知乎比较容易引流创富的领域。

- 形象穿搭
- 瘦身变美
- 理财投资
- 在线教育
- 科技测评
- 创业副业
- 个人成长

这些特定领域，都非常适合在知乎做内容营销，并且引流效果都非常不错，获客成本相对来说比较低。我有一个企业客户做在线教育（市值百亿的教育品牌），一直非常重视知乎，不仅会在知乎上大量地投放广告，还会做一些内容营销来曝光（长尾效应）。

形象穿搭。形象穿搭算是一个新兴的领域。如果你在这方面有一些专业技能，比如你是一个形象穿搭师或者是一个服装设计师，又或者你是销售服装的，我强烈建议你写一些专业性的穿搭技巧。

如果只是兴趣爱好，那么你也可以分享一些日常的穿搭经验。如果你对自己颜值和身材比较自信，还可以加上自己的真人照片，这样的话在知乎会比较容易出爆款。

瘦身变美。瘦身减肥的领域包括减肥、健身、塑形、增肌、美白护肤等，这些内容都可以分享。瘦身变美其实是大多数女性都可以尝试的一个领域。如果你自己有一些瘦身变美的经历，或者说身材颜值不错、会各种化妆技巧等，哪怕是大学生也可以在这个领域深耕。因为这个领域其实就是分享一些自己变美的经验。比如如何快速入睡、如何有效睡美容觉、如何科学减肥、如何化妆、如何护肤美白等。然后在内容上可以加上自己的人设、真人图片之类的，这样的话，在知乎上面会比较容易获得曝光。

这种分享在知乎火的概率比较高，并且瘦身变美领域盈利效果非常好。核心原因是前面所讲的，此领域以女性为主，女性是冲动型消费群体。而且这个领域还可以接好物推荐以及接品牌的合作。所以，如果你有条件或在相关方面很有心得，非常建议你在这个领域开始个人品牌之路。

理财投资。金融市场一直都是一块“大蛋糕”，每个人都对财富增长感兴趣，而从事金融行业的人往往也离钱比较近。比如保险和理财领域，大多数家庭对保险和资产配置的认识不够，就非常适合在知乎分享，向大家提供正确的解决方案。但像“贷款”和“信用卡”以及所谓的“财商”领域会比较容易出现违规的现象，也容易出现被举报的情况，所以在知乎分享要特别注意不要违规。

在线教育。高考、考研、职场资格证、在线教育、论文查重等相关领域都属于教育。这些领域虽然从不缺少竞争对手，但其实这些领域还是非常值得做的。如果你有这方面的经验，建议考虑以上领域。因为教育是一个庞大的刚需市场，是一个永恒不变的市场，不存在有没有前途。比如我有一位企业客户是相应行业的头部企业，之前也非常重视知乎的内容营销，每个月都会在知乎投入十几万元的广告费用。

科技测评。科技测评的领域其实非常多，一般以电子产品、家电产品为主。这类高价产品属于“高决策”的产品，所以用户需要深入了解。在科技测评领域分享的知乎创作者，一般集中在“知乎好物推荐”领域。如“蓝大仙人”就属于该领域的大号。如果你是这方面的爱好者，在知乎分享也是一个不错的方向。

创业赚钱。知乎上有很多关于创业和赚钱的问题，细分下来有很多领域，比如引流、成交、文案、写作、副业等。只要是在某个细分领域有一定的经验和技能，都可以选择这一类领域。写作和副业在知乎的需求比较大，其实写作领域与副业有一些相同，因为很多人学写作的最终目的并不是真的去写作，而是靠写作来增加被动收入。所以，写作其实可以跟副业合在一起，但是副业包含会更多一点。

副业，最重要的是你自己首先要有一点点经历。有经历之后再结合自己的副业项目经验分享一些心得。这个领域其实也是比较容易写的，而且写作和副业两个领域目前比较大众化。哪怕是大学生都可以选择写作和副业领域，毕竟大学生有的是时间去尝试。

个人成长。个人成长的内容比较广泛，可以是自己的职场经验，也可以是自己的成长心得、习惯，或者是一些高效工作方法和职场心得。个人成长属于特别大众化的一个细分领域，包括像一些心理励志、高效沟通、人情世故、道理经验等，都属于个人成长领域。

这一领域相对来说门槛比较低，只要你积极去突破一件事情，就可以去分享自己的成长经历和心得。基本没什么特别高的技术含量。有时候内化别人的经验自己重新说一遍再发出去就好了。比如知乎上的大号“黛西巫巫”，就属于个人成长领域类的大号，她的每篇分享几乎大部分内容是讲道理。

以上就是在知乎比较容易变现的一些领域。当然未列举的领域不代表不合适，只是变现路径相对会复杂一些。比如我有一位学员开了一家家居工厂，他采用的就是线上引流结合线下签单的模式：通过在知乎分享家居知识，引流到线下店面成交。大概在知乎分享了一年左右的时间，阅读量达到了 100 多万，而知乎带来的营收规模也有100万。

（三）个人品牌的延伸

不论选择哪个领域打造个人品牌，核心都要记住前面提到的一个原则：学会把“卖”变成“教”。当你在教用户的同时，顺便就把自己的产品给卖了。你发现了吗？以上所列举的领域，都符合我所总结的这个原则。

同时，我必须要提醒你：在互联网，各种各样的诱惑特别多，今天可能有文章说在哪个领域月入十万元，明天可能就有一个视频说在哪个领域年入百万元。几乎每天都有一些诱人的“机会”在等待着你。不过对于很多人来说那可能不是机会，而是“陷阱”。

记住：永远是做自己擅长的事情。不要一直切换领域，一直切换就等于一直在重复从零开始的动作，哪个领域都不会有积累，自然而然也就不会有厚积薄发。我们一定要学会做有复利的事情，一定要学会做乘法。如果你不停地在切换领域，就相当于每次都是从零开始，零乘以任何数字结果都是零。

所谓有复利的事情，并不是让你天天忙个不停、傻傻努力，而是你要选择做有复利的事情。你必须要理解，事物的变化往往都是：你努力进入A，坚持会变成B，突然在C点能赚钱，达到D点发家，最终把E做成了事业。

对自己没有成长的事情，不做；对自己没有积累的事情，不做；不能产生源源不断价值的事情，不做；自己不擅长的事情，不做。

在知乎上选择一个领域深耕，好好地打造个人品牌，就是一件具备复利效应的终身事业。如果你选择好了一个领域就专注地干吧。日拱一卒，安心等待时间的奖赏。

二、包装策划：如何在知乎打造专家形象

做过销售的人，或许都听过这样一个观点：永远不要以貌取人。接着为了增加说服力，他们就会举一个类似这样的例子：一位衣衫褴褛的老人进了一家高端品牌店，看起来普通得不能再普通。店里销售看他不像是有消费能力的人，就不太愿意搭理，一脸不耐烦。最后，发现那位老人是一位富人，销售懊恼不已。

的确，是有一些这样低调的人存在，但是爱以貌取人是普通人的一大特点（又有哪个人不喜欢美好的事物呢）。或许我们可以要求自己不以貌取人，但我们不应该试图去过分要求他人不以貌取人，特别是你的潜在用户。

我问你：你是更愿意相信一个有着无限光环的“专家”，还是更愿意相信一个看起来什么也不是的无名之辈？我敢肯定，你会选择前者，当然你可以不承认。

所以，如果要在互联网做个人品牌，你一定要学会策划包装，尽可能地把自己打造成专家形象，甚至是一个网红形象。

（一）重新认识包装策划

事实上，前面所列举的“以貌取人”现象，是因为“刻板印象”的存在。我们

是根据已知的信息去判断一件事物。也就是说，我们在看一件事物的时候，是根据大脑里面已有的概念去看待和定义的。很多人对又漂亮又有钱的女生，就有刻板的印象。

对此我们在营销中既可以去运用，也可以去避免。而下面我要分享的就是如何避免刻板印象。我之前在微信朋友圈发表过一个观点：名字对于个人品牌来说挺重要的，不论是公司名字还是个人名字，不论是明星还是普通人。

（二）包装策划的使用方法

我曾经在一个付费社群做过分享，分享我是如何通过打造个人品牌，一年实现年入百万的。其中我提到过一个观点：就是把一切触点当作课程。所以，如果你想要打造个人品牌，也必须认真对每个用户能连接到你的“触点”进行包装策划。

关于在知乎上的包装策划，可以围绕以下三点设计。

1. 有一个让人信任的专家身份

人们天然的更愿意相信专家。想要有一个让人信任的专家身份，首先从个人形象开始做起。还记得前面所讲的内容吗？把一切触点当作课程。这个结论用在包装策划上也同样适用。

现在，请暂停一分钟，让我们来思考一下：用户从第一眼看到你开始，会接触到哪些触点？

在知乎上，如果一个用户突然刷到了你的分享，第一时间他会看到你的头像，看到你的名字，看到你的个性签名。点开你的头像之后，还会看到你的个人主页封面图、个人简介等。最后，他可能还会继续往下滑，看到你的其他文章等。

以上这些，都是用户会接触到的你的触点。如果你不精心设计一番，让人感觉像一个默默无闻的普通人，你可能不经意间就流失了很多潜在用户，浪费了大量创作的时间成本。相反，如果你在开始每一步都精心设计，把自己打造成专家形象，你的每一个环节都会提高转化率，往往就会有意想不到的引流效果。

运营知乎首先从完善个人主页资料开始。其中包括你的头像、昵称、签名、简介等触点都需要用心去对待。这些触点是你在知乎的一个对外招牌，细节做好了，后期你在知乎获得曝光的时候，至少会让对你感兴趣的用户有个直观的认识。

这里我要强调一点，在设计背景图、个人头像的时候，一定要注意协调。比如头像和背景图的颜色最好一致，设计的元素要和你的领域相关。像知乎上有位卖螃蟹的创作者，头像是一只蒸熟的螃蟹照片，封面图是自己拍的蟹塘美景。整个设计都是围绕着螃蟹这个元素来展开。后续在知乎打造螃蟹专家这个人设的时候，用户点开主页资料就不会有违和的感觉，也更有助于增加大家对他的信任感。

所以，你必须要有一个看起来好记、个性的名字，以及有个让人一眼看懂的个人介绍（详见定位一章）。同时，你的头像、背景图都要围绕你的定位去设计。如果你的产品或你的个人品牌，不能用一句话介绍清楚，反而是长篇大论才能明白，无疑是增加了传播成本和解释成本，不利于做传播和变现。

如果你不确定自己绞尽脑汁想的名字和个人简介等信息是否好记，有一个非常简单的测试方法：将你的这个计划告诉你的朋友，并将你的名字和自我介绍告诉他。如果你的朋友一听就懂，不需要有任何多余的解释，说明你的名字和个人介绍至少是及格的。

2．有个让人喜欢的独特人设

不论是做个人品牌还是做自媒体，目的就是为了传播自己来实现目标。而想要一个好的传播效果，不要停留在做一个“空花瓶”。也就是说，不只是表面的一个“包装策划”，更应该结合内在的人设。

人设，解释得更加通俗一点就是卖自己，也就是如何将自己销售出去。而你的个人品牌人设，也是用户比较容易感知到的一个触点。换句话说，首先你要让读者知道你是一个什么样的人。读者对你越了解，自然就会对你越信任。

在互联网上打造个人品牌，一个好的人设我认为至少应该具备三个标准：很真诚、懂用户、够专注。

很真诚。实际上不论你是什么样的人，我认为现在的自媒体有个最基本的底线，就是一定要让粉丝感受到你的真诚。这是一个任何人都喜欢的人品，是用户愿意支持和关注你的一把利器。

记住：没有任何道路可以通往真诚，真诚本身就是道路。如果你是一个真诚的人，那么你会吸引很多忠实的用户。当用户感受到你的真诚之后，对于后续的留存、转化会有非常大的作用。因为这是用户愿意跟你成交的一个基本前提。

在平时的分享细节中，可以多结合一些带有个人善良正直态度的案例来回答问题。让用户能够清楚、明晰地看到你这个人的底线、三观都是比较正和靠谱的。如果你提供的内容很有价值，人品又让人觉得靠谱，就很容易成为一个非常圈粉的人。

有的人认为，应该把自己包装得“非常完美”，只将自己的优点呈现出去，而自己的弱点则避开不提。然而，当你适当地学会示弱，反而更能拉近你与用户之间的距离。

运营个人品牌，我认为对待任何好评与差评都应该淡然处之。更不用担心暴露缺点后有人不喜欢你。宁做榴梿，不做香蕉，让爱你的人爱到骨子里。

懂用户。比起技巧而言，懂用户更重要一百倍。而懂用户的核心，其实就是让用户感同身受，这一点非常重要。只有你经历过才不会自以为是，只有当你能解决自己问题的时候才能去帮助别人解决问题。很难相信，那些连自己孩子都没有照顾好的人能教亲子教育。孩子半夜哭闹一夜没睡的家长，缺的并不是单纯的知识。每天没人帮忙和搭把手的宝妈缺的也不是方法，她们缺的是理解、认同和鼓励以及有人能真正搭把手。如果不能真正地解决一个群体的问题，或者你真的经历过，很难创作出让用户感同身受的内容。

当你分享的内容击中用户的内心，表现出你很懂他们的时候，毫无疑问他们会喜欢你、信任你。我最喜欢对学员分享的一句话就是：千言万语不如一句我懂你。

你知道创作文案最重要的是什么吗？是细节，细节让人感同身受。

够专注。核心是为了有种让用户信赖的专注精神。简单来说，就是你要在某个领域聚焦、专注，让人感觉到你是有匠心精神的人。用户天然地对这类人有好感和信赖感。因此，也自然容易喜欢和关注这样的人。

专注到底有多重要？如果你不专注一个领域，而是选择什么领域都涉及一点。最后做下来你会发现：可能这个领域是 30 分，那个领域是 50 分，而没有哪个领域是优秀的 80 分，甚至是极致的 100 分。没有哪个领域有特别突出和真正可以拿得出手的技能。

这对于绝大多数人来说都是一个极大的误区，就像我们小时候一直都有人在教育我们：每天进步一点点，做好每件小事。包括在公司工作也是一样，公司里面总会有很多琐碎的小事安排给员工，并且公司会要求员工做好每件事。做好每件事，这种能力在公司打工可能会很受欢迎。但是当你想要做自由职业，或者是离开公司以后就会非常难。

因为你缺少一项核心竞争力，你做什么都不出色。

我的一个朋友之前在朋友圈卖货，卖得还不错。后来在 2018 年的时候，已经不仅仅是在朋友圈卖货，还开始做知识付费。用她自己的方法做起了“朋友圈文案拆解”，就是教大家怎么样发朋友圈卖货。然后借助一些力量，很快就在朋友圈文案领域扎根。而在这之前，她坚持发了三年朋友圈卖货文案。

我刚开始做营销工作的时候也是一样，什么都想学，走了非常多的弯路。后面选择以“销量增长”为导向的营销点进行切入，主攻流量和转化两个环节，并没有试图什么样的营销方案都涉及。所以，在流量和转化环节经历了几百次的实战，并且在多次验证有了结果之后，才正式开始转型做营销顾问。

相信很多人都玩过一个游戏，里面有三种角色：武士、道士和法师。武士擅长刀剑棍棒，道士擅长治愈放毒，法师擅长魔术变换。每个角色都有各自技能上的优势和缺点，不存在一个角色所有的技能都很出色。所以，人也是一样，几乎不存在全能的人（不是没有，而是概率可以低到忽略不计）。

普通人想在一个领域有所成就，甚至是成为专家，也应该遵循这个原则：专注一个领域，做好一件事，别想着通吃。

还记得前面的提示吗？知乎为了鼓励垂直内容的完善，它也明确指出：持续专注深耕固定领域，更易获得关注和内容传播。翻译过来就是：在一个问题下，它会倾向于给该领域的“优质回答者”更高的权重，将优质创作者的回答优先排在前面。

所以，匠心运营其实是一件一举两得的事情。你有什么理由不专注呢?

3. 有一些让人向往的故事经历

在做营销工作十余年的过程中，我发现一个特别有意思的现象：不论是企业客户，还是我的学员，又或者我的读者，绝大多数人都喜欢看一些案例。

什么是案例呢？案例就是他人的故事。对于绝大多数人来说，因为非常害怕不确定性，所以倾向于从他人的故事中获得确定感，提升自己对工作和生活的掌控感。基于这一点你就会发现：人们特别喜欢那些跟自己相近的人，从他人的故事中感受到别人经历过自己的经历。这就是大家爱看案例和故事的重要原因，看别人，也是在看自己。

近两年短视频开始变得十分流行，我们会发现一个有趣的现象：一些讲自己奋斗经历的短视频会更加受用户的喜爱，而那些讲知识的视频点赞反而不理想。

基于这一点，我们在分享的时候可以多发一些自己的思想、自己的想法、自己的思考以及自己的一些观点。我们在创作内容的时候，比如回答的问题是“如何让自己变得越来越好”，可能会列出很多个点，如要懂老板的想法，要关注自己能影响的事情，少关注一些不能改变的事情。这些东西就是我们要写的观点。但仅仅讲一些观点并没有太多的说服力和感染力，所以观点里面我们要融入自己的思考。比如，“我们要多关注自己能影响的事情，少去关注一些我们影响不了的事情”。为什么要这样呢？你可以选择用自己的经历和故事现身说法：你是如何一直在关注自己的能力圈，一直在关注自己可以影响的东西，又是如何不去关注那些你不能影响的东西，然后你又是如何一步步变好的。

同时，多发自己的图片，真实的图片。当然如果不喜欢的话不是非得要抛头露面。比如在形象穿搭领域创作内容，你可以展示自己的身材，不一定要露脸的。假如你的颜值各方面有优势或比较自信，露脸会比较好。用户就会知道你是一个漂亮的小姐姐，又这么积极上进，然后就会关注你。

我们每个人的经历都无法复制，再普通的人也会有一些特别的经历。这些经历相对于没有的人来说，它就是有价值的内容。你只要能够找到这样的点，真实、真诚地讲出来，其实都是你很好的背书，比如励志、突破的经历。也就是说，讲人设故事的重点首先不在于有多牛，而在于是否真诚、真实且有料点。人都喜欢让人好奇、真实又有料点的故事。就像前面说的“感同身受”，你自己经历过的思考，一定会让用户感同身受，会吸引很多同频的人。

总之，就是要展示真实的生活、真实的经历、真实的自己。让你的目标人群对你产生向往，然后别人才会关注你，最终你才会有一个比较好的曝光。关于如何写故事，请阅读后面的爆款写作章节。

（三）包装策划的延伸

包装，是在尊重事实的基础上进行润色，而不是用不存在的事物去欺骗他人。很多人喜欢用一些夸张的方式过度包装，这就是饮鸩止渴。

举个正确包装策划的例子。

一家创业公司刚开始的销售数据可能不太理想，既没有权威的证书和技术，也没拿得出手的战绩。但是在某个时间段内的数据非常漂亮，就可以进行包装策划。比如这家创业公司可以精心策划一个活动，动用一切资源让活动数据变得好看一些。假设在活动当天这家公司销售了 10 000 单，后续就可以对外宣传“24 小时销售 10 000 单的 ×× 产品”。消费者就会觉得这个产品非常畅销。

记住：包装策划并不是让你欺骗消费者。在信用越来越珍贵的今天，任何欺骗的行为都将付出惨痛的代价。当用户对你的个人品牌开始质疑时，辛苦建立的无形资产就会瞬间崩塌。

三、内容营销的用户的路径是如何产生的

你知道用户阅读内容的路径是怎样的吗？

尽管前面已经详细介绍了知乎的独特价值，但你可能还会存在疑问，互联网的内容平台有很多种选择，甚至每年都会出现新的渠道，为什么偏偏是选择知乎这个平台呢？当然，并不排除有些平台正在崛起，比如小红书的含金量也越来越高。

实际上，我认为互联网的渠道大同小异，核心是要掌握好底层逻辑。

就像我经常会跟我的学员说这样一个观点：年轻人不要总是学太浅的东西，比如某些雕虫小技，或者执迷一些小聪明。而是应该多学一些底层逻辑，多去探寻事物背后的原理。如果你掌握了底层逻辑，你可以生产出大量的方法。相反，如果你只是一味追求“方法”，而没有真正理解背后的原理，你精力会穷尽在追求所谓的“方法”上。

举个例子，当你掌握好了底层逻辑，有了创作内容的基本功之后，你在任何平

台几乎都能生存。比如你在抖音有了成功的经验之后，你在快手、在视频号同样也可以做出成绩。因为创作内容的底层逻辑不变，变的只是平台的一些规则和算法。当你需要在一个新平台营销，只需要熟悉一下平台的规则和人群，针对性地调整就可以了。

就像周杰伦为什么可以玩转各种各样的乐器？既可以弹钢琴，也可以弹吉他，就是因为精通乐理，他如果想玩任何一种新的乐器，完全可以很快入行。这就是我们常常说的，所有的事物到最后都会触类旁通。

（一）重新认识内容营销

在说内容营销之前，我们先讲讲在平台上的一个底层逻辑。如果大家想要在平台做内容营销（不论是文章、音频还是视频），这点特别重要。我们既然要靠内容去引流，就要先理解一个底层逻辑：用户阅读一篇文章或者视频的路径，是如何产生的。

暂停一分钟，回想一下你阅读文章的情景。

实际上，所有的文章都像一个创业者，在等待着 ABC 轮融资。而所有的读者，又都像一个投资者，会根据利益，阶段性地投资。只有理解了这个逻辑，才能更好地深入理解互联网营销，尤其是内容营销。

也就是说，当你写完一篇文章的时候，读者是不会一开始就打算阅读完整篇文章的。如果是这样，为什么还有“完读率”这个指标作为内容的参考标准？

就像风投机构的投资者，并不是一开始就打算把资金全部投入创业公司，而是会分成 ABC 三轮，甚至更多轮进行投资。当他们看到创业公司有收益、有前景的时候，就选择继续投资。反过来，当投资者看不到创业公司的前景时，他们就会选择终止投入。

同样的道理，互联网的内容创作者或者营销工作也一样。用户首先看创业者写的标题，如果吸引了他，他就投点时间点开看看。当他点击之后假如一开始的内容很吸引他，用户就会继续投时间阅读。如果正文的内容吸引他，那就会继续看下去，一直到看完并给你转发、点赞。这就是一个用户读一篇文章（或者是听一段视频、音频）的路径。

（二）内容营销的实用方法

所以，我们接下来就分享创作一篇内容的底层逻辑：标题、正文和结尾。

1．标题

首先是标题，教你做一个“标题党”。有人可能会鄙视“标题党”，其实很多时候，你之所以鄙视“标题党”，是因为你想不出一个好标题。我个人认为做“标题党”（积极意义上的）是可以的，因为取一个好的标题说明你懂人性、懂用户、懂如何吸引消费者的注意力。但是我所认可的“标题党”，是你正文的内容跟标题一样精彩，而不是靠一个标题吸引人点击，然后里面的内容食之无味。

一个好的标题，需要懂用户、蹭热点。有的人碰到一个热点事件，一两个小时就能马上做出反应，取一个相关的标题，引一波流量。而作为新手，可能要等几天才能反应过来（我不建议大家盲目追求热点，“标题党”也不意味着就是蹭热点）。

用户点击文章的心理按钮，往往是因为情绪，并不是理性。所以，标题绝对是吸引用户点击的开始。换句话说，标题决定了一篇文章的点击率。

比如新手刚开始写一篇关于文案的文章：三个必学的文案套路，这个时候，你可能会点开，也可能不会点开。但是，如果高手改一下，改成：三个必学的文案套路，4A 公司一直在用。或者，继续润色一下——内部资料：三个必学的文案套路，4A 公司一直在用。

怎么样？是不是感觉大有不同。当前面只写三个必学的文案套路，虽然有点感觉，但是还不够。是什么样的人在用呢？哇，原来是 4A 公司在用的套路，那一定很权威，毕竟 4A 公司是文案工作者的目标和榜样。

感觉好像对了一点，如何再引发更强烈的好奇心呢？后面的润色又继续设计了一个悬念：内部资料。这个够有吸引力了吧？看到这个标题的时候，对文案感兴趣的人，基本上都会点。

关于起标题的一些技巧，我在转化篇会进行有一些相关的总结，都是经过大量市场验证的。

如果大家在平台上做分享，这里我分享一种关于标题和开头的写作方式，也是经过我大量验证的，这个方法叫作：价值前置。比如年初在知乎有这样一个推荐问题：2020，有哪些值得加入的好公司？如果你去回答的话，你会写什么？或者应该怎么写会比较吸引人？让人有点击的欲望。

这是我前段时间在知乎分享的一个回答，我是这样开头的，大家可以感受一下：我有三个方法，可以帮助你找到一家有前途的好公司，实现收入翻倍，少走一些弯路，我都舍不得分享。然后，正文开始展开我的分享。大家有没有发现，当更换了我们的论述方式之后，内容的感知价值其实就变得完全不一样了。

那么作为一名用户，为什么会更愿意看这样的分享呢？因为我把价值前置了，提前告诉了关注这个问题的人，你看完之后能够收获什么。并且还加了一句，我都舍不得分享，来证明分享的有效性，吸引大家的阅读。这就是价值前置，要将价值提前告诉读者，让消费者产生期待。

我觉得“标题党”的方法，适合新手学习，就是在你刚开始写的时候，还没有什么人关注你的时候，可以做“标题党”。一个新手刚开始创作，如果标题都起不好，大家也不知道你讲的是什么内容，自然也就没什么人愿意点击文章进行阅读。

但是当你收获了一定关注之后，就没太大的必要执迷做“标题党”，可以直接按照自己的风格来写。当你有自己的特色，反而会更加吸引读者。除非，你只是想提升文章的阅读量，给那些花了钱的广告商一个交代。当然，以上并不是在告诉你标题不重要。吸引潜在用户点击阅读，依然是创作者的首要任务。

2. 正文

创作一篇优质的内容，非常考验创作者的文字功底，也非常锻炼一个人。因为一个人要创作内容，那么就需要进行输出，而输出是因为你有源源不断输入，你自然就会一直保持学习的状态。这样一来，就相当于形成了一个正向回路，让自己的能力越来越强。

如果你只学习，不去思考不去输出，也不去实践，是没有什么实际作用的。就好像你只知道吃饭，但是从来不运动，那积累的就是脂肪、肥肉，而不是肌肉。这就是只输入，不输出。

关于正文，我认为一篇优质的知乎文章，应该遵循三个基本的原则：激发好奇心、人格化魅力、获得认同感。

正如法国小说《小王子》中所说的那样：如果你想造一艘船，先不要急着雇人收集木头，也不要给人分配任务，而是激发他们对海洋的渴望。而如果创作者想让自己的内容被读者关注，首先要做的是让对方产生想阅读的渴望。

激发好奇心，核心是需要制造一个“缺口”，让消费者产生期待。因此，创作一篇优质的文章，也应该遵循善于制造缺口的原则，激发读者的兴趣。简单点来说，当你写完第一句，应该想着如何吸引读者看下一句；当你写完第一段，应该想着如何吸引读者看下一段。

比如通过“制造反差”的方式，找到违背直觉的观点，让读者产生渴望。比如，我曾经见过一篇文案《我害怕阅读的人》，开头是这么写的：不知何时开始，我害怕阅读的人，就像我们不知道冬天从哪天开始，只会感觉夜的黑越来越漫长；我害怕阅读的人，一跟他们谈话，我就像一个透明的人，苍白的脑袋无法隐藏……

看到这篇文案，你可能会感觉很奇怪：为什么要害怕阅读的人？这个时候读者就产生了想继续阅读的渴望。顺着阅读下去就发现了，因为“一跟这些厉害的人谈话，我就像一个透明的人，苍白的脑袋无法隐藏”。这篇文案唤醒读者，如果害怕自己变成别人眼中没有存在感的透明人，要赶紧去阅读。

比如通过“标新立异”的方式，先指出别人存在的问题，最后用另外一个视角给出答案。我曾经在知乎分享过一个答案，是由知乎用户提出的问题：工作两年月薪只有五千元，如何在一年内改变，达到月入过万元？获得了几十万读者的阅读。

以下是我的部分原文：

你的收入只有 5 000 多元，怎么改变？我们先来进入一个场景：酒吧的青岛啤酒卖 50 元一瓶，德国黑啤 100 元一瓶。假如你有 50 元去酒吧消费，你只能选青岛啤酒；假如你有 100 元，你既可以选德国黑啤又可以选青岛啤酒。所以“钱是选择权”。

那么你为什么没有钱呢？答案显而易见：就是你给人家提供的选择权少，或者干脆没有。所以，如果想赚更多的钱，我们就要给别人提供更多的选择权，用你提供的选择权去换取别人的钱。

你发现了吗？我先用一段场景让消费者置身其中，然后指出大家存在的误区：之所以不赚钱是因为没有提供“选择权”。这个时候读者就会对如何提升“选择权”感兴趣，我就可以继续一一给出答案，告诉大家如何提升“选择权”。

正文内容要结合自己的个人人设，也就是说创作者的内容需要人格化、口语化和故事化。所以，要尽可能地拉近与读者的心理距离，用口语化的表达结合论述，并且利用场景化的描述和具体的案例来增强内容的可读性。

不同的创作可以使用不同的风格引起读者兴趣，比如有的人可能是因为写作风格幽默风趣，有的人可能是因为给人有一种天然的亲近感，有的人可能是因为文字有温度。

这就需要内容创作者去研究目标群体，做营销与做自媒体原理都是一样：内容营销者根据自己的人设，去了解背后阅读的人群，参与的动机是什么。好的文章，其实就是用自己的文字，和读者沟通建立信任，不是自弹自唱，要照顾别人的感受。原理都是一样的，歌手唱歌也要用感情去影响听众，需要有自己的演唱风格。

就像前面章节所讲的，我们一定要学会做“玩家”，不要做“专家”。正文的内容需要自己多写，或者是前期多模仿别人的风格，这个与自己的行业定位有关，这里就不多讲了。

还记得前面所讲的定位内容吗？个人品牌最重要的是你的受众，就是五年前的自己。

作为一个个人品牌的自媒体之所以有人关注，是因为分享的人经历了读者经历过的事情。你的经历可以给人启发。比如你分享职场的内容，是因为你经历过职场的一些挫折后成长或者是逆袭，你就会了解职场人的一些心态、困扰以及焦虑在哪里，这样你才能写出有共鸣的文章，才能教大家如何少走弯路。如果你没有经历过，那你写的东西就会言之无物。

也就是说，现在的他们就是你多年前的自己。比如我分享营销、创业相关内容，是因为我经历过这样的一些事情，才能持续不断地分享。很多创业者、营销从业者遇到的困惑，我都经历过。

只吸引了读者的注意力还远远不够，你还必须给读者带来“启发感”。就像我的读者为什么在看了我的文章之后，都会觉得恍然大悟，因为我不断地在制造启发感。

3．结尾

创作者创作一篇内容之后，之所以能够引起读者转发，是标题，还是正文，或者结尾比较重要？其实这些东西都重要。但说到转发或者是说点赞，往往是结尾比较重要。

为什么呢？

因为即使你开头写得好，或者中间部分写得很好，但在碎片化的一个阅读过程中，很多人看到后面的时候，其实前面的内容已经忘了，或者说已经忘了一大半。所以，结尾要动心，要有共鸣，要有激情。如果是写干货类的文章，可以对文章做一个小总结。

如果你结尾写得非常好，大家看到你最后的几句话，最后的那个金句，可能就是关注你、转发的关键原因。如果结尾写得不好，不能让读者产生共鸣，可能就不关注和转发。就像有些电影、电视剧一样，可能前面所有的剧情都让观众满意，但最后的结局让观众大跌眼镜，甚至引发吐槽。这样实在太可惜了。

而且结尾的设计还有一个很重要的点，我们最终的目的是转化。还记得前面所讲的引流逻辑吗？结尾的转化相当于是在设计钩子。我们想让用户关注我们。必须要先给他们提供相应的价值，除了通过文字让读者收获到干货外，关注你之后还有没有其他的福利，这就是我们设计钩子需要做的事情。

当然，在文章最后你必须提醒读者关注你，或者是转发文章、点赞等。千万不要小看这个动作，它能明显提升你的关注率、转发率、点赞率。很多时候，如果你不提出这样的要求，读者会认为你不需要。

以上，就是用户的路径。我们总结一下内容营销的三个要点：

标题：决定了你的点击率；

内容：决定了你的关注率；

结尾：决定了你的转化率。

（三）内容营销的延伸

事实上，通过前面的解析，相信你已经理解了做内容营销的一个秘密。当我们做内容营销的时候，需要记住一个核心原则：就是每写一句话，都是为了吸引读者看下一句；每写一段话，都是为了吸引读者看下一段。

如果不是被标题吸引，没有人会听你说第一句话；如果不是你写的第一句话，埋下了种子，那么销售就不会引爆。

不要以自己的角度去看商业，要以客观的视角去审视。让市场先热起来，势能比什么都重要。

爆款

如何写出千赞爆款回答

爆款：像选品一样去筛选问题，
像参谋官一样去创作内容。

一、选题锦囊：如何寻找一个好问题

我的一些学员刚开始在知乎分享内容的时候，效果并不明显。而少部分学员非常聪明，私下向我请教如何做好知乎。经过我的诊断，我发现有很大一部分原因是因为“选题”的思路不对。

新手在知乎答题的时候，往往不知道如何找到规律，也不知道如何筛选问题。大多数时候都是凭感觉，或者觉得这个问题适合自己回答就开始创作内容。当然，我们不能完全否定这样的做法，只是从创作爆款回答的角度而言不太合适。

如果有一些方法可以帮助我们挖掘“爆款回答”，为什么我们要没有目标地瞎折腾呢？有些学员经过我的指导之后，避免了一些选题上的误区，很快就在知乎上取得了结果。即使是一些刚开始运营知乎的小白，短时间内也开启了知乎的带货之路。

（一）重新认识知乎选题

不论你是想做自媒体，还是想打造个人品牌，本质上都是做一家小公司，而你就是一个创业者。换句话来说，你必须用创业者的思维，在知乎上做好营销。

一个创业者，首要问题就是解决生存问题。创业者需要在市场上生存，最关键的就是解决销量的问题。大体上来说，前期主要需要解决以下问题：

如何找到一个有潜力的好产品？

如何吸引新顾客进店体验产品？

如何在体验的过程中转化顾客？

如果你像绝大多数创业者一样，自我满足式地选择了一个产品，然后翘首以待地幻想着产品会开始大卖，等待你的大概率是门前冷落的状态。相信我，这种以自我为中心的思维方式，不会让你得到想要的结果。

同理，在知乎上打造个人品牌，也遵循着同样的规则。在知乎这个问答为主的平台，什么样的问题有成为爆款的潜质？如何吸引用户点击你的分享？如何让用户在体验你分享内容的过程中，开始路转粉（由路人变成你的粉丝）？这些你都需要掌握关键点。

创业，需要选蓝海市场；知乎，同样需要选蓝海问题。通过筛选问题，我们可以知道高赞回答是如何创作的，知乎用户喜欢什么样的回答。后期在创作内容时就可以针对性地进行答题，不至于无从下手。

关于如何选题的疑惑，相信你阅读完本章所讲的要点就能拨云见日。

（二）选题锦囊的实用方法

很多公众号的内容创作者，都喜欢追一些热点。因为热点确实吸引人，非常容易增加阅读量。但我个人不太喜欢追热点，也不太建议大家在知乎一味追热点，特别是追那些容易过气的热点话题。所谓来得快，去得也快，即时性强的热点话题，一般到了后面增长会出现动力不足。

如果你理解我前面所讲的长尾效应，就应该会明白知乎真正的价值，并不是一味追热点，而是在于：一个优质的问题，可以长期保持热度。

比如我回答过的一些问题："什么是大格局？大格局的人有哪些思维和表现形式"与"30 岁前实现财富自由的人，都做对了什么"。每个回答目前为止都是 2 万多个赞，且数据一直都在不断地增加。你要知道，这可是我两年前回答的问题。

像这一类话题，就属于长久性的话题。就像一个产品，刚需的产品和行业永远都不会存在有没有前景的问题。而如果盲目地去追求风口，因为变化太快，往往会得不偿失。

那么，如何在知乎选择一个优质问题？

在知乎上，目前我回答了三百个左右的问题，并且很多的回答都是高赞回答和爆款内容。所以关于如何找到好问题，有一些自己的心得。主要有以下三点：

第一点，问题的关注人数。问题的关注人数，直接决定了市场的大小。因此你的目标问题，关注人数最好有 1 000 个人以上。因为如果问题太少人关注，成为爆款回答的概率一般也会比较小。毕竟关注人数几乎已经决定了结果，如果一个问题很少人关注，这时候花时间去回答，意义就不是特别大。

当然，我是指靠优质回答取胜的情况（一个优质回答可以带来大量的曝光）。除此之外，还有一种情况或许你也可以参考：以量取胜。也就是多回答问题，会有更多的曝光机会。

第二点，问题的回答数量。问题的回答数量，几乎决定了爆款的概率。如果要以量取胜，你的目标问题，回答人数最好是 1 000 个人以下。如果是太多人已经回答的问题，并不是说完全没有机会，而是可能其他创作者回答的内容已经比较全面，如果你的内容也差不多的话，就不会获得点赞、收藏之类的。

而且，如果回答人数太多，就说明这个问题已经进入了红海。当别人看了你的分享发现跟其他创作者差不多，就不会有顿悟的感觉，可能你的分享就会淹没在茫茫人海（没有点赞、评论、收藏，系统就不给你流量）。

第三点，高赞的回答时间。能不能成为爆款回答，最核心的是你要看爆发时间，也就是说，你要去看那些高赞的回答，看看回答问题的时间。如果高赞创作者是最近两个月内回答的，一定要果断回答。如果是两三年前回答的问题，可能话题热度已经过了，很少有人关注。

这时去回答的意义也不是特别大，既没有系统流量的支持，而且随着时间的推移，关注这个问题的用户可能大多数也已经有了满意的答案，不再关心这个话题下的内容。这就像一个产品的生命周期，如果到了衰退期，个人很难再次推动发展。

你可能会有疑惑：假如自己看到了一个问题，而且这个问题刚好是自己擅长的领域，难道也应该放弃不答吗？并不是。这种情况也并不是无解。知乎上有很多问题都是相似的，我们可以选择一个相似问题的其他问题，然后再根据前面所说的三个原则去筛选问题。这就相当于另辟蹊径进入蓝海，这时你获得曝光和高赞的概率就会更大。

当然，以上三个心得只是作为一个参考，也有可能存在特殊情况，具体情况还需要具体分析。比如最近这个话题比较热门，那也有可能上热榜，再一次出现在大家的推荐页面。

比如你是新人，那么当然是选择竞争对手少的问题去回答，获得曝光的概率会更加大。相反，如果你已经有不错的基础，账号的权重也比较高，去回答竞争对手多的问题，也是有很大机会获得高赞和曝光（注意我们前面所讲的知乎算法机制）。

同时，建议你可以建立一个问题数据库，比如你擅长的是情感话题，那么可以在知乎点击情感话题下的内容，将所有有潜力的问题纳入在自己的数据库，然后每天关注浏览量的数据变化（上升越快说明越有潜力）。

以上所介绍的是我自己知乎运营的一些心得，也是我个人的一些选题习惯。除此之外，也有一些规律和方法可以帮助内容创作者找到一些有潜力的好问题，以下规律和方法非常值得研究。

1．紧跟同行

首先是多关注同行的大号，因为大 V 之所以是大 V，肯定在知乎上有一定的经验。他们回答的问题，一般情况下都是比较有质量的，不然他们不会轻易去回答一个问题。而且大号很容易带火一个话题，如果你也跟着去回答、去照做，很容易吃到流量的红利。

另外，多关注同行大号还有一个非常关键的点就是：你经常会刷到同行在关注什么问题，那么知乎就会根据你的浏览习惯，系统将为你推送一些相关的问题。而推送的这些问题，很有可能同行还没来得及回答，这时你就可以抢占先机。

2．等你来答

登录知乎 PC 端点击“等你来答”页面，会看到很多的问题，重点需要关注的是热度上升的问题，有些问题在热度上升的时候，会有“热度上升”的字样标注。这里面的内容，你可以根据自己的领域，提前做一些准备，打磨好内容之后，说不定上了热榜，很容易就成为爆款回答。

3．热榜页面

这一点特别重要，也就是知乎的热榜页面下的话题，平时一定要多多关注。因为如果你只靠主动搜索和推荐页面的话题，流量毕竟是有限的。而热榜下的话题，是几乎知乎全网的人都在看。在热榜页面的右上角，有个三角形可以筛选自己领域的热榜话题（关于如何抓住知乎的热榜话题，在“引流版块”会详细介绍）。

4．关键词搜索

除此之外，还可以通过关键词搜索来获取精准、有潜力的问题。比如用逆向思维提问的方式，来找到大家感兴趣的问题：我们可以先确定一个关键词，在知乎提问页面输入你的关键词，下拉之后就会看到系统推荐了很多的相关问题。接着再重复前面提到的选题步骤进行筛选，主要参考三个维度：问题关注人数、问题回答人数、高赞回答时间。

举个例子，假如你所在的领域是形象管理，你可以试试在知乎主页通过提问的方式，来找到潜在的优质问题。你可以这样操作：在知乎点开提问，输入关键词“穿搭”，之后再往下拉就会看到有很多问题。

注意选“精华主题”。还记得前面所讲的观点吗？我们应该选择那些长期热度的问题，而不是选择即时性很强的热点问题。换句话说，我们应该多去研究那些不变的东西，而不是花大量时间去研究那些变化的东西（这是我经常提醒创业者的一句话）。

而知乎每个话题下的精华问题，完全符合以上所说。具体操作步骤：在知乎页面的搜索框，搜索你所在领域的关键词，比如“个人成长”，你可以点开这个问题，再选择点击“精华”页面。你会发现精华页面下的问题，有很多都属于是长久性热度问题。

（三）选题的延伸

自从我在互联网打造个人品牌以来，发现很多创业者陷入了一个极大的误区：喜欢盲目地寻找所谓的风口。结果可想而知，最终是竹篮打水一场空。

事实上，在知乎选题也是一样的道理。如果有一些问题的热度是“经常变化”，而有一些问题的热度是“长期不变”的，你会选择哪一种？如果你选择的是后者，你将会收获稳稳的幸福；如果你选择的是前者，你最好确保每一次的变化你都能抓住，不然你就会像那些盲目追赶风口的创业者一样，大概率会一无所获。

记住：热点，往往是给小编写的。

二、爆款标题：如何写出一个好标题

在我写这本书的时候，我的一位“批量成交班”的学员刚加入进来学习。她在微信上发了他们公司的公众号给我，希望我能诊断一下问题并给点意见。当我点开公众号之后，长叹了一口气。这难道是自媒体该有的风格吗？简直就是一个传统得不能再传统的“垃圾广告”。

想象一下：当你辛辛苦苦，写了几千个字，但是当用户点开你的头像一看，映入眼帘的是平淡无奇的头像、生僻拗口的昵称以及不知所云的标题，你会感兴趣吗？

如果感兴趣的话，我想大概许多新媒体从业者就不会绞尽脑汁地想标题。因为资深的自媒体都非常清楚一个残酷的现实：用户往往只给了你一秒时间。如果你想让人看文章，你的标题就得第一时间抓住读者眼球且让人想毫不犹豫地点击。如果在这稍纵即逝的瞬间你没有抓住机会让用户点开，你精心创作的内容几乎就再也不可能出现在用户的视线里。

（一）重新认识标题写作

标题到底有多重要？

相信有过新媒体写作经历的人，都会注意到一个十分有趣的现象：人们嘴上说的和实际做的往往不太一样。大家可能嘴上说着想你多写一些干货，可是当有一篇追热点的话题出来，人们还是更愿意点开热点话题阅读。由此可见，标题重要不重要？

实际上，这并不奇怪。在互联网最稀缺的就是用户的注意力。遗憾的是，尽管一篇文章的标题非常重要，绝大多数人还是存在一些误区，而这些误区也让他们的文章阅读量惨不忍睹。常见的标题误区有以下三个：

1. 标题不是生硬广告，而是要与顾客建立关系

我们做内容营销，一定要记住一个原则：对于人们而言永远只有两件事：一件

事关我什么事；另一件是关你什么事。而大多数人所做的营销工作，几乎都是在做一些“关我什么事”的工作。

听着，假如你想有漂亮的转化数据，千万不要让用户产生“你说的这个东西很重要，但是跟我有什么关系！”的感觉。

如果标题没有跟潜在用户建立关系，不仅你辛苦创作出来的内容的阅读量不理想，而且也不会吸引到一些真正的潜在用户。所以从这个层面上来说，标题的作用其实也是在帮你过滤精准的用户。

2. 标题不是总结内容，而是吸引用户打开阅读

还记得前面所讲的用户阅读路径吗？标题的其中一个重要作用就是点击率。没有点击就没有阅读，没有阅读就不会有转发和成交。以知乎为例。标题决定了已经关注你的老用户有多少愿意点开文章阅读，同时还决定了有哪些第一次刷到你文章的陌生用户，愿意点击你分享的内容。

3. 标题不是单纯阅读，而是暗示用户自动传播

请回忆一下：你什么时候看到一篇文章后，会选择马上转发？

我们经常会在微信朋友圈看到别人转发的公众号文章，但是你是否思考过这样一个问题：我们为什么会转发一篇文章？实际上，我们发朋友圈和转发文章更多的是对自身形象进行塑造。

我记得以前有一篇很火的文章《××女孩的××》。大意是夸每个地区的女孩的一些优点或特点。如果你是属于该地区的，你很可能就会转发这篇文章，因为你要塑造自己是“××女孩”的形象。

比如经理经常发一些激励的内容，大多是为了给员工塑造自己“很有思想”的形象；而经常发心灵鸡汤的人，往往是想塑造自己“上进”的形象。

所以，你的文章标题不只是为了吸引用户阅读，更应该起到暗示用户转发的一个作用，帮助用户塑造一个他需要的形象就会触发用户的转发行为。思考一下：你的标题能给用户塑造什么形象，让他自动转发？

也许在知乎，我们不需要过多地考虑开头能不能提高传播率，因为知乎转发到其他平台无法看到开头，但是一定要注意与用户有关系。

（二）爆款标题的实用方法

知乎回答开头的那一两段话，就相当于公众号文章的一个标题。很多时候直接决定了用户会不会点开你的回答阅读（特别是新用户）。当潜在用户被你的开头所吸引时，就会点击阅读你精心准备的分享。你要知道，一个漂亮的优质回答，会带来源源不断的新用户。

如何写出一个精彩的开头？我总结了三个在知乎比较好用的开头写作方式，这些方法都帮助我取得了漂亮的数据。现在你就可以拿来为你所用，相信你也可以写出一个让用户忍不住想点击的开头。

1. 利益前置

想象一下：你现在正好打开微信准备躺下刷朋友圈，或者你正在利用碎片化时间阅读本书，或者你现在正和三五个同事好友一起共进晚餐。请问，你现在会对什么事情最在意？

一个微商发的广告；

搜索在打折的商品；

好朋友推荐的文章；

你最感兴趣的事情。

我敢肯定。不论你选择的是哪件事情，你的实际选择一定是第四个（你最感兴趣的事情，你不可能会关心跟自己无关的事情）。想象一下：你在什么时候会比较容易点开一篇文章？我相信在绝大多数情况下，你不会点开一篇跟自己毫无关系的文章。

我最喜欢说的一句话就是：对于人们来说永远只有两件事情；一件是关我什么事；另一件是关你什么事。所以，我们在写标题的时候，如果你想吸引潜在用户点击你的文章，一定不能让用户有一种“关我什么事”的感觉。

利益前置，本质上也是将价值和结果前置，告诉用户你看了我的这篇分享，你会得到什么？会有什么样的价值。核心是将结果和好处提前告诉用户，让用户知道你将要分享的价值，以此来换取用户的注意力。

如何写好“利益前置”标题？一般会分为三个步骤：

第一步，先发出一个带有行动指令的词句吸引用户，当用户看到这样的行动指令时内心就会感到好奇，想停下脚步看看你接下来说些什么。相信以下词句会给你一些灵感：“看我这篇分享就够了”“先准备好一张纸，我有信心帮助你”“刷到这个回答的朋友别走了”“强烈推荐”等。

第二步，马上告诉用户，为了答题自己做了些什么或有什么样的结果。通过展示你精心准备的结果与价值，吸引用户点击阅读和继续阅读。而且你花的时间越长越好，价值越高越好。就像很多人天然地会认为长文章就一定好，花了越多时间整理的东西也会越好。

这一步一般有三种表达方式：

帮用户省时间，比如为了回答这个问题，我花了整整 48 个小时来写这篇分享，阅读完之后，你可以省下 80% 的时间。

晒自己的结果，比如这问题我很有发言权，姐妹们认真看看我的美白对比效果好吗？顺便附上自己实际的效果图片。

有价值的收获，比如身边 11 位成功朋友，教给我的 20 个真理，今天分享给你。或者是满足 5 条以上的，都是人气爆棚的宝藏男生。

第二步，在开头的时候一定要加入一些阿拉伯数字。在标题中带上数字，比起单调的文字会更直观、更有画面感。所以在标题里用数字，可以吸引读者的注意力。标题中的数字越具体，形成的反差越大，往往也会更加吸引人。如果可以，强烈建议在标题里运用好数字，如果能形成一种反差会更好。你看到我前面的案例分享了吗？几乎都带有数字。

这一类标题第一眼看见就非常有收获。相当于直接在告诉用户：我这里就是有一些结果和方法。并且明确地告诉用户效果是怎样的，如果想获得这样的结果，那么就点开我的这个内容看就会有收获。

2. 前后对比

比起平淡无奇的故事，人们更喜欢看类似穷人变富的经历。没有对比就没有反差，每个人都渴望追求美好的事物。所以越是强烈反差的对比，越能吸引人们忍不住地想要阅读。

通过前后对比形成的强烈反差，是调动人类好奇心最基本的法则。所谓熟悉事物 + 新鲜信息，意思你讲的东西对方很熟悉，但你讲的内容对方却闻所未闻。假如你跟一个从来没受过教育的人谈爱因斯坦，对方完全没了解，也就没兴趣。但反过来，你跟他说，“知道你们村上王二麻子吗？”“他昨天好像没有回家。”对方耳朵估计一下子就竖起来了。

你是不是也经常看到类似“从 ×× 到 ××，我 ×××”的标题。没错。尽管短视频流行起来之后，这样的标题经常出现在大家的视线中，但依然不会过时。

前后对比的标题写法，一般是在知乎上写个人故事和经历。并不是每个人都有很多漂亮的结果，所以除了结果外我们还可以说自己的一些过程和经历。

案例：一个普通油漆工，竟然成了千万富翁?

一个普通油漆工，竟然成了千万富翁？这是我前几年接触过的一个真实客户，算是比较厉害的生意人，这里我们不谈企业家。

早在 20 世纪 90 年代的时候，他在他姑父手下干活，还只是一个普普通通的油漆工。后来，他成为千万富翁，有多套住房，一套大平层，一个千万销量的工厂，在省会城市代理了品牌橱柜，资产累计几千万元。

他是怎么做到的呢?

在他还只是一个油漆工的时候，他跟老板说：我承包刷油漆的活更便宜。然后，他上位了。

这里不得不提一下，我在知乎的成名之作：《你见过哪些厉害的生意人》。这个案例就是我这篇回答里面的内容。这篇回答是我在 2018 年 7 月分享的。当时的我在公众号傻傻地坚持写了两年，结果我猜你也知道：公众号作为一个封闭的孤岛，根本没有什么机会。后来我将战场转移到了知乎，而这篇回答突然火了，我亲眼看着这篇回答从几十个赞再到一千多赞，让我有了持续更新的动力。

那么，如何在知乎写出“前后对比”的精彩标题？

第一步，展示自己之前的状态，之前的状态通常不理想，比如之前的自己较胖，之前是一个破碎家庭，之前的工作朝九晚五工资只有 3 500 元。

第二步，展示自己后来的结果，这个结果往往比较美好，让人心生向往。比如转型后月入十万元，健身三个月有了 A4 腰。需要注意的是：你所展示的这个结果一定是经过自己努力得到的。

第三步，最好加上一个解决方案。比如从月入 3 000 元到年入百万元，我只做对了这件事。前后对比只能引起用户的注意，但不能放大想点击的欲望。试着再加上一个解决方案，让潜在用户知道你是如何做到的。

比如说：我就是靠着冥想从一个经常走神、难以专注的人到达连续学习 8 个小时以上，有超高效率的状态，可以说这是一个稳赚不赔的方法。

记住：这类标题方法虽然有效，但不要忘了前面所讲的重要原则：真诚。一定是在尊重事实的基础上适度润色，千万不要为了追求点击率而夸大其词，胡编乱造。

3. 制造缺口

想象一下：你正在看一部最新的电视剧，每一次看到精彩部分总是会给出提示：明日精彩继续。你会是一种什么样的心情？

所谓制造缺口，本质上就是为了吊对方胃口，让对方处于一种延迟满足的状态。什么叫作延迟满足呢？就是在激发好奇心之后，不立即揭示答案，而是启动一个看上去不直接相关的话题。

当你吸引了对方的注意力，他们心中会有悬念，但你却没有马上揭示，对方对答案的渴望会上升。在标题中的表现就是，激发好奇心，但却不揭示答案，然后故意遗漏一部分信息，引导他点击文章。

好奇就对了，一旦你打开了用户内心的一个缺口，一个优秀的标题就等于成功了一半。

比如我曾经回答过一个问题，我的开头是这样的：开始上干货！如果把财富当作是一个结果。那 30 岁前实现财富自由的人，一定做对了这两件事。

这篇开头，首先我并没有告诉大家是哪两件事，对这个话题感兴趣的人可能就会产生好奇心，到底是做对了哪两件事？用户的心中一旦打开了缺口，就会想要填上这个缺口，对于人们来说永远只喜欢完整的事物。

如何写出“制造缺口”的标题？

第一步，开头说一个厉害的点，让人觉得“不明觉厉”。或者是走逆向思维从对立的角度让人觉得眼前一亮，而不是顺着问题的思路。

或许，以下逆向思维表达方式会给你灵感：

你问这个问题，说明你还不适合创业；

这个世界上只有 20% 的人在思考，80% 的人……

看了问题下的回答，就没有实际点的吗？

第二步，通过抛出好问题，再引发用户的好奇心。这里通常要与用户有关系，比如多用“你”。以下开头句子会给你灵感：一个人想要超越同辈人需要破三个局，你需要破的是哪个局？如果你能避开以下五个思维误区，将会超越同辈人。

第三步，设置悬念，让用户有所期待。就像电视剧的下集预告一样先播放部分裁剪好的经典片段。比如“有一半的人收藏了，我花了 6 个小时。全文将近 12 000 字，是我对知行合一的解释，超出你的认知。根据专栏里的数据，完整看完的人有一半儿收藏了。而有格局，必须掌握好以下的一种思维方式。”这就是一个设置悬念的例子。

需要注意的是：知乎答题的标题跟公众号文章的标题有些不一样，知乎的答题标题是为了吸引读者点击，不需要过多考虑其他因素，如转发、传播等。

（三）标题写作的延伸

知乎的标题（知乎的答题没有标题，开头就算是一种标题），我认为应该要花大量时间去研究如何写才能让读者点击，才能让读者愿意看你接下来的内容。毫不夸张地强调，你花多少时间都不过分。这就像知识付费平台上的试听课那样，在试听环节必须拿出 80% 的干货让用户觉得有价值，他们才会选择付费购买你的课程。

实际上，写标题看似是在玩弄文字技巧，背后实则是对人性的洞察。你必须要花大量时间研究一个关键问题：人心为何而动？做到这一点才能算是真正的“标题大师”。而想要做到这一点，写出有吸引力的好标题，最重要的就是大量阅读优秀的标题同时积累自己的标题素材库。

积累素材库有两个目的：最直接的就是，在阅读一些优秀的标题时你知道自己为何心动；另外一个是大量阅读和模仿优秀的标题有助于你写出好标题。

当你积累了自己的标题素材库，特别是那些爆款文案的标题，从标题开始，一字一字地抄写和模仿，至少你可以写出个 60 分及格的文案标题。如果你能在抄写的过程中，多思考为什么别人会这么写，可能抄个三四遍你就有感觉了。办法虽笨，绝对比你盲目学习有效得多。

我认识一位品牌营销导师，他刚开始在广告公司从事文案工作，第一件事就是找到大量的经典文案，反复阅读。这个习惯帮助他创作出了很多经典的广告文案，并且还获得过广告业内的奖杯。

三、写作秘诀：如何轻松写出 1 000 赞的爆款回答

知乎是一个内容型平台，对内容创作的要求相对比较高。在知乎上打造个人品牌，一定要遵循优质内容这一原则。如果你所创作的内容不具备独特的价值，不论是对个人品牌还是后续的引流几乎都没有任何帮助。

这一点我们在前面的算法机制中已经了解。如果内容不优质，不是用户所喜爱

的，就无法获得大家的赞同。我们要记住，不出手则已，一旦出手，必须要用我们的优质内容和专业认知来征服用户，如此才能快速获取大家的信任感，让大家忍不住想要关注你，才能实现我们引流的目的。

对一些新人来说，可能会认为创作出优质内容存在困难。正在阅读本书的你，是否也会有这样的担心？

收起你那不自信的小情绪吧，不必太过于担心这个问题。只要你掌握了其中的一些规律和“套路”，相信你也能持续创作出让用户喜爱的优质内容。尽管现在“套路”似乎是一个贬义词，但我这里的“套路”指的是能更高效帮助我们实现目标的方法论。如果一件事物可以帮助我们有效提升效率，本身就是一种价值。

实际上，在知乎上写出爆款内容，除了前面提到的环节外，你只需在文章类型和写作结构方面多下功夫，就会比较轻松实现。

（一）重新认识知乎写作

你在什么情况下会打开知乎？

经过我长时间的总结和观察，发现那些经常喜欢打开知乎阅读的人，往往都是强调一种“获得感”。也就是说，知乎的用户遇到了一个问题，然后想要寻求什么样的答案。

比如在找工作时，想要知道如何做好职业规划；准备创业时，不知道如何选择好项目；想要成长时，想看看他人有什么成长利器；消费纠结时，想看看其他人是如何选择的。

也就是说，与一些内容平台不同，逛知乎的人大多数时候都是带着目的或问题。而刷短视频的用户，刷朋友圈的用户，大多数时候是打发时间为主，没有其他明确的目的。因此，有人把知乎比喻为“知识百度”。

理解了这个逻辑，我觉得在知乎上扮演的角色就是做一个“好参谋”。针对他们存在的问题，给他们提供一个解决方案。而这个解决方案想要让用户感到满意，最重要的是提升他们的获得感，获得感越强用户就越满意。

所以，我认为在知乎创作出优质内容的关键，始终是围绕获得感而进行。甚至我们可以说，你想要吸引什么样的用户，你就应该创作什么样的内容。同理，如果你不想吸引什么样的用户，就不应该出现在那个话题，或者不应该去分享他们想要的内容。

当用户的获得感越强，愿意与你产生链接的概率就越大。比如他们会主动给你的回答点赞、收藏，主动选择按下那个关注的按钮，主动购买你的产品等。我们如何去提升用户的获得感呢？下面，我将先从知乎的分享类型开始揭秘，再从结构上道破天机。

经过我大量实战和总结，发现知乎上有三种分享类型较容易受用户的喜爱。

（二）最受欢迎的三种分享类型

下面你将会学习到比较核心的环节，我将带你了解如何在知乎上写出爆款文章。一般来说，从内容类型上来说，以下三种方式在知乎比较受欢迎：问答体、故事体、清单体。

1. 问答体

正如开头所说，绝大多数的互联网用户在什么情况下会去逛知乎，几乎都是在遇到了某个问题的情况下，会打开知乎寻求想要的答案。也就是说在知乎上创作内容，大多数时候是属于“问答体”的类型。

想象一下当用户遇到了问题，而你解决了，对方会是怎样的一种心理？这种感觉就像压抑已久的“心病”，突然之间烟消云散，开心得就像孩子般手舞足蹈。

问答体就是解决用户的痛点，核心在于，你要提供一个让人眼前一亮的解决方案，以此来提升用户的获得感。一般来说，解决方案可以从以下三种角度去分享。

更完善的解决方案：核心是满足未被满足的需求。比如浏览分析一下其他创作者的分享，看看他们从什么角度去答题的，是不是有什么非常重要但没有提及的点？

更权威的解决方案：核心是提供专业权威的方案。比如在这个领域你是专业的，提供一些权威的数据和理论，让用户更相信你的专业和权威性。

更落地的解决方案：核心是传递通俗易懂的内容。比如其他创作者的分享太专业，不太适合大众学习，而你提供另外一种接地气的风格。

不论是哪种方案，基于问答体的特点都比较容易获得粉丝的关注，因为解决方案本身就是一种价值（解决了别人的痛点或问题）。从创作内容的角度来说，知乎上的问答体主要有两种表现形式：分享型方案和专业型方案。

分享型方案的特点是难度偏低，整篇文章都围绕着分享自己经历过的内容，或者是内化他人的知识再分享。而且专业性低，内容没有一个很深入的分析。不像那些长篇大论的论文那样，深入地去分析一件事情，也没有很科学的一个指导理论。

更多的是分享个人经历，结合过去的经验和心得为主。

因此，分享型方案的内容，更适合一些没有太多高深的理论经验的人，也没有太多专业经验的人来创作。比如哪怕是一个大学生，也可以创作分享型方案。大学生可以围绕成长道理、写作、英语、副业经验等领域来写。这就是典型的分享型方案。

专业型方案则刚好相反。比如，同样是分享穿搭类的内容，分享型的方案更多的是自己的个人经历和经验。而对专业型的方案，其实就是你先看一下提问者的背景，一开始就介绍了自己就是创作者，是一个设计服装专业毕业的学生，然后已经从业十多年了，并且是注册高级设计师，这就需要一个比较专业，有一定的行业实操经验的人来回答和分享。

所以，如果你有这方面的专业经验，然后有一些证书、权威背景等（没有也可以，这只是一项加分项）。然后再加上自己总结的一套理论、思维模型，也就是在你的领域有一套专业的理论知识，就很容易圈粉。

2. 故事体

知乎上流行一句话：在知乎，分享你编的故事。

这句话表面上看起来是在开玩笑，却是每一个内容创作者不得不重视的事实。因为没有人喜欢听道理，都喜欢听故事。一个代表理性，另一个代表感性，这两者有很大的区别。

想象一下：你在读书的时候是更喜欢看枯燥无趣的参考书，还是更愿意看万般精彩的金庸武侠小说？不出意外的话，我相信你选择的是后者。

实际上，人们之所以热爱故事是因为故事具有画面感，那些此起彼伏的细节更容易抓住读者的注意力。心理学家研究得出结论：一件能够引起情境想象的事物，更能打入人们的内心深处，这种现象被称为“鲜活性”效应。

“故事体”其实就是说我们要怎样去说好一个故事。还记得我前面讲的内容吗？让这个故事为我们获得关注、点赞，为我们去获得更多读者的喜欢。

如何去分享一个好故事？

第一点，以自己身边的事为起点来激发读者兴趣，这是最好的一个写故事的方式。如果不是说自己身边的事，而是一些传奇人物的故事，大家可能会觉得距离太远，跟自己没什么关系。

并不是说每一次一定要分享自己亲身经历的事，其实大多数人的生活也没有那么精彩，没有那么多戏剧性的情节，就是一个普普通通过日子的普通人。那怎么去分享一个生活中的故事呢？这时我们可以讲一个跟我们有关的故事。

这样讲的故事，就是说跟我们有关系，可其实主角不是我们。但跟我们有关系就让读者会更加感兴趣，可以在无形中塑造我们的一个形象。我们所说的一些经历，让读者对我们更加熟悉。而不是说一个完全跟我们不相干的事情，这样读者就可能会失去一些信任感。

第二点，故事里面要体现一个明显的因果关系。不论是明示还是暗示，在内容上都要体现因果关系。什么是明显的因果关系呢？

举个例子。比如形象穿搭领域的创作者，往往会说明衣着对着职场发展的一个重要性。想象一下：你的衣服穿得不好，然后早上刚到公司就被领导骂了，之后开始注意自己的形象，改变自己的穿衣风格，然后事业就得到了上升。

如果是这样的一个故事，你看完之后会是什么感觉？我相信，你看完之后会觉得好像并没有什么说服力，就像家里的白开水一样，没什么看下去的欲望。相信我，很多人在写销售文案的时候，其实也是一样无趣。

我们来优化一下细节：

周一早上九点我刚到公司，将周末准备好的工作报告提交给领导。准备转身离开的时候领导叫住了我，他拉着脸责问我："为什么来公司三个月了，穿来穿去都是同样风格的衣服？你难道不知道我们公司非常注重形象吗？你看看你们部门比你晚来一个月的小李，简直是一个天上一个地下！"

出了领导的办公室，同事们都用异样的眼光看着我，感觉自己在他们眼中就像是一个外星人。我隐隐约约听到另一个部门的同事用嘲讽的语气说："真是太土了，还好当时没进我们部门，带出去我可丢不起这人。""土"这个字真的比"丑"还伤人，它骂的不仅仅是丑，还有品位。外表和内在全被否定了，感觉自己一整天的好心情会瞬间消失。

看到了吗？细化后的第一个细节，是说穿搭形象不好带来的影响，被老板骂了什么样的话及什么表情。同事又是如何看我，对我的着装什么评价，背后有什么议论。优化之后的细节就有了因果关系。当然，还可以继续细化，比如我回去改变了形象。通过哪些方法去改变？现在着装是不是好了很多？有一个慢慢变化的过程。包括后来的改变，我的客户跟我沟通中间发生了什么改变？老板对我的评价和同事对我的评价又有什么改变？我的事业因为这些改变得到了怎样的一个提升？最后，还可以说明一下心理状态，也就是之前的心理状态和现在心理状态的明显对比。

当我们将这些细节优化完之后，故事的可读性就变得更强。而且最重要的是，有一个非常明显的明示或暗示的因果链，说明了穿搭和形象的重要性，特别是对一个人职业发展、职场发展的重要性。

一个故事里面最忌讳的什么呢？没有中心主题，为了叙事去叙事，没有表达一个明确想要表达的主题。我们写故事是为了辅助论证我们的观点，就是说如果这个故事没有围绕某个观点来讲述。比如前面的观点就是形象着装对职场提升的重要性。如果你的故事没有围绕这个观点展开，你的故事就毫无意义。

第三点，故事没有冲突，没有挑战。比如前面举例的故事如果一开始没有领导去责问，没有内心的变化，没有努力的过程，包括后来改变之后大家看法的改变，那么这样就没有一个冲突和挑战，用户也不会想继续阅读。

甚至你在分享自己的挑战过程中，还可以顺便说一下他人是如何做的（通常是没有结果或者是错误的行为），然后自己又是如何应对挑战的（通常是别人敢想但又不敢做的事）。在挑战成功后，这段经历给你带来了什么样的启发。

所以，如果你想创作“故事体”，你的故事一定要满足以上三点，读者看了后才会感同身受，才会对你产生向往，才会触发他们的行动。最终，才算是一个好的个人故事。

还记得为什么要多写故事吗？为什么要多融入自己的经历吗？回过头来再看包装策划环节所讲的一段内容，你会印象更深刻。

什么是案例呢？案例就是他人的故事。绝大多数人非常害怕不确定性，所以人们倾向于从他人的故事中来获得确定感，提升自己对工作和生活的掌控感。基于这一点你就会发现：人们特别喜欢看那些跟自己相近的人的故事，从他人的故事中感受别人经历过自己的经历。这就是大家爱看案例和故事的重要原因，看别人，也是在看自己。

需要注意的是：在知乎上，如果只讲故事是远远不够的。一个用户喜欢的好故事，可能会让你有很高的点赞，但或许不会产生太多的关注和变现价值。只有让用户认同你的权威性，认同你的专业性之后，对你产生了一个需求，想和你有一个链接关系，后续你的内容才有更大的商业变现价值。所以如果选择用故事体的方式进行分享，还需要在每段经历后面加上自己的经验和心得，或者在结尾的时候插入之前准备的一些干货文字，最终都是围绕着所在领域的干货而写。

3. 清单体

这里所指的清单体可以分成两种情况。一种是将你的观点一一罗列出来，通常是分享带有序号的一些实用观点，将自己的一些经验、感悟、心得一一罗列出来，提升用户的获得感。

另一种是将问题下其他创作者的一些高赞回答进行整理、归纳，以清单的方式呈现给用户，帮助大家节约时间。或者是收集一些实用的网站、工具、书籍、方法论等内容分享给大家。这类方式使用户的获得感非常强，他们觉得有了很多干货。

但是，从个人品牌角度来说，我更加推荐你分享自己的观点，而不是整理罗列他人的内容。毕竟个人品牌是有思想的，是有灵魂的，你不去传播自己的观点和想法，又怎么会形成个人品牌特色呢？

为什么要写清单体？

（1）互联网并不缺少各类深度分析的长文章，有时候简短的文字更像是互联网中的一股清流，深受大家的喜爱。

（2）如果你经常打开知乎的话，不难发现这样一个事实：在知乎上，清单体格式的回答很多时候更容易获得高赞。

（3）清单体看起来简短，但不简单，浓缩的都是精华。简短的背后，其实是对事物洞察本质的能力，可以更好地提升自己的能力。“写长很容易，写短不容易。”

清单体的写作核心，是要学会分享一些让人“不明觉厉”的话，让人分分钟有启发感和顿悟感的金句，或者一些让人感同身受的金句。当你的分享给了用户一种“醍醐灌顶”的感觉，就非常受欢迎。

（三）文章写作结构的实用方法

以上，就是我通过总结了大量高赞回答得出的经验。当然，仅仅知道自己适合写什么样风格的文章还不够，还要知道一些写作技巧，你才能更好地驾驭知乎的调性。

因为一篇文章的结构和技巧，也十分重要。下面，我分享三个十分有效的写作方法。

1．结论先行

结论先行的完整结构：先下结论、再给观点，后给方法。这个结构之所以有效，与之前讲的开头要“利益前置”是一样的逻辑：当读者第一眼看见就会觉得有收获。相当于直接在告诉用户：我这里就有一些结果和方法。并且明确地告诉用户效果是怎样的。如果你想获得这样的结果，那么你点开我的这个内容看就会有收获。

案例：

先说结论：按照个人 IP 这个方向去死磕，可以说绝对不会有错。为什么？我有三个重要经验来支撑：

（1）我反复在说，我们要学会研究那些不变的东西，而不是花大量时间去研究那些变化的东西。经过大量观察，很多人错就错在这里，总是去追求那些在变的东西，最终竹篮打水一场空。

比如流量与流通，一定是商业世界不变的东西。而我自己作为营销顾问和创业者，也受益于这两点，我积累了多年。

（2）对于大多数人来说，与其找创业机会，找市场需求去创业，都不如好好死磕一项技能靠谱（通过技能切入市场）。这个原则，适合大多数人。

不信你看看身边的那些人，那些追这个机会、追那个风口的人，几个是成功的？找来找去，四五十岁了也没见成功。

这些都是实在话，实在看不下去那么多人执迷所谓的“风口”。作为一个创业者和营销顾问，见证了太多创业者的失败。我可以说这点很多人都没有参透。

（3）本文所讲的未来趋势，建议认真看看。

这里插一句我的老话：创业，看似是在冒险，其实是在控制风险。如果你理解了这句话，前面的观点你就很好理解了。我建议你，认真思考此观点，或许你就会醍醐灌顶。接下来我们聊聊为什么要做个人 IP，以及做好个人 IP 的心得和方法论。

这个回答案例，前面一两天的时候大概不到 100 个点赞。刚开始我认为这篇分享也就百来个赞就会石沉大海。但过了两天后，突然我发现超过了 200 个赞。然后预感告诉我，这篇文章马上会成为千赞爆款。果然，在我写这章的时候已经超过了 1 200 个赞。事后，我总结了一下这篇回答的写作结构，就是典型的“结论先行”的知乎写作结构。

如何写出“结论先行”的结构?

第一步，先抛出自己的观点。这个观点最好是与众不同的或与提问内容完全相反的一个结论。选择直接抛出观点的好处是，提前说出了用户最想看到的内容，对这个话题感兴趣的用户一定会点击进来。

第二步，马上给出理由告诉用户为什么是这个结论？普通人是如何做的（通常做得都不太对），他们的结果是怎样的？正确的方法又是怎样的?

第三步，懂了这个观点或思维之后，可以对自己的生活、工作有哪些帮助？应该如何去做?

2. 故事开局

故事开局的完整结构：先说故事，再说结论，后给方法。直接来说，就是通过一个故事或一个场景先吸引用户，再给出自己的观点、结论，或者是一个具有权威性的实验和观点，最后告诉用户应该如何做。

下面来看一个知乎作者的高赞案例：

先来看电影《三傻大闹宝莱坞》中的一个场景：在工程学课上，老师问了学生们一个问题：什么是机械装置？主演阿米尔汗回答道：能省力的就是机械装置，今天很热，按下风扇阵阵凉风，风扇就是机械装置。学习的过程就是连接。阿米尔汗通过将知识点与生活中的各种现象连接在一起进行学习。通俗易懂，并且让人印象深刻。可老师对这样的回答竟然嗤之以鼻。

老师反问道：考试你也这样？然后继续问一个“好学生”。好学生回答道：“老师，机械装置是实物构建的组合。各部分有确定的相对应运动。借此能量和动量相互转换，就像螺丝钉和螺帽，或者杠杆围绕支点转动，还有滑轮的枢纽之类的，尤其是构造多少有点复杂，包括活动部件的组成或者简单的机械零件。比如滚轮、齿轮等。”

这位好同学，将机械装置的定义熟练地背诵了下来，并获得了老师一个大大的赞。为什么会这样？这是因为这位老师和好学生的思维状态还处在“零维”的状态。这是什么意思？所谓零维的思考方式就是点状思维。

这就是典型的故事开局，先通过电影中的场景，让大家进入“角色”。通过这个电影的片段，再总结出一个结论（案例中的“零维”状态）。并且告诉大家为什么会是这样的原因。然后再由“零维状态”引出另外一个接触，告诉大家如何摆脱零维状态。

如何写出“故事开局”的结构？

第一步，先用一个故事、一个问题、一个场景作为开场吸引读者阅读，将读者引入到具体的场景之中。一个好的故事有着天然的吸引力。以下这些知乎常见的例子可以给到你灵感：

为了回答这个问题，我想邀请你回答一个问题。

成为演讲高手的三个阶段，看看你处于哪一个？

先给你看一个 ×× 电影中的片段。

第二步，通过这个故事或场景得出了什么样的结论，告诉大家为什么会这样。顺便可以引用一个权威性的观点或者理论，同时为了让大家更好理解，再用大白话解释一遍。这一步核心是为了给用户制造启发感，让用户看了之后产生“怪不得，原来是这样！”的感慨。

第三步，再由此深入引出一个更高层次的观点，让大家发现“新大陆”，然后针对这个观点再深度地讲一下原理和方法论，给出具体的步骤去解决问题。

3．指出误区

指出误区的完整结构：先设场景，再说误区，后给方法。为什么指出别人的误区很重要？比起努力，人们更怕的是自己在不正确的方向上努力。

再回看一下前面的案例，看看“指出误区”的结构如何运用。

案例：你的收入只有 5 000 多元，怎么改变？我们先来进入一个场景：酒吧的青岛啤酒卖 50 元一瓶，德国黑啤 100 元一瓶。假如你有 50 元去酒吧消费，你只能选青岛啤酒；假如你有 100 元，你既可以选德国黑啤又可以选青岛啤酒。所以“钱是选择权”。

那么你为什么没有钱呢？答案显而易见：就是你给人家提供的选择权少，或者干脆没有。

所以，如果想赚更多的钱，我们就要给别人提供更多的选择权，用你提供的选择权去换取别人的钱。那么，根据个体的情况应该怎么提供更多的选择权？很简单，像经营一家公司一样去经营自己，做好自己的 CEO。

如何写出“指出误区”的结构?

第一步，指出别人的误区，或直接用逆向思维否定其观点。如刷到这篇文章的用户看到这样的观点神经立马就会紧张起来，想看看你到底会说些什么。比如有人会在文章开头说“实名反对高赞回答”。

第二步，会提出一个新的观点，告诉大家这个观点意味着什么，并且这个观点往往与其他观点是对立的。顺便还会列举一些比较有说服力的案例。比如，很多优秀的职场精英、很多成功大佬的表现都论证了这个观点。

第三步，再升级一下自己的高度，重新再来论证自己的观点，让读者觉得这个观点非常有道理，而且知道如何选择。

事实上，这是一个深度思考的路径。不仅仅可以用于知乎写作，甚至在演讲和短视频领域也有奇效。

关于写作的技巧非常多，以上所讲的写作结构，本质上都离不开前面所讲的用户阅读文章的路径。

你发现了吗？以上所讲的核心无非是：观点、结构、方法，再加上一些自己的真实感受、经历和结果等。前面我们有说明：打开知乎的用户，大多数时候是遇到了问题而需求解决方案。提供解决方案的获得感越强，用户的认同度就越高。

写一篇文章就像是做个导游，你要做的就是如何愉悦地带游客去到风景区。先有一个方向，然后有达到方向的路径，还要有路上需要的工具，最后沿途还要有让游客流连忘返的风景。同样道理，文章要先有一个观点支撑整篇文章，然后用通俗易懂的结构传递给用户，再用科学的事实或方法论让用户吸收你的观点，最后用数据、经历对文章进行润色。

抛开这些条条框框，写作最重要的是做好自己的同时，用通俗易懂的方式传递你的思想和价值。也就是说，你认为读者怎样更容易读懂，就如何去表达，形成一种自己的风格。

（四）爆款内容的延伸

2020 年腾讯重磅推出了视频号，而“微信之父”张小龙在发布会上称：希望将视频号打造成人人都可以创作的平台。于是有一些做短视频培训的自媒体开始过度强调短视频的重要性。

我当时在公众号发表了一篇关于视频号运营的文章，其中说：张小龙说希望打造成人人可创作的平台，这对于普通人来说是好事，也不算是好事。我们要明白一个事实：人人都可以创作的平台，和人人都有结果的平台是两个不同的概念。换句话说，如果门槛太低了，也未必会是有利的事情（发视频的人比看视频的人还多，谁来看呢）。

互联网时代，最多的其实就是信息。每天会产生大量的文章、视频、音频等，用户的注意力变得非常稀缺。几乎每个人都关注了几十个公众号，刷不完有趣的视频，看不完的群聊信息。

所以，做自媒体如何让大家在海量信息之中发现你，自然也就变得很重要。因此，最好的方式就是做出“独家感”。比如你的文章观点、视角很独特，你的文章是实实在在的干货，不仅写得通俗易懂，还能给大家带来启发；再如你的视频很有趣，能给大家带去某种快乐；又如你的声音很好听，让人听了还想听。

也就是说，所谓的内容不一定就是干货，而是你能给受众带去他们想要的价值。

你知道他们需要什么，然后用他们喜欢的方式满足，给予独特的价值体验。比如你很理解他们，说出了一些他们想说的话，用户在你这儿找到了共鸣。

比如我有一个朋友，公众号写的也不是干货，朋友圈写的也不是干货，不是卖产品的广告，就是一些日常的创业记录，但是就是能卖货，就是有人付费找她聊天。因为人家觉得她很有能量。所以，未来做好内容是自媒体的标配。而做好内容的关键在于有没有“独家感”。你必须对你的目标群体非常了解，才能创作出有独特价值的好内容，做好自媒体。

什么是独特呢？我们每个人其实都是一个独特的个体，有着自己独特的个性、思想与经历。你唯一需要做的就是：将你的独特性传递给你的用户，仅此而已。

引流

如何在知乎批量式引流

引流：最高明的引流方式，是埋伏于潜在用户的必经之路。

一、如何在知乎快速获得流量

了解完了底层逻辑之后，接着再来分享一个大家最关心的问题：到底应该怎样在知乎获得大流量呢?

实际上，引流没有捷径可走，唯一的路径就是：用心创作优质内容，找到潜力问题，获得高赞。当你有了几个高赞回答之后（一般是一千赞以上），就非常容易实现引流。

知乎的长尾效应非常明显，哪怕你的回答写了几个月，甚至几年，很多问题都依然还有用户在关注。如果你写出了高赞回答，就会一直出现在前几名，等于是一块免费的广告牌，为你源源不断地带来流量。

因此，前面所讲的每个内容都是环环相扣。在这里，我也为大家介绍一下知乎的三大流量池，帮助你认识知乎流量。当你了解了知乎的三大流量池，再结合前面所讲的选题锦囊、创作方法等环节，就能大大增加写出爆款回答的概率。

（一）重新认识引流板块

1．关注页面

相信正在阅读本书的很多读者对知乎的页面应该也不陌生，因为有非常多的读者都是从知乎了解到我的。知乎的重大流量板块，主要有三个页面：关注、推荐和热榜。

关注页面，几乎就是属于内容创作者的一个私域。也就是说，你在知乎所有关注的人，他们更新了文章和动态，都会出现在这个页面。

如果你有一定的关注粉丝，你更新了内容之后，他们几乎就能第一时间查看到你的最新动态。所以在分享的时候，要记得选择推送给自己的读者，这一点在发布的时候，系统会提示。

同时，这个页面非常适合关注同行的更新动态，要特别留意大号的动作，看看他们最近回答了哪些问题，然后紧跟其步伐。你要相信大号的选题水平一般不会差，而且有时候可以带动一个话题的热度。

大号所选择的问题非常具有参考价值，从中选出那些关注人数多、浏览量大，但回答数量却不高的问题。关注大号后，当你挖掘一些问题时，系统将会出现这样的提示“他们也关注了该问题”。越多大号关注的问题，也证明这个问题潜力越大。

2．推荐页面

知乎的推荐页面，是知乎系统根据用户的阅读习惯、关注话题而进行千人千面分发的一个流量池。也就是说，你平时喜欢阅读一些什么内容，系统就会给你推荐相应的内容。这一点，跟抖音的推荐大同小异。

我建议大家多关注自己领域的话题，同时多刷所在领域的问题，我有很多高赞的回答都是在推荐页面流量池抓住的。

当你看到一个适合自己领域的话题，应该马上点进去，然后根据前面的选题锦囊所讲的方法进行快速判断和筛选。

热榜虽好，但我更建议前期将大部分精力花在“推荐页面”，而不是“热榜页面”。因为前期创作能力有限，而且在知乎的网感还有待提升。我个人比较建议做高概率的事情，而不是低概率的事情。用我经常说的一句话就是：我们要远离难题。

而操作推荐页面问题的核心，其实就是前面所讲的选题锦囊。根据那些选题的方法与原则选出好问题，根据选题创作出优质内容就能轻松抓住推荐页面流量池。

3. 热榜页面

当我们进入知乎首页，在顶部会看到菜单栏有个“热榜”的选项。点击进入，就可以看到一系列标着数字排序的热点问题，这个就是知乎的热榜。

注意，这是知乎最大的流量池。只要是知乎的注册用户，就有可能点击热榜页面的问题。也就是说，热榜跟推荐有所不同，热榜是属于知乎全网的流量，大概每个问题的曝光率会在 10 万～1 000 万。

热榜页面，是我们应该重点关注的流量池，最好是先从热榜页面进行选择性地回答。当然，推荐页面的问题也不错，只是没有热榜的流量大。

（二）知乎热榜的实用方法

说到这里，我猜有读者可能会有疑问：既然是热榜，就意味着整个知乎的用户都在关注，自己去答题分享，会不会竞争不过别人？这个问题不需要担心，前面我们已经介绍过：新手与大号最大的不同就是，大号是有一个初始用户的积累。

比如大号回答了同样的一个问题，他的回答可能会排在前十名，而你的回答可能会在几百名之后。尽管如此，你不必担心。前面已经介绍过，如果大号的内容不受用户的喜欢，系统也不会给大号太多的流量。一般半小时左右，如果没有用户积极反馈，比如点赞、收藏、评论的量很少，大号的排名也是会排在后面的。

系统会不断地推送热榜话题到用户的推荐页面，并且筛选质量、互动方面比较好的内容，进行一个流量分发。也就是说，这时相当于打乱了排名，也就没有什么所谓的初始排名。

所以，在知乎上做内容营销，内容就已经决定了一切。只要你的内容足够好，或有独特性，就会有足够的竞争力。完全不需要考虑竞争的问题，只要有合适的问题就积极去分享。知乎给了所有人机会。

并且，知乎热榜还有一个特点：24 小时内比较火的话题，如果在 30 天内没有上过热榜，那么这个问题就会有机会登上热榜。一旦问题上了热榜之后，流量的增长速度是推荐页面无法相提并论的。而且经过我们长期观察发现：很多有长期热度的问题，一旦放长时间来看，大概率会再次上热榜。这些规律就是知乎的算法机制所决定的，非常有利于你的答案多次获得高曝光量。

所以，不论你是做什么行业的，教育、创业、减肥、情感等，你都会有机会在热榜上找到适合自己的问题。只要你回答的问题上了热榜，自然就会比一般的问题获得更大的曝光量。

其中，好多热点问题，放长时间来看，比如半年、一年以内可能会重复上热榜。不要问为什么，这是知乎的算法机制决定的。这就非常有利于你的答案多次获得高曝光量。

还有一个最关键点是：这些问题很多并不是当下的时事热点，而是诸如上面提到的“如何长时间高效学习？”之类的持久性热度话题。

你可能会问，怎么样才能上热榜？

并没有百分百准确的方法可以预测哪个问题哪个时间会登上热榜。这就像创业者做项目一样，永远无法预测哪个项目一定会成功。唯一的办法就是：在热榜中选择适合的问题回答，就一定是热榜问题。

所以，只要你的回答赶在它刚好上热榜的时候，或者上热榜中途的时候，你基本都还有半天到一天的大曝光时间。如果你的回答质量足够好，能够在热榜上被置顶，有这么半天或者一天的高曝光，也能抵你好几天的运营。

尽管如此，却有一定的规律可以参考：30 天内没有上过热榜；24 小时内的综合数据；参考微博的热搜话题。

首先从数据方面分析，30 天内没有登上过热榜的问题，会有机会登上热榜。如果 30 天内已经上过热榜，几乎就不可能再出现在热榜。可以通过“问题日志”来查看该问题近期是否登上过热榜。在每个问题的右上角，可以查看问题日志。

而热榜上面的所有问题，都是 24 小时之内实时更新，也就是说，它存在于热榜的时间最多只会保持 24 小时。在 24 小时之内，系统会根据浏览量、回答量、关注量，以及一些权重高的大号和专业加权（相关专业人士参与了回答）等因素，通过一个综合的计算来判断该问题在这个 24 小时内的一个热度，最终依此排序。

从内容角度来分析，也有一定的规律提供给创作者参考。知乎，相比其他及时性的社交和信息平台来说，存在滞后效应。比如百度热榜和微博热搜，你会发现在微博热搜上的一些话题，很可能就会出现在知乎的热榜。所以可以多关注微博的热搜话题，进行提前布局。这也是提升网感的一个重要方式。

阅读到这里，你可能会有疑问：如何知道它是什么时候上的热榜，会不会很快下榜了呢？

非常简单。在知乎的每个问题右上方点击“…”，有一个“查看问题日志”的选项，点击进去就可以看到这个问题的所有历史记录。从知乎管理员锁定问题编辑的时间节点就可以判断：问题上热榜的时间点、什么时间段上过热榜、上过几次热榜等。

点开后，如下图中的这个问题上热榜的时间就是知乎管理员锁定问题编辑的时间节点。比如图中的这个问题，查看问题日志后会发现多次上过热榜，这是一个非常重要的信号：能多次登上知乎热榜，意味着这个问题非常受知乎用户的喜爱。

回答热榜问题有以下四个要点。

（1）兵贵神速

回答热点问题的速度一定要快。因为热榜问题是 24 小时实时更新，属于即时性的话题。你今天看好的热榜问题，明天就不会再出现在知乎热榜。而且如果回答的速度太慢，要花一天才写好，那很可能你刚发上去，问题就已经下榜了。

当然，所谓的快一定是建立在保证答案质量的基础之上。

这里可以分享一个小秘密：如果速度不够快，我建议可以先分享一部分内容，然后开启追更模式。

（2）筛选问题

如果有可能，尽量选择排名在中间的问题来作为主攻（一般是热榜上排名在 20 到 40 名区间的问题）。如果排名太靠前，问题的热度太高，你的回答不一定能排到前面。而排名太靠后，热度相对来说又比较低，都不利于最大限度曝光。

当然，这个并不是绝对的。假如以上的问题区间都没有你能回答的问题，而在尾部又恰好有一个正合适，那也总比一个都没有强。所以，这只是一个优先级的建议，并不是要死板遵循。

同时也存在另外一种情况，我们前面说过：热榜上面的问题是 24 小时根据综合数据而排名。所以有时候也可以选择一些排名比较靠后，且关注数、回答数相对来说比较少的问题，因为这样的问题往往是刚登上热榜，还会有一个较大的上升空间，可能在回答完之后，排名会突然升上去。

相反，如果一些问题排名比较靠后，且关注量、回答量等数据非常高，这类问题大概率是在热榜上热度已经降下来的问题。可能在回答完之后，已经被淘汰出局（长期有热度的话题除外）。这些后劲不足的问题，往往不如处于上升期的问题。

所谓“兵无常势，水无常形”，以上所讲核心都是在告诉我们，一定要学会因地制宜，而不是墨守成规。

（3）上下兼容

话题方向的选择上，不要局限。有些人会认为自己的领域太小众，没有太多的问题可供选择。事实上，如果有这样的情况，应该学会“上下兼容”，扩大自己所在领域的兼容属性。

举个例子。

有一位卖海螃蟹的商家，如果只是在知乎上分享“如何吃螃蟹、如何选螃蟹”之类的内容，那的确不会有太多的问题可以选择。但他并没有局限在螃蟹这个话题，他发现很多人对如何吃螃蟹存在一些误区。

于是在知乎上就回答了一些相关问题，比如搜索“秘密、常识”等关键词，然后就会出来一些问题，而且这类问题的关注量往往都特别大，并且具备长期热度的属性，比如：

“有哪些圈子里才会知道的小秘密”；

“有哪些内行人才知道的省钱方法”；

“有哪些错误的常识”。

比如你的主打领域是旅游类话题。“哪些细节可以体现女生的气质和品位？”这个话题，看似与旅游无关，但是只要你切入角度选得好，一样可以把它变成你这个领域的话题。

比如，你可从“游览异国风景、领略异国文化时，体现女生气质和品位的十个细节”切入来写这个回答。不仅不违和，相反，还显得你非常有文化底蕴，有高度。

如此，你完全不愁找不到热榜问题来回答。

（4）选对热点

尽可能选择那些人们长期关注的热点话题来进行回答。知乎热榜上面，有好多类似公众号一样的实时性热点，或者周期性话题。这类热点尽量避免。前面就说过，这种话题因为热度一过，后续的曝光就很乏力。

所以，我们可以尽可能地选择那种不受时间影响的、能持久被关注的热点话题来回答，就会有机会多次上热榜。即便后面不上热榜了，因为话题本身热度持久，后续曝光也不会有太大的影响。

这样，就最大限度利用知乎平台给予的曝光机会。

（三）引流板块的延伸

在知乎引流板块有很多，前面提到的只是三个比较重要的。比如知乎上推出的“圈子”功能，刚开始推出的时候流量也比较大。但不论是哪个板块，核心的引流逻辑永远都不会变：你提供了什么价值。

我们要做的就是先打穿打透一种渠道，然后用一个点带动另外一个点。比如你擅长知乎，你就死磕把知乎的免费流量跑通。知乎运营好了，再去带动今日头条。或者是知乎起来了，再去带动短视频，在全网建立起内容矩阵。

所以，高阶高质量的引流，一定是价值引流，一定是重复一个有效的方式。任何粗劣的方式，只能引流来粗劣的关注。只有优雅的方式、长期的内容，才能够吸引来真正优质的流量。

这个世界上，有人在傻傻地埋头苦干，“不想麻烦别人”。事实上，我认为这是错误的方式。

因为好的资源，好的人际关系，往往都是“麻烦”出来的。一个过于害怕麻烦别人的人，往往是因为内心担心欠别人的人情且还不起这份人情。

1. 重新认识借力思维

主动出击，伯乐不是自己出现的。如果你看过三国，你一定有这样的发现：一些满腹经纶的能人志士都渴望投靠一个明主，好让自己的才华得以施展。

因为他们知道，一个好的主公就像是一个巨大的势能，借助他们的力量可以成就一番事业。所以，你仅投资了自己还不足以实现财务自由，你还要具备变现能力，而具备变现能力一定要善于借势，让优秀的人为你赋能。

也就是说，你要懂得利用别人的力量，借助优秀的人的力量，甚至善于借助大咖的力量。所有的成功者基本上都是找到了“借势”这把钥匙，顺势而为才可以做大事。自己的努力、勤奋和聪明相对势能来说，其实都非常渺小。

在知乎上做内容营销，想要更好地引流变现，其实也必须要学会借势。通过前面的学习，你已经掌握了知乎的一些核心方法论。当你写了一篇回答之后，如果能借助某种力量帮助你启动，那么就会像滚雪球一样，越滚越大。

2. 借力思维的实用方法

具体应该如何借势？我总结了一下，在知乎上主要有三个方式可以为我们所用，分别是：借平台、借大咖、借自己。

（1）借平台

想象一下：你参加过付费社群吗？

在互联网的圈子中，有不少人是通过混社群的方式进行引流。假如你也想通过社群引流，想借助别人的流量池获取自己的精准用户，首先你要学会多抛头露面，让社群成员和群主发现你。最重要的是你要有规则思维：配合群主，帮助他完成目标后再达到自己的目的。

同样道理：如果我们想借力平台的流量扶持，一定要学会借助知乎的官方力量。每个平台都会经常组织一些活动。你唯一需要做的就是：积极参与官方组织的活动，创作好的内容。

知乎的官方活动主要有以下几种：

比如，知乎推出了图文短视频和直播计划，我就是受益者之一。通过将我原来的文章直接转成短视频，不仅新增加了一些曝光，还有一部分短视频创作的收益（知乎的激励计划，短视频播放量越高，收益越高）。

知友计划：知乎近两年推出了一个“知友计划”，新人只要连续创作内容，就有机会登上“知友墙”。登上知友墙之后，意味着知乎官方会将你推荐给新注册的潜在用户。你要知道，知乎每年的注册用户都在快速增长。特别是 2021 年是知乎十周年，知乎已经宣布上市。

知乎好物推荐：这是知乎近两年推出的一个带货功能，也是知乎给普通人最直接的一种变现方式。内容创作者可以直接在文章中植入产品并获得佣金。同样的道理，我们可以借力官方的活动。最重要的是在知乎搜索并关注“知乎好物推荐”，这是知乎官方账号。当推出新活动时都会第一时间推送。参与官方的活动，不仅会有流量扶持，还会有瓜分奖金的机会。同时，知乎还会推送一些知乎好物做得比较好的内容创作者。

除了可以借助知乎，我们还可以借助外部平台，比如借助百度的搜索流量（在百度搜索相关领域关键词，回答收录的相关知乎话题）。

（2）借大咖

经常刷知乎的人会发现一个有趣的现象：在一些点赞数比较高的回答里有这样

一句话，“这是哪个大 V 给我点赞了吗？”

这句话透露出一个很重要的信息：知乎大 V 的点赞权重是很高的（这点权重提升章节我们讲过）。他们给你点个赞，带来的是更多流量的曝光。而借大咖也有很多种方式。

比如有时候我打开知乎，经常会看见一些人邀请我回答问题，有的人甚至连续邀请我回答好几个问题。开始我并没有在意，觉得可能只是在该领域有所疑惑，希望我能够给出回答。后来我仔细一想，似乎发现了新大陆。

你看到了什么？

我有些不敢想象，假如我接受了对方的邀请，那么在回答页面就会显示出一个对方账号的名字。这时，只要点击对方的名字，就能够直达对方的知乎主页。也就是说，相当于他通过邀请我回答的方式，让我免费帮他打了一次广告。当然，对方也许意不在此。

但你要知道，假如你邀请的对象，如果有一万个人关注，就相当于免费得到了几乎一万次的曝光；如果对方有十万个人关注，就相当于免费得到了十万次的曝光。这难道不是一个极佳的免费广告位吗？

除此之外，你还可以用前面提到的邀请大咖来帮助你点赞的方法，这也是一种快速获得流量的方式。我有一位朋友并没有怎么用心运营知乎，前期分享的内容大多数都是个位数的点赞，甚至有些一个赞都没有。

后来，他邀请一位已经是知乎大号的朋友帮忙，点赞短时间内就突破了 7 000，关注人数涨了将近 700，这就是知乎的算法机制。大号的点赞不仅可以让他的粉丝看到，还能提高你的回答排名，拥有被更多人看见的机会。

再举个例子。假设你加入了一个社群，而创始人正好是知乎大号。其实你可以通过各种方式，让他成为你的贵人。可以发展为合作关系，也可以成为他的优秀学员。当你成为他的优秀学员之后，相信我，他会很乐意帮助你。所谓他人的成功，就是自己的成功。没有人会拒绝打造一个优秀又成功的学员案例的机会。

有很多人认为自己只是一个无名小卒，没有资源，没有背景，也没有什么能拿得出手的技能，不知道如何才能与那些大咖产生合作。事实上并非如此。很多人不仅低估了自己的技能，甚至根本没有“抱大腿”的意识。

举个例子。我有一次在超级个体特训营，一位学员是平面设计师，她帮我设计了一张海报。然后有学员开玩笑地说：“海报设计得不错，老师应该发个红包。”当时我们正在讲如何做好转化的课程。

我提了这样一个观点：红包只是一件小事情，我觉得大家更应该关注事情背后会带来什么。如果我用了这张海报会发生什么呢？我想至少可以这样做，以后在个人介绍的信息中可以加上一句：知乎大 V 首席设计师。假如真的懂了这个逻辑，我想需要做的应该是如何想方设法让我使用这张海报，并争取获得我的推荐。

（3）借自己

所谓借自己，就是一定要学会在文章的结尾，留下你的“文章矩阵”，通过文带文的方式，让用户体验你的产品，进一步了解你从而实现转化。

没错，我在知乎的每一篇分享，都会采用文章矩阵的方式。很多读者反馈，这种文带文的方式实在太有魔力了，看了你的一篇文章之后，根本停不下来，连续阅读了好几篇文章。

为什么我建议你要建立文章矩阵？也许用户看了你的第一篇文章不感兴趣，可能看了第二篇就对你产生了兴趣，最终决定在你的主页点下“关注”的按钮，想要一直关注你的更新。

这类方式，如果用好了就像是一条增强路径正循环。有人看了你的一篇文章，再看你矩阵里的其他文章，然后对你的文章进行点赞、评论，最终提升排名。

核心在于你所展示的文章矩阵，一定要是精心创作的内容。这些文章就相当于“体验产品”，当用户体验之后感到满意，关注你是一件非常简单的事情。相信你应该听过一些平台上的试听课，之后再正式购买该课程。而你的文章矩阵，也应该像试听课一样精心设计。

3．借力思维的延伸

不难发现，在我们身边有非常多可以借力的地方。比如我有一位学员，通过在他人的文章或回答下，发表优质的评论，为自己带来了大量的精准流量。甚至有的人专门通过在一些平台发表优质评论获取流量，也是一种极其有效的引流方式。

有的人借势，往往只会利用他人的不好意思，或者是利用对方的恻隐之心。而真正的借势，一定是选择互相成就。换句话说，真正的借势是在双方的目标之间找到一个共同点，既有利于帮助对方去实现目标，也利于达到自己的目的。

所谓人际关系，往往是那些你能帮助到的人，而不是能帮你的人。所以，与其说是“借”，倒不如说是“换”。

二、引流设计

在知乎上实现大量引流，最重要的是写出高赞的回答，一般千赞以上都属于高赞回答。相信我，当你有了那么几篇高赞回答之后，后续就会有源源不断的流量进入你的流量池，注意前面所讲的长尾效应。

以我在知乎的引流为例，现在我的公众号和朋友圈，每天都有大量的读者前来关注。有些读者是因为看了我一两年前的分享而关注我的。试问：还有哪个平台创作完内容之后，可以长时间保持热度，得到有效沉淀的？恐怕只有知乎。这一点，哪怕是微信公众号也无法相提并论。微信公众号发布一篇文章之后，一般有效期只有三天左右。三天之后，不论是阅读量还是转发量都会大量减少。

遗憾的是：由于很多人没有设计好引流的流程，导致浪费了大量的流量。所以，在每一个细微的环节，我们都尽可能地设计好引流动作。很多时候营销都是在做细节，而不是所谓的“一招制胜”。

（一）重新认识引流设计

我经过大量观察发现，许多的内容创作者辛辛苦苦创作出内容之后，并没有给出具体明确的行动指令（注意这里的关键词：行动指令）。你会发现很多人在做营销活动的时候，并没有特意去设计这一步。

比如有些人在做视频号的时候，一直在傻傻地拍，既没有设计好诱饵，也没有引导用户去关注自己。这样做的一个很大的缺点就是，万一你哪个视频突然火爆了，你会浪费大量的流量。

行动指令有多重要?

现在，请打开你手机里的淘宝，打开京东商城，打开美团外卖。然后你随意点开一个产品，告诉我，你发现了什么？这些平台都有一个很明显的提示：加入购物车。这个其实就是一个行动指令。加了行动指令之后，结果会大不一样。

你要知道，大多数时候人是缺少思考的。如果你没有一个明确的提示，他们就会不知道如何去做，而你也可能会因此浪费大量的流量。我猜你现在应该明白：为什么一些短视频的结尾会引导你关注，甚至会专门做一个“手势动作”引导你关注。

换句话说，引流设计的核心在于精心设计好诱饵且给出明确的行动指令。不要试图从自己的角度出发，很多时候你以为简单的东西，用户并不会这么认为。

（二）引流设计的定义和作用

阅读到这里，还记得前面所讲的触点吗？是否更加清楚了触点的作用？事实上，不仅是在打造专家形象方面，在最关键的流量环节，在每个触点，都应该认真设计好引流动作。记住，是每个触点都要精心设计。

（三）引流设计的实用方法

1. 个性签名

个性签名是知乎引流最直接的方式，也是一个非常好的引流路径。不论是潜在用户突然刷到你的分享，还是看了你的分享之后想点开主页查阅更多的分享，第一眼看到的几乎都是你的个性签名。

而且我们前面提过：知乎跟微信有一些资本上的合作，引流相对来说比较开放。基本上个性签名是属于知乎默许的一个引流位置，不论你是在个性签名上留微信公众号还是个人微信号，几乎都不会出现违规的情况。甚至你直接在个性签名上写你的微信，都没有太大的问题。你会发现一些大号都会在个性签名留下自己的公众号或者微信号。

当然，在个性签名处引流的前提是你的知乎账号已经做好了前面的工作（也就是权重和盐值的提升）。在引流的时候，我建议大家都把签名区作为引流的一个位置用好。

个性签名的引流设计结构一般是：自我介绍 + 行动指令 + 渠道路径 + 利益。

比如我自己的个性签名就是：独立营销顾问，私人微信：5630337（朋友圈每天分享商业观点）。

关于自我介绍，在前面提到的定位环节就显得非常重要。只有当你一句话能够介绍清楚时，你才能吸引精准用户关注你。如果介绍不知所云，用户也看不懂，即使看得懂，吸引来的也是一些泛流量。

2. 文章回答

前面提过：在每个触点，我们都应该精心设计好引流动作。在文章和回答中的引流设计可以分为三个部分：文中、文末以及评论区。

在刚起步的新号阶段，如果直接在文章回答中留下个人微信号，不一定符合知乎的规则（知乎对优质创作者包容度会高一些）。不过别太担心，你可以换一种方式：做好前面所讲的一些环节，然后将对你感兴趣的用户往你的知乎主页“引流”。

总之，只要你足够用心，总是能够找到解决的办法。只要你内容够好，用户也总是会想办法找到你。但是在前期，还是要给个理由，引起用户关注。

3. 文中

文中引流的这个方式，我认为也是一个非常不错的方式，而且是我一直用到的一种方式。文中引流，主要就是要承接你上下文的一个内容。要点就是我们的写文章的时候，记得一定要添加一个转折，而且转折这里的内容要和这篇文章相关联。

比如可以 @ 自己，然后告诉读者点击你的个人主页，记得给一个理由。比如我的个人主页有更多干货分享，比如第一时间查看我的更新，比如如果你对 ×× 感兴趣，欢迎看我的个性签名。又或者可以直接在文章回答中，插入之前的分享。

4. 文末

还记得前面所讲的内容营销的路径吗？标题、正文、结尾，三个环节环环相扣。结尾对于引流来说至关重要。所以我们在结尾的时候，一定要引导用户关注我们。

核心点就是给用户一个理由，让他有动力知道为什么要关注你，关注你之后用户会得到一个什么样的好处。比如文案中的“让我们成为长期关系、第一时间关注到更新”，都是一些有说服力的好处，会提升用户关注的动力。

这里透露一个小技巧，人类天然地存在强烈的好奇心，如果你在结尾的时候埋下伏笔，让人产生期待（想象一下电视剧是如何让你产生期待的），相信你的引流增长速度会比较明显。比如你可以在最后说：本人将开启追更模式，如果你对这个话题感兴趣，可以现在立即点击关注我。

或者你也可以在结尾的时候强调一下内容原创的不易，强调文章的实用价值。这样做的好处就是可以激发大家的共情心理，引导更多用户给你点赞，尤其是那些不知道应该点赞的人。如果你不提起，很多用户会认为你不需要点赞。

需要注意的是：如果是新人直接留微信号，可能会出现违规的现象。但并不是没有解决的方案，比如用图片代替（图片上显示你的微信号），一般机器人不容易检测出来。

5. 评论区

同时，也可以在评论区进行引流。用户看到一篇文章分享之后，就跟我们在淘宝上看到一个商品，会习惯性地浏览一下评论区，看看大家的评价再来决定买还是不买。

同样的现象也出现在知乎，有很大一部分人会有这样的一个习惯，就是看完一个回答之后，会习惯性浏览一下评论区，看看大家的评论。所以我们可以在知乎的评论区设计好诱饵，同时利用好知乎评论区的置顶功能。

比如，有时候我在知乎的回答火了之后，我会在评论区写上：欢迎大家围观我的朋友圈分享，私信 ××××。

在评论区设计引流的时候，切记不要过于明显，让同行有举报的机会，比如诱导行为、硬广告等违规的现象不要出现。一旦出现违规，不仅可能会导致盐值的下降，也会影响知乎对该回答的推荐。

6. 个人主页

当你吸引了潜在用户点击你的主页之后，对你感兴趣的读者，都会习惯性地翻阅你之前的分享（上一章节的借力思维，值得认真看看）。

所以，有时候你有必要在知乎上多发一些想法，设计一个诱饵，让用户自动上钩。有些创作者经常会发一些软广告内容，暗示用户关注自己的公众号或者朋友圈（比如知乎不是更新主战场、观点摘自朋友圈等）。

同时，你还可以开通一个盐选会员，然后花些心思写好一篇自己的个人经历、故事之类的文章，目的是让大家理解你。接着，你只需要在结尾处留下你的公众号，然后置顶这篇文章，就会吸引那些对你感兴趣的用户关注你。

阅读到这里，相信你也理解了为什么说引流设计的核心，最终都是围绕引流诱饵和行动指令来设计。关于这两点，以上所讲的引流设计无一例外。

（四）引流设计的延伸

知乎引流的设计，除了本身内容的“价值体验”，重点在于钩子的设计，比如说赠送的福利含金量要高，要和自己的产品有关联。关于流量设计的一些逻辑和实用经验，可以阅读前面流量相关的章节。

我必须提醒你：尽管流量是一切生意的基础，但并不意味着引流之后就万事大吉，否则你很大可能会前功尽弃。就像很多销售人员犯的错误：花费大量的时间去寻找新顾客，而对成交后的老顾客不重视。实际上，只有真正优秀的销售，才会知道老顾客的重要性。

所以，潜在用户关注你之后，你至少需要做到两点：一是精细化地运营好你的私域流量，长期地坚持，长期地出现，长期地分享价值，才更有利于后端的变现。

二是，你需要学会发动群众的力量。即使有些用户没有变现的价值，不会马上购买你的产品，也会有其他的一些价值。比如你可以赠送他们一份资料，然后提出一个小小的要求，请求他们给你的知乎文章、回答点赞。

记住：这些都是免费帮你提升曝光并引流的最好方式。

成交

如何在知乎批量式成交

成交：用户并不想要什么干货，需要的只是一个解决方案。

不能盈利的 IP ，不算是 IP 。流量来了之后如何去盈利就显得非常重要。我比较推荐做微信体系的私域流量，通过运营私域流量去实现后端的持续盈利，可以将个人品牌的价值最大化（关于私域流量如何快速变现在超级个体方法论相关章节已经具体介绍过）。

除了做私域流量外，新人在知乎上最直接的变现方式就是知乎上的“好物推荐”。因此，如果有自己产品，应该重点导流到微信。暂时没有变现产品，可以考虑做知乎好物（即使有变现产品，也可以考虑开通知乎好物作为管道收入）。

知乎好物，简单来说就是一个内容分销功能，通过创作相关产品内容实现带货。在知乎上分享的文章里面插入和主题相关的一些产品链接（这些产品以京东、淘宝和拼多多的为主），当用户通过创作者分享的链接购买的时候，就可以得到平台规定的返现佣金。

知乎好物的申请条件相对来说也比较简单。只要创作者等级在三级以上且三个月内没有违规记录（千万不要违规，违规了就只能三个月之后再次申请开通），就可以申请开通知乎好物推荐功能。关于如何提高知乎创作者的等级，可以回看一下前面章节所讲的内容。

知乎好物，我认为是一个不错的创业或副业开始。因为知乎好物的平台是京东、淘宝这样的大平台，有大平台的背书相对来说会更容易让用户下单。尤其是新人，这是一个非常好的轻创业方式。

知乎推出好物推荐功能仅一年多时间，官方经常推出活动大力扶持。这意味着每个有兴趣爱好、专业技能的人，都可以将自己的爱好和才华转化为财富，轻松开始批量变现。

一、重新认识知乎带货

在短视频和直播大行其道的今天，大多数人的注意力也集中在短视频和直播领域。所以有的人特别担心：自己做文字分享还会有人看吗？甚至一些直播培训的人会大放厥词：你们觉得用户还会从直播时代回到图文时代吗？于是越来越多的人开始见风使舵，转向短视频和直播的赛道。

或许用户的确不可能从直播时代回到图文时代，不过我一直有个核心观点：不论是短视频、直播，还是文字类的分享，我一直不建议盲目追所谓的“风口”，核心都是找到自己擅长的领域去切入，而不是哪个看似流行，就跟风去投入。在擅长的事情上坚持，在不擅长的事情上放弃。

因此，这并不是一个非此即彼的单选题，而是一个多选题。就像之前一直有“电子书会取代纸质书”“公众号不行了”的言论。如今这么多年过去了，电子书依然没有取代纸质书，短视频依然也没有取代公众号。

其次，文字与直播（或者说视频带货和知乎带货）的人群有很大不同。喜欢文字阅读的人群往往是深度阅读者，而喜欢短视频的人群往往是追求“快餐文化”，追求的是：短、平、快。

可以想一下：你在什么情况下会在知乎购买产品？又在什么情况下会在短视频平台购买产品？

几乎可以肯定的是：你在短视频和直播间购买的产品，大多数是低单价的产品，通常是在百元以内的产品，因为优惠、冲动而消费。而在知乎购买的产品，通常是因为自己不知道如何选择，需要看一些深度测评，大多数时候消费的是高单价的产品。所以核心是用户人群的不同。

按照比例来说，文字是比较容易传播的，比视频、音频、直播都容易。因为文字是主动阅读，而短视频和直播是被动观看。想象一下：如果用户愿意看你的文章，几乎就代表是有意向了。如果看都不看，也就谈不上引流。

二、知乎带货的实用方法

不论你在知乎推荐的是实物产品还是虚拟产品，分享你的专业知识和使用体验，使用“教”的方式营销，是一种能持续带来丰厚回报的营销策略，能吸引大量精准且优质的客户。

想要在知乎上变现，就不得不提到前面的观点：知乎的用户，都是遇到问题为了寻找解决方案而来。换句话来说，只有当你提供的解决方案能解决用户问题的时候，他才会有下单的欲望（记住，这是知乎好物推荐的核心）。

所以，如何做好一个参谋官呢？

你注意到我上面的用词了吗？我强调的是“欲望”，而不是马上下单。实际上，我们想让用户马上下单决定于非常多的因素，比如文案创作、支付能力、激发需求等。抛开这些因素，本质上是因为用户有了基本的信任才会选择下单，无一例外。

怎样才能让用户更信任你呢？首先在包装策划环节所讲的内容就一定要完善好，你的头像、你的个人介绍、个性签名、你的背景图都需要精心设计一番。

什么样的内容读者更愿意下单呢？除了以上所说的，在知乎推荐产品的时候要做到以下三点：真实真诚、公正客观、专业权威。用户之所以会登录知乎，需要了解的是真实的情况，只有当你做到了以上三点，才会让用户更加信任你。

（一）真实真诚

没有任何道路可以通往真诚，真诚本身就是道路。我一直坚信一个真理："发心"对了，就会吸引对的人。而且我发现一个真诚的人收获的价值远超我们的想象。

所谓"发心"，就是承诺一致。自己说了什么并不重要，重要的是自己做了什么。我曾经给我的企业客户和学员分享过一个观点：看一个人靠不靠谱，就看他自己有没有在用他所说的方法。如果一个人给你们的建议、给你们的方法，他自己都不用，这样的方法你还会用吗？

同样道理，如果一个产品你自己都没有使用过，都不认可，你觉得分享出来的东西会真实真诚吗？特别是要有产品的一些使用实拍图以及一些细致的使用体验，或者说产品细节。细节，才是真正能够打动用户的内核。回忆一下，你在微信公众号购物的时候，是不是细节打动了你而选择消费？

选择做一个真诚的人会有很多意想不到的收获。因为随着互联网信息爆炸，加上各种"月入十万、年入百万"的传奇故事经常出现在大家的视听中，愿意慢慢变富的人越来越少。作为个人品牌更应该做一股清流。

比如用户在网上购物时都是选择在淘宝、京东、拼多多这样的平台消费，但这类平台上的图片、视频都制作得非常精美，产品图片也都是精心处理的，所以或许就会有偏差。再如评论区里有时候用户并不能看到真实的情况是怎么样的。如果创作者在文章当中能够给到一个用户真实的图片，拍一些真实的效果出来，那么自然而然用户就会因为信任你而选择下单。

记住：用户要的是了解真实的情况。

投机取巧永远赚的都是小钱，而不可能赚到大钱。你隐藏真相或给出不实承诺，无法让人感受到你的真诚，就无法带给你任何东西。事实上，反而会让顾客更多疑，更无法确定是否相信你。一定要真诚，即使你的顾客不购买你的产品或服务，他大概也不会说你不真诚。

必须公正客观。你会相信一个看起来十分完美，甚至完美地让你不敢相信的产品，还是更愿意相信一个能解决问题但也许存在缺点的产品？

正如前面所说，在知乎推荐产品的时候一定要是参谋这样的角色。你要时刻记住必须是站在用户的角度考虑问题，去解决他们存在的问题，提供他们合适的产品。你不是一个单纯的卖家，你只不过是解决了他人的问题，再顺带换取了一些收益。

在写推荐文章的时候，千万不能为了成交而一味地夸大其词，夸大推荐产品的卖点和功能，甚至将产品介绍得没有任何缺点。这类王婆卖瓜自卖自夸的方式，给人的感觉太假。很可能会导致用户觉得你所有夸的东西全部都不是真的，你推荐了半天等于废话。在你提供解决方案时，请确保提供的事实准确无误。如果某个事实对顾客至关重要，请向顾客说明这个事实和依据。

一定要客观公正，实事求是。产品有什么优点与不足都应该说清楚。最后你可以真诚地说：本次推荐的产品有什么样的优点，有什么样的缺点。基于以上介绍，这类产品可能更适合哪类人使用。每个产品都有自己主打的卖点，也有一些不足。当我们把这些优缺点一一如实告知，并说明适合哪类人群。你在用户心中的形象就会大大提升。

为什么要做到公正客观？实际上，不论是营销还是销售，一个最简单、最重要的方式就是“转换角度”，也就是说你要站在客户的角度去思考问题。

听起来感觉很熟悉吧？

我举个例子大概你可能就懂了。为什么说需要站在客户角度出发？非常简单。作为消费者，最怕、最担心的是什么呢？最怕的就是在消费过程中被坑。想想我们去陌生的地方的时候，是不是同样也担心会被坑？因为我们对这里并不熟悉。所以，在销售技巧和谈话技巧制定方面，最简单、最有效的方法就是站在客户的角度思考问题。

比如你是卖车配件的，在涉及一些汽车配件如何计价的时候，一般的销售人员会想办法卖更多的配件，有时候凭着一张能说会道的嘴确实也能够成交。实际上更聪明的做法是帮客户省钱，告诉客户：在我们公司买配件相对来说会比较贵，在汽配城或者网上购买会更加划算一些。虽然原厂的配件确实会更好，但外面买的其实也可以，最重要的是能够省一笔不必要的开支。

如果你这样说，对你后面成交环节往往会非常有利，因为你是站在客户的角度去思考问题，客户自然就会放下戒备，觉得你不像其他人那样，而是为他考虑问题，后面就非常好洽谈了。

你可能会有疑问：天哪，夸自己的产品优点都卖不出去，竟然还要主动说自家产品的缺点？这怎么可能呢？

我曾经看到过一篇文章：有机构曾经做过一个关于电商的研究，发现一部分差评反而会增加购买。当时的研究显示，在电商页面，95% 的用户如果看不到一个差评，会对好评产生怀疑，从而减少购买。68% 的用户恰好因为少量的差评，才决定最终购买产品，并且相信好评。研究还发现，一般用户在电商页面只会浏览两个页面，但那些寻找差评的用户平均浏览 9 个页面——他们是真正想买东西的人，所以才一定要看到差评，了解了潜在的负面有多大，才会购买。

世界上并没有完美的产品，哪怕最好的品牌也有不足之处。如果你承诺产品全部是优点，全部是好处，消费者可能就会怀疑你所有的话。你在推荐的时候，不能将产品说得太好（好得让顾客感觉不可信）。你可以指出产品存在的小缺陷。

比如你的产品颜色比较单一，包装不精美，但使用效果好。或者，你使用的优质原料因为成本高，产品售价高等。

事实上，主动说出产品缺点的目的，其实是为了增加信任。如果想要获取用户对你的信任，就需要在适当时候反其道而行之，直接、真诚地说一些其他品牌不敢说、不愿意说或者说起来遮遮掩掩的话。只要你的产品优点超过缺点，你就可以为顾客提供一个很好的解决方案。

（二）专业权威

如果你在某个领域表现得足够专业与权威，你会更加容易获得用户的信任。人们天然地更相信专家，而不是一个观点完全经不起推敲的门外汉。

如何在内容上体现你的专业与权威呢?

长度意味着深度。经过我的观察和总结发现：抛开抖机灵之类的方式，在知乎上如果只做一些简单的分享（如几百字的文章），会比较难获得大家的认同。而一般 2 000 字以上的分享会比较容易获得高赞，用户也会觉得比较专业和有收获。所以在内容分享上遵循“长度意味着深度”的原则，会让你快速获得用户的信任。事实上你不必感到奇怪，就像消费者不知道如何判断产品价值的时候，通常会倾向于选择价格高的产品。普遍会认为：价格代表着质量。

（三）有理有据

互联网上一直流行一句话“无图无真相”，这背后也反映出了人们更愿意相信有理有据的分享。在介绍产品的时候，每种产品都有相关的使用知识，而用户在使用过程中也会存在一定的误区。我们需要做的就是用数据和理由告诉大家为什么是这样，并且提供事实和数据证明。如果有来源的话，我们尽量说一下来源，让别人觉得你的观点和数据比较靠谱，是有来源可查的。比如某个实验的结论，比如某篇文献的来源，不是娱乐八卦，而是有事实论证的。

知乎上的“丁香医生”，目前在知乎的赞同、收藏等数据均达到七位数。丁香医生之所以如此受知乎用户的欢迎，一个很重要的原因就是：每解答一个问题都会抛出相关的数据、实验等，以证明在该领域有极高的专业地位。

三、知乎带货的延伸

成交的背后是信任，无信任不成交。而信任是因为用户对你产生了安全感。比如你之前持续分享，你的真诚真实和专业权威给了用户安全感。因此我们做成交一定不能让用户感知到风险。一旦用户感到了有风险，即便你的内容分享再好，产品再优质，价格多实惠，都不会有消费者选择下单。

所以，千万不要有违规现象。比如不要为了赚钱而推荐一些价格高，但质量不过关的产品。如后续出现问题，用户一定会给负面评价且选择举报。而且大概率会被封号。即使你运气较好没有被封号，也会有禁言、盐值下降的处罚。更致命的是：用户看到你主页有违规记录会感觉到风险（这意味着你将会失去用户的信任）。

再如知乎上经常会有一些人打小广告，介绍自己的点赞、收藏等不符合知乎规定的行为。如果你为了提高曝光而买了一些虚假的数据，也有可能被知乎判定为作弊而违规。如果你想打造自己的个人品牌，就必须放弃这些自欺欺人的方式。

同时，知乎好物账号的违规处理会比普通账号更加严格，违规的处理力度也完全不一样。普通账号违规之后可能第一次会禁言一个星期或半个月，多次违规才是永久禁言。而知乎好物的账号完全没有预兆，哪怕你之前一次没有违规，违规一次可能就会给出永久禁言的处罚。

所以在知乎实现带货，最好不要违规。不要让自己的知乎账号出现污点，不要将自己花了大量精力积累的“信用”毁于一旦，得不偿失。在营销活动中，信誉就是一切。如果用户不信任你，你所做的任何事情都显得多余。

（一）选品锦囊：选品需要遵循哪些原则?

选品，是很多准备创业的人会面临的一大难题。打开知乎，你会经常看到一些问题都是在询问“如何选项目”“如何选产品”“有哪些盈利项目”等。

实际上，现在的商业环境，我认为对于普通的创业者而言，严格意义上来说并没有什么选品的说法。因为我一直有这样一个观点：先渠道，后产品。我认为，现在已经不是物质匮乏的时代，或许我们应该用逆向思维。

也就是说，首先你要考虑选择一个渠道去测试，或者是你本身就积累了属于自己的客户群体。这个时候，你想不赚钱都难。当你有了流量的时候，做什么都能赚钱；如果你没有流量，即使你有产品，可能也是徒增焦虑。

我一直在强调这样一个观点：产品，卖出去才叫钱，卖不出去叫债。当你有流量的时候，你想要卖什么都行。比如李佳琦，一个大男人也可以卖口红，其实他想卖点其他东西也会比较容易。或者在线下，当你有一个人流量不错的店铺，那也很容易的。

先渠道，后产品，这个其实并不是什么多么高明的理论，也不是多么伟大的发现。因为在这之前，其实有些人也在这么做，只是说可能没有总结，他们自己没有去总结过这些规律。

比如以前有些人做生意，或者说创业是怎么做的呢？他们首先是自己在一家公司（或者是工厂）当业务员，工作几年沉淀下来之后，当自己手上有了一批熟悉的客户、信任他的客户，然后就选择自立门户。

这样的模式是不是成功的概率就很大？相比之下，很多人花钱代理了某个项目，然后拿着产品辛辛苦苦跑去开发客户，甚至有些人在代理了产品之后，完全不知道应该如何去寻找客户。先渠道、后产品的方式的成功概率明显要更大。

所以，我人生中第四次创业，我选择的是轻资产的模式。不仅是我自己的创业案例，当我看到越来越多人通过这样的方式获得成功之后，我更加坚信：先渠道、后产品，是个体创业路上的一道强有力的保险。

比如你是卖减肥产品的，你开一场直播，讲一讲瘦身的知识，可能顺便就把产品给卖了。因为听瘦身课的人，很可能也缺瘦身产品，但是你突然说在朋友圈卖减肥产品，谁买呢？再比如说你在知乎分享一些自己的经验，感兴趣的读者可能会主动问你有没有相关产品推荐，就很容易做起来。

有人手握流量找适合自己的产品，也有人想找一些营销渠道进行尝试。可能很多人完全不知道如何正确地选择产品。下面我就分享一些创业、操盘总结的选品规律和要素，帮助你在琳琅满目的产品中，选择适合自己的。

1. 重新认识选品原则

前面提到，第一种情况是建议：先渠道、后产品的方式，或者你也可以理解为轻创业的方式。第二种情况，就是你有一个好的产品，或者说你想卖什么产品，然后去寻找这些目标群体，进行一个积累，比如你有一些手工艺品，有一项自己的核心技能。

如果你正在为选择什么样的产品而感到困惑，或者你刚接触知乎好物推荐，不知道如何选择产品，可以参考下面的一些选品原则和规律。已经在创业路上的创业者也可以当作一个参考，从而对自己的产品及时进行调整。

如何选择符合市场需求的产品？一般来说，建议遵循以下核心原则：一个底线、五个要素、四个方向，基本上就能找到合适的产品。注意：以下原则不仅仅适用于知乎好物推荐领域，同样也适用于大多数创业者需要选品的情况。

选品的第一底线：可驱动。也就是你所选择的项目，一定是你当下可以驱动的，而不是只为看着赚钱。一定要考虑资金、能力各环节，自己当下的资源能不能驱动。比如有人炒股赚钱，然后别人推荐给你，如果你不懂股票，你觉得你可能靠炒股赚钱吗？

几乎不可能。大概除了低到忽略不计的运气外，你根本就无法驱动。就像我之前发表过的一个观点，创业路上有一种常见的死法，叫作：可能你什么都做对了，但气质完全不搭。所以，底线排第一，这对创业者和营销工作者来说，都是一条生死线。

2. 蓝海选品的实用方法

选品的五个要素，建议遵循“三高两大”的原则：高复购、高利润、高单价、市场大、需求大。通常符合这些要素的产品，已经有比较成熟的市场，也就是说市场上的消费者已经不需要教育，这样的市场对产品的认知度高，比较容易推广。

关于市场大和需求大，我举个自己的例子：

2008 年，我做过阿里巴巴的销售，当时销售的是诚信通会员。也就是当时的阿里巴巴为商家提供了一个平台，商家可以将自己的产品挂到阿里巴巴的网站，然后就会有别的商家、采购人员会看到产品。但是只有商家开通了诚信通会员之后，才可以查看到那些买家的联系方式，如果没有开通就看不到。

当时的环境，在大部分城市要去做这样一件事其实是挺困难的，我在一个四五线城市销售阿里巴巴的产品。那个时候的人们对互联网的概念就是聊天室、聊QQ、打游戏。对大多数人而言，他们把互联网当作玩具，而不是工具。

导致推广互联网是有一定难度的，包括2012年我在移动互联网创业，前期推广的时候也是存在一定难度的。因为大多数人都还不知道移动互联网意味着什么。因此，我们推广成功的100多个城市，绝大多数都是集中在一二线城市。

也就是说，需求大意味着刚需。如果一个东西需求不大，会导致教育成本太高，哪怕未来很有市场，普通人也难以坚持下去。

实际上，这并不奇怪：当一个新鲜事物出现的时候，人们总是需要一个了解它的过程，毕竟对于未知的事物，人们天然地会感到恐惧。他们可能会想：怎么可能在这样一个虚拟世界交易？他们会担心自己的货款根本收不回来。

再如我在广州有一个做定制衣服的客户，他跟我分享之前创业起步阶段一直在主推羊绒衬衫。除了少数老客户，对他们的选款和推荐有一定的信任度，会选择进行加购，很少有陌生顾客询问这款衣服。

为此，他们进行了一系列促销、调价，力求回本清仓。哪怕是如此优惠的价格，成交率依然没有明显的提升。但是后来这款衣服突然有很多的消费者进店咨询购买，甚至还有成为爆款的趋势。最后，他们对一些同行和市场进行了调研，才发现原来是撞款了某个大品牌，再加上他们的价格优势，导致了这款产品成为爆款。

这件单品从卖不动到大卖的过程，我们不难看出，之前的不好卖完全是因为缺乏市场的认可。而一些大的品牌因为有成熟的客户群体和市场，所以做同款单品的推广就会容易得多，容易引起共鸣。这时候他们再做就是顺势而为，借助别人的东风随之大卖。

因此，这里有一个关于市场大和需求大的辅助要点：看着就想买、说了就能懂。如果一个产品的解释成本太高，说了半天顾客也不知道是什么东西，那可能你所选的产品就不是好的产品，不符合“市场大、需求大”的标准。

高单价、高利润、高复购，复购率的重要性不言而喻，一种没有复购的产品，对于微小创业者来说，也许并不是一个明智的选择。这里，主要介绍高单价和高利润。

去年听到朋友分享一个出租车司机的故事：一位出租车司机只接机场的长途预约订单，一个订单一百多元的价格，这位出租车司机至少可以赚 80 多元。他的爱人在家通过手机帮忙抢单，抢到之后就开始服务，接到的每个顾客都尽可能地服务好。然后，下次客户还需要用车时，自然就会想到他。

因为他的服务特别好，客户黏性很强，所以每个月轻轻松松就收入两万多元。而一般的出租车司机靠的是扫街（在大街上转，有乘客招手就服务），一个订单最多也就是几十元，扣除成本之后赚个一二十元。从早跑到晚，一天十几个小时跑下来，一个月也就收入七八千元。其中的辛苦可想而知，这样的方式想服务好每个客户，几乎是不可能的，更别幻想提升客户的黏性。

上面这个小故事里的思维方式，用于微小创业者卖货一样适合。我认为个体的核心是：用有限的精力服务优质的顾客，而不是从“好卖”的角度去考虑。如果一旦陷入了这个误区，就会想着压低价格多卖一些。

很多人在朋友圈卖货的时候，往往喜欢选择一些客单价比较低的产品，比如常见的水果、小零食、日化品等快消品。他们认为产品价格低，买的人会比较多，会比较容易销售出去。这种方式，也就是出租车司机的“扫街思维”。

大概他们没有思考过这样一个问题：这类产品往往它的利润率也是比较低的，走的是薄利多销的模式。为了获得同样的收益，你所付出的精力也会比较多。需要不停地去拓客，扩大你的朋友圈的人员基数，增加转介绍率，服务尽量多的客户，卖尽量多的货。

而一个人的时间和精力是有限的，当你的服务对象很多的时候，要么就是尽量延长服务时间，像扫街一样，一天工作 12 个小时，要么就降低花在每个人身上的时间与精力，这样客户黏性必定不能保证。当后来客户再遇到有价格更便宜的，他可能就会选择其他家。这其实就成了一个死循环，人累不说，还赚不到太多钱，被限制死了。

而如果我们选择客单价比较高的产品，虽然买的人可能会没有价格低的那么多，但是由于利润率高，获得同样收益，我们需要成交的单数就较有限。就像古董行里的一句老话：三年不开张，开张吃三年。

由于需要服务的客户人数比较少，我们可以把自身有限的精力，用来服务好一些优质的顾客，给顾客带去更好的体验，以增加客户黏性。这样的方式不仅自己轻松，赚得也多。

而且这两者之间还有一个更大的不同，就是接触的圈层不同，客单价高的客户圈层相对比较优质。这些客户，在将来都是我们的人际关系资源，在我们后期突破自己的固有圈层的时候是可以给我们助力的。这一点尤其重要。

假如你天天只知道卖低价，以后想卖高价你都卖不动。所以，选择合适的产品，不能仅着眼于眼前的利益，而要关注未来的发展，格局决定了未来。

3．选品的四个方向

选品有一个很有趣的现象：当你觉得一个产品可以大卖的时候，销量很有可能会比较一般；当你对一个产品不抱希望的时候，有时候可能会大卖。所以，选品并不能完全按照自己的主观感受。

我一直有一个观点：再厉害的人对商业活动的预测，最多也只能有六七成的把握。创业也好、选品也好，都会存在一定的盲区，只不过有一些规律可以帮助提升成功的概率。根据我总结的市场经验和规律，可以从以下四个方向入手：首选非标、模糊品类、蓝海微调、自带传播。

（1）首先考虑选非标品

为什么呢？因为如果选择标品的话，基本上都是大品牌大卖家在生产、销售，而且还有一个更重要的原因，标品的信息很容易查到。所以，选择销售标品的话，你的毛利率会特别得低，那些大卖家的销量早已经甩你几条街，你很难竞争过人家。

（2）模糊品类

如果一个产品的价格已经被定死了，大家心里都有数了，比如一个鸡蛋一元钱一个，一根充电线、一种常见的水果，这些心理价位已经被定死了，价格上很难有拉升的空间，这样的产品就不太好操作，或者说不太适合普通创业者去操作。而有些产品的价格还没有在大众心里形成共识，比如“膏药”这类产品就不属于什么标品，跟保健品一样属于模糊品类。

（3）微调蓝海

什么意思呢？就是说你要找到那些竞争不是特别激烈，但是又有一定的消费者在消费的产品，又没有被固定死价格，它就是一个蓝海的产品，你进去可操作的空间会比较大。

为什么要说微调这两个字呢？因为有些产品它的改造成本比较低，只要跟厂家联系好之后，跟厂家确认要做什么样的产品，小批量就可以开始实现定制。最终经过微调以后，生产出来的产品就可以跟市场上的产品有很大的差异，哪怕只是一点点的创新，也可以和同行的产品快速拉开差距。

消费者问：你们哪个产品好？好像长得差不多。如果你的产品有些细节和竞争对手不一样，这样消费者环节就可以说得过去。

比如一些T恤，加了几个字也属于改款产品。大家可以去淘宝搜索一下改款，就会找到很多产品，会激发更多的灵感。

（4）自带传播

有些产品消费者看完或者买完以后，它自带传播的功能。想象一下：假如你家里有块地毯很好看，地毯铺在地上显得特别有格调、特别温馨，你的朋友来家里做客的时候，很大可能就会问你，地毯哪里买的？这个时候就造成了二次传播。

还有一些产品，快递送到消费者手里的时候，他会发照片分享到朋友圈，或者是他一看到这个产品，就能够转发到朋友圈。比如点外卖的时候，发现有些外卖的包装盒经过了特别设计，让人忍不住就想发个朋友圈。

比如最近几年很火的江小白，几个年轻人一起聚餐的时候如果点了江小白，然后看到瓶身上的文案，突然感觉非常有共鸣，一般情况下都会选择发朋友圈进行分享。

还有非常多的这种自带传播的产品，大家可以多留意一下自己的朋友圈，很多时候也能带来灵感。所以在产品的选择环节最好是可以自带传播的，这样就可以增加一些流量、减少推广的成本。

我认为在移动互联网时代，如果一个产品不能让消费者自动传播，就不是一个合格的产品。正所谓“不能拍照发朋友圈的产品，通通都是半成品”。如果你选择的产品不具备传播属性，无疑是在大大浪费你的传播机会。

市场上面销售的产品无非两种：一种叫作巨头市场产品；另一种叫蚂蚁市场的产品，巨头市场就是这个市场里面已经有老大、老二、老三，绝大多数的人都买他们家的产品。比如手机，你不是买苹果就是买小米或者华为等，这几个巨头已经把整个市场都吃得差不多了，你再入场是很困难的。但蚂蚁市场就不一样，没有说客户一定要选谁的，可以选你的，也可以选他的，可能还可以两个同时选。

选品最好是选那种补缺型的产品，也就是说巨头不做由下游去做，而且变动的空间、花样很大的产品。比如手机生产出来了以后，就会有手机壳的需求，厂家自己生产的手机壳是有限的，它不会有那么多的款式，苹果官网手机壳款式就不多。这个时候就需要有一批人把它的花样做得更丰富。还有一种叫作升级新产品，也就是说刚刚说的那些升级产品可以用很低的成本做一个改良，就可以生产出有自己特色的专有产品。

当你选择好一个产品之后，如何判断一个产品有没有市场？

答案是：测试。看看有没有自然增长，有自然增长的才是好产品。也就是直接选择上线，不要做大推广和产品美化，有店铺的也不要做太多的店铺装修。在一个月时间内，你没有做任何多余的推广动作，只是在微信发了一个朋友圈，只是挂在了淘宝店铺，只是在知乎写了篇文章推荐，如果有人下单（哪怕只是一单），那么这个产品就一定有市场。

（二）选品的延伸

关于如何选品有很多细节，除了以上提到的四个方向，还有一些地方需要注意。比如在知乎好物推荐更重要的是注意销量和评价。下面三个是我们需要注意的地方。

1．销量和评价

我们每个人或多或少地都存在一定的从众心理。用户在消费的时候也有同样的心理，一般比较注重产品的销量数据和评价。如果一个产品的销量和评价都太少，会比较难出单。

2．利润与佣金

尽管利润的多少非常重要，但并不意味着在知乎好物推荐的产品佣金越高的产品越好，比如佣金达到 40% 以上的产品，一般很难出单。同时尽量不要选择那些佣金几毛几元钱的产品，努力与回报往往难以成正比。

3．选京东联盟

在选品的时候，尽量选择京东商城的产品，因为选择分销京东的商品有一个对我们来说特别有利的功能：15 天锁佣功能。也就是当用户通过分享者的推广链接点击进去之后，哪怕当时没有购买任何产品，但只要用户 15 天之内在京东购买产品就都属于你的分销成绩。

（三）带货技巧：如何让你的变现事半功倍？

仅仅知道了如何选品，最多只能让你少走弯路。不论是打造个人品牌，还是在知乎带货，本质上都是一种创业行为。而创业者在商业世界能获得成功，不能单纯地归因于某个环节，一定是多环节在协同发挥作用。

以知乎带货为例，前面的选题，以及接下来要分享的：建立选品库、布局关键词、搭建大矩阵等，都是至关重要的环节。我们只有在每个环节不断地优化与调整，才能发挥效果。

1. 选品库

实际上一些传统的线下做法，在互联网时代依然不会过时。比如客户管理系统、意向客户管理表格等。有些做法看起来非常笨重，但是十分有效。比如意向客户管理表格，可以一目了然地帮助我们梳理清楚意向客户的情况，有利于我们一步步地推进工作，直到他们成为我们的客户为止。

同样的道理，标题库、选题库、选品库这类看起来很笨拙的精细化运营方式，也是我们要重视的数据。当你建立起了一个数据库可以事半功倍。

比如想要好的题材，建立丰富的“选题库”就是非常靠谱的爆款选题写作方法，无数互联网从业者都依据这些角度写出了好文章，包括目标人群的核心痛点、普通人都关心的问题、一些永恒话题点，包括自己账号的爆款选题、热点爆款选题、竞争对手爆款选题以及各平台上的选题等，都应该收集起来。只要你的选题库素材足够丰富。相信我，真的不会缺选题，只需要思考怎么去创作。

同样的道理，当你掌握了一些选品的原则以及建立一个丰富的选品库之后，你就不会缺产品。创作优质内容是你唯一需要花大量时间去做的事情。那么，如何建立一个自己的选品库呢?

第一步，找到所在领域的同行。比如你做电视类的，可以在知乎直接搜索电视什么牌子好，找出一些排名靠前、高赞回答的创作者，看一下哪些同行在知乎好物推荐做得比较好。然后看看他们对这些问题的相关回答。看一下他们之前发布的链接，有什么样的产品都可以收集整理起来。然后建立我们的一个选品库。我们可以在京东联盟上选择出单高的一些订单，把它们整理收集起来。

第二步，建立知乎好物数据库。收集起来之后开始整理选品数据库，按品类做好产品归类，以表格的形式整洁明了地登记建立我们的选品库。比如空调、美妆、电视都分别建立一个数据库，按照产品的类别进行归类整理方便后期调用。

第三步，登记好产品重要数据。比如登记时间、产品来源于哪个电商平台、产品品牌、尺寸、价格、链接等。将一些重要的参数登记。如果有不清楚的产品参数，可以进入京东联盟查询，建立并完善好一个知乎好物选品库。需要注意的是：在登记产品链接的时候记得更换为自己的推广链接，不然你就等于是在帮同行推广。登记好之后，我们可以用上一章节的选品原则去对照一下。

实际上，这看似是一个简单的数据库，意义却一点不简单。或许很多人都不明白一个关于数据的事实：数据非常值钱。我去年在我的付费社群分享过一个重要观点：一切数据化，是必然的趋势。未来任何行业或许都会像电商后台一样数据化，才能够实现持续发展。哪怕看似低门槛的微商也会是一样的。组织与加强数据运营非常有必要，既可以预测订单数，又可以知道自己哪里出了问题，还能够知道哪里是突破口。

2. 关键词

不论是做知乎带货还是引流到私域流量，首要考虑的都是曝光量的问题。除了创作优质内容外，关键词的布局也非常重要，我们可以通过优化关键词来提高回答和文章的排名，最终获得一个比较高的曝光。

互联网用户的第一入口就是关键词，可以说关键词在互联网中扮演着非常重要的角色。或许你会对关键词感到陌生，但现在互联网上的每个平台几乎都会有一个搜索框，你对搜索关键词的行为并不会感到陌生。

现在请回忆一下：每次在电商平台上购买一个产品的时候，是不是首先会做一个关键动作：输入某个与产品相关的词，然后才是点击产品具体的详情页去了解并购买产品。举一反三，这就意味着当你掌握了所在领域的关键词，就等于掌握了用户的需求，就掌握了巨大的搜索流量。

有时候我们所在领域主关键词的竞争比较激烈，或者排名展示特别靠后，这种情况就需要从长尾关键词去入手优化。长尾关键词，简单点来说就是主关键词与非主关键词组合后能带来搜索流量的词句。比如你的主关键词是移动空调，长尾关键词可能就是：移动空调哪个品牌好、移动空调有什么优点等。这些其实都是关键词，也是用户的需求和关心的问题。而这个需求，就是互联网从业者经常说的蓝海长尾词。

核心原则是：在红海领域寻找蓝海。或许你可以理解为每个行业都存在精准流量，而我们要做的就是在那些市场需求大的领域中寻找到那些有流量的关键词。

我们如何去找到蓝海长尾词？有两种方式：百度关键词优化和知乎搜索关键词。

我们可以借助一些网站、工具筛选所在领域的关键词，通过网站提供的数据进行优化和布局，挖掘一些对于写作有用的词语以及判断该品类每天的流量有多少。

“5118 网”是其中之一。如果是做知乎好物推荐，这里再推荐一个很重要的关键词工具：“百度关键词规划师”。

百度关键词规划师的使用步骤：首先登录百度营销的官方网站注册一个账号，登录后台点击搜索推广，之后再找到“定向”进行点击，登录到百度关键词规划师的首页，点击搜索推广，再点击进入，就能进入搜索推广界面。百度关键词规划师改版之后有些难找，但只要细心点都可以找到。找到之后输入想要搜索的关键词，马上就能查询到关键词的数据以及长尾关键词有哪些。

我们以搜索家用跑步机为例：

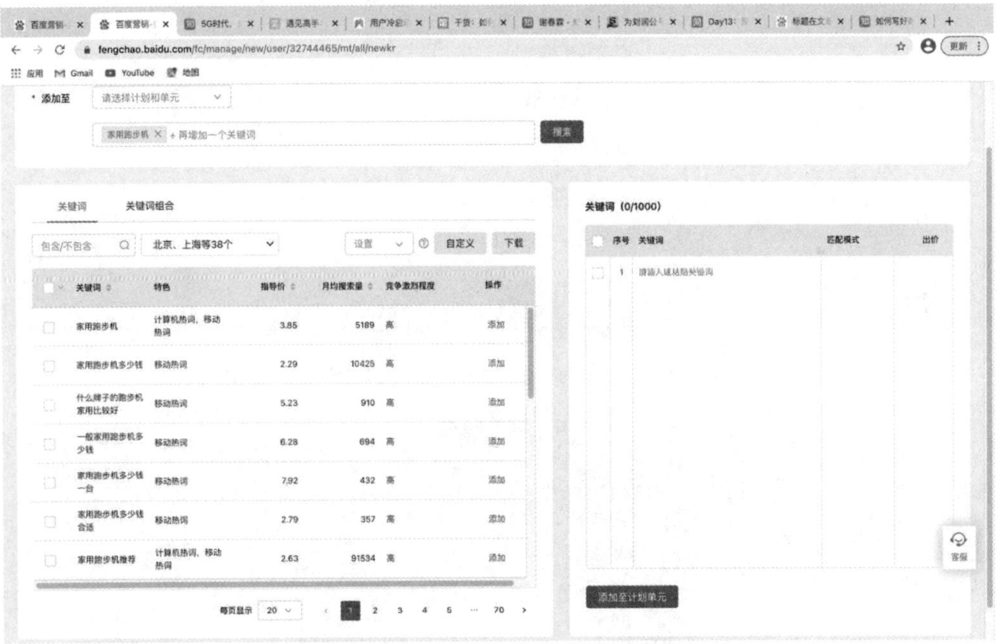

只需要通过百度关键词查询，我们很容易找到家用跑步机的一些相关长尾词，比如下图中的家用跑步机多少钱、多少钱合适、家用跑步机推荐等。这些关键词，就是跑步人群关心的一些问题和需求。

除了百度关键词规划师，可以通过知乎站内关键词的搜索来确定关键词。在选题锦囊的章节中提到过逆向选题的方法，用来优化关键词也非常合适。在知乎首页或提问的下拉框中搜索关键词，会看到一系列话题。我们只要积极去回答这些问题，然后自己的回答就可以通过搜索展示出来。

下图所示为通过知乎搜索“家用跑步机”所展示出来的一个页面，就是用户所关心的一些问题。随意点开一个问题，就可以看到排名比较靠前的一些分享，当这些分享展现出来后，用户几乎肯定会阅读排名靠前的一个内容。排名靠前的答案就可以获得一个非常高的曝光。只要在知乎对这个问题感兴趣的用户，大概率会出现在他们的视线中。

所以，学会挖掘关键词，你根本不必担心找不到长尾流量词。用户的需求会随着市场的改变而改变，永远都会有一些新的长尾词出现。而用户的需求在不同时期，也会有所不同。比如夏天的时候，电风扇搜索的人肯定多，而冬天的时候搜索的人就非常少。而你要做的就是保持更新，这样你的流量就会源源不断。

蓝海关键词，不仅可以用来帮助选品，还可以植入文章的标题。在知乎创作文章的时候，一定要记得把之前查询到的长尾词加入文章标题。比如家用跑步机，我的文章就会带有家用跑步机推荐、家用跑步机多少钱、家用跑步机品牌这些长尾词，方便带来精准流量。

在文章标题中加入关键词之后，后期只需做一些数据的维护，用户在搜索你所布局的关键词的时候，就能大概率搜索到你分享的内容，获得一个超强的曝光。知乎问答分为内部排名和外部排名两块，如果答案没热度，那么就会排到很后面；如果回答问题的人不多，那么在关键词搜索页中，这个问题就占不到前排位置。

这时可以考虑利用知乎文章来获得更高的排名。在知乎搜索页中，回答的热度算法和文章的算法不一样，重点是，文章火了更容易上前排。一些关键词中，甚至没有竞争压力，质量稍高的文章可以轻松占据第一位。

同样道理，知乎的“话题”页面，在我们搜索关键词的时候也可以看到一些相关的话题，我们也可以回答这一类问题。而且你会发现，有些点赞量比较少的文章也会出现在话题页面下的前几名。

搜索排名机制一般情况下是根据创作数据决定，有时候文章的点赞量并不是最核心的数据，反而收藏率更应该值得重视。所以，创作完内容就应该注意优化收藏量，引导用户收藏你的文章（我猜，现在你应该明白了为什么有些创作者会提示你先收藏再慢慢看）。

3. 搭矩阵

回忆一下：有很长一段时间，你打开抖音的时候，是不是经常会刷到樊登的演讲视频?

我曾经测试过一段时间的抖音变现项目，其间在抖音多次刷到关于樊登读书与演讲的一些视频。当时给我的感觉完全可以用惊骇来形容。你几乎很难想象这样的画面：如此强大的账号矩阵，几乎可以让每个抖音用户都刷到樊登的视频。

账号矩阵在互联网是一种常见的运营方式，目的是最大程度获得曝光。有人认为，所谓的账号矩阵就是批量运营一批账号，通过搬运一些内容来薅平台的羊毛。这类做法比较片面，真正的矩阵思维是可复制的高效玩法。

在知乎上做内容营销和好物推荐，其实也可以批量养号搭建矩阵。个人可能没有太多精力做强大的矩阵账号（尤其是刚接触的新人）。但是，我们完全可以另辟蹊径："用文章矩阵获得更多曝光"。

如何打造一个单品类的矩阵账号?

比如知乎上有个叫"蓝大仙人"的 IP，主要在知乎深耕电视领域。看下图中的这篇置顶文章，不论谁看到都会耳目一新。而他的这篇文章也是长时间霸占电视推荐的榜首，采用的就是 1+N 文章集合，引流之后再分流。

有的人不知道或者纠结我应该写多少篇文章，这里分享一下我自己的操作思路以及我观察到的一些比较有效的做法：

所有回答都引流到自己一篇总的文章。类似于我前面在引流设计章节强调的一样：我的每一篇回答都会用文章矩阵的方式作为曝光，而且每篇问答几乎都是固定的文章。

知乎好物推荐的账号，总文章一定要准备得大而全，介绍和解答大多数的品类相关问题，形成自动成交。而且可以在总文章的基础上增加几篇小文章，可以有不同品牌和型号，也可以有不同价位。根据自己选品进行判断，目的是单品类也能够搭建成一个大矩阵。比如“蓝大仙人”就是这样的一种模式。

每一个品类的文章目录可以植入总文章里面，当用户进来看到了之后能够更精准地引导下单。尽管中间过程中会因为跳转而损失部分流量，但是这样操作能有效地提高转化率，因为点击品类小文章的用户，都是精准用户。

比如我自己，有时候在知乎答题的时候也会不断地植入之前的文章。感兴趣的用户大概率会点击阅读，因此会拉低文章的完读率。不过在插入的文章里又可以植入大文章，继续往回导流。

4. 带货技巧的延伸

关于知乎带货需要注意的是，一定要学会提前布局。最起码提前一个星期去把文章布局出来，然后对应的回答也要找相关的话题去贴，至于直接回答引导购买还是说引流到文章，那就要根据购买意向来判断。

如何学会布局呢？

比如在重要节日提前布局是必备工作，像“天猫双 11”和“京东 6.18”这类大型的电商购物节我们就不用多说了，包括有很多的中国传统节日“清明节”“端午节”“中秋节”等，以及一些年轻人比较重视的节日“520”“七夕”，对于内容创作者来说都是增加流量的好机会，一定要提前布局抓住这样的时机。

比如消费者的需求也是会随时间、季节而变化的，冬天来了，你可以写一些“冬天送女朋友什么比较好？暖手宝、电暖气超暖心推荐”。夏天来了你可以推荐“最适合租房人群使用的移动空调”。当然了，还有全年通用的思路也可以运用，比如“2022 年送男 / 女朋友不同价位礼物超值推荐表”。

这里不得不再次提一下利用好关键词工具，比如通过百度指数，搜索关键词分析一下热度。首先打开百度指数，输入少儿编程。你会看到一个趋势图，就是最近一段时间的搜索情况，或者可以选择查看更久的。下面的图片，是我之前案例中的一张截图。

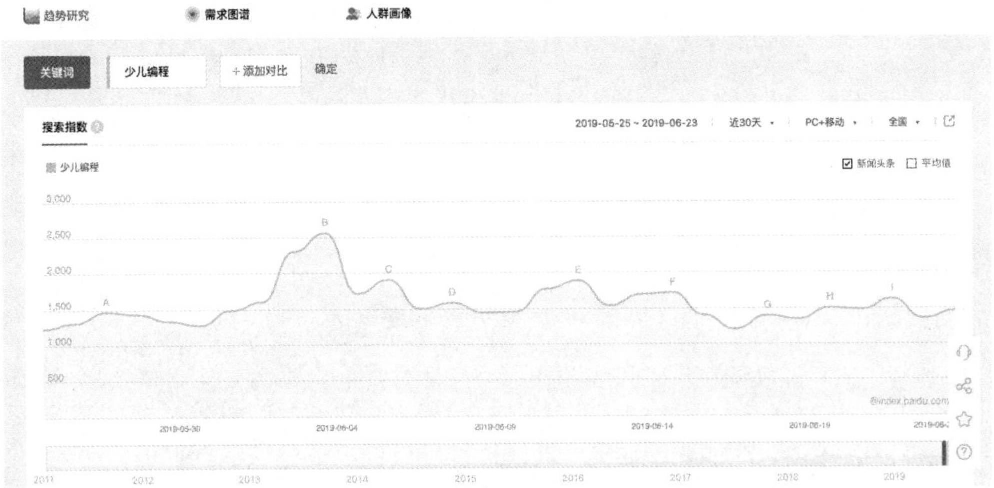

通过这张图片，你会看到什么呢？你会发现是有波动的，并且你会看到有一个搜索高峰期是在6月1日到3日。那么，当你看到这个结果的时候，你就应该去思考：为什么那个时间段会出现大量搜索呢？然后你可能就会发现：那段时间，刚好是儿童节。一些家长可能在这个时间点想起了怎么培养孩子，想要了解一下少儿培训有哪些项目。

所以，到了下次的儿童节或者是相关的节日，你是不是就可以做一些相应的准备工作。比如提前做一个推广活动的策划，或者是提前在百度做好关键词的收录，这样你可能就会比别人抢先一步提前布局，从而抢占先机。

锦囊

如何持续有效地大升级

锦囊：在拼技巧前，先拼毅力；
想走捷径之前，先去死磕。

一、升级指南：新人如何快速走出“新人区”

在知乎营销篇，需要详细讲解了规则思维、包装策划、爆款创作、批量引流和带货技巧等系统性的实用内容。除此之外，在本章我会继续分享一些实用的经验。这些宝贵的经验是你打造个人品牌路上一定会用到的锦囊，帮助你快速地走出“新人区”。

（一）对标同行：快速复制一条“成功路”

2020 年，我在视频号发布了一条短视频，内容大致如下：为什么你拍了很多条短视频还是没有火？是颜值不够吗？是内容不好吗？是不够努力吗？

都不是。很大可能是因为你一直在追求原创，你总是想着自己创新。却忽略了一个重要的事实：你想走的路，别人已经帮你铺好了。如果有一条路，已经有人提前帮你验证过，你为什么不走呢？比如别人的短视频成为爆款，那就证明是用户喜欢的内容，我们需要做的就是直接拆解并优化。

我们在互联网做营销，不仅需要知道你的精准用户在哪里，更需要知道你的同行在哪里。特别是那些有结果的同行，他们就是你的指南针。

如果你一时不知道做什么，那你一定要从模仿开始。找到一个你最喜欢的同行，或者说你最想成为的那个人去模仿，去复制执行。哪怕你知道自己该做什么，你也要对标你的同行。

如何模仿对手?

找到30个你所在领域的优秀同行，然后将他们的变现方式拆解，不需要太多，只需要拆分为三个关键动作就好。比如你做营销，那你就去找一些同行出来，看看他们每天在做些什么营销动作。他们的主要引流渠道在哪里，通过什么渠道和方式进行变现，这些核心环节都值得去研究一遍。记住：长期出现的东西一定值得好好研究。

你可以根据自己想做的行业去找，这些同行都非常好搜索。比如你玩公众号你就可以搜索公众号的关键词，你玩抖音你就在抖音搜索关键词就找到他们了。甚至你可以“百度一下”搜索自己的关键词，看看同行都在哪些平台出现。如果是他们长期出现的地方，直接跟着做就对了。当然，你还可以借助一些网站的相关数据，比如新榜、5118网之类的自媒体榜单。找到那些排名比较靠前的同行模仿他们。

记住：你所有想做的事情，你所有在做的事情，几乎都已经有人在做了。如果说成功有捷径的话，那么对标同行就是科学的捷径。相比你一个人苦苦摸索，你通过收集优秀同行变现的模式、路径和方法，然后复制、改编、优化他们实践的东西，会少走很多弯路。

举个例子。

我在选题锦囊的章节中提过：选题的时候可以看看大咖同行们在关注哪些问题。当你找到所在领域的大号回答过的问题后，不需要有任何迟疑直接开始答题。因为大号们所选择的问题非常具有参考价值。我们只需要根据选题锦囊的原则从中选出那些关注人数多、浏览量大，但回答数量却不高的问题。

关注大号后，当你在挖掘一些问题界面时，系统将会出现这样的提示“他们也关注了该问题”。越多大号关注的问题，证明这个问题潜力越大。越多大号入场作答，问题热度也将不断上升，您的回答也会被带动曝光。大号点赞的回答对推送、曝光都非常有用，排序也将受到影响。

（二）以量取胜：用量来放大成功的概率

写不出有深度的文章，怎么办？

作为一个新人，如果你在内容上做不到深度，专业上积累得也不够。我建议尝试以量取胜的方式，非常有效。以量取胜有两个层面：一个是在作品数量上；另一个是在渠道数量上。

比如在知乎上，你看到有的创作者分享的东西非常简单篇幅也不长，内容可能谈不上深度。但是已经回答了两三千个问题，也就是每天都会回答好几个问题，甚至每天坚持回答十几个问题。尽管内容谈不上有深度，但是总有那么一两句内容能获得用户的认同，这就足够了。

这样做最大的好处就是可以有更多机会获得曝光，增加曝光的概率。比如有时候你在知乎上会看到一些新人也会出现在推荐页面，正是因为这个原因（大量答题获得推荐）。同时，“以量取胜”也是一个打基础的过程，在这个过程中你不仅可以提升自己的输出能力，还能校正自己的网感。你要知道，大红大紫的背后，往往是付出了常人想象不到的努力。告诉你一个秘密：一位抖音千万粉丝级别的大号，竟然拍了整整 800 条短视频才开始走红。

总之，以量取胜可以在做的过程中提升自己。不要总觉得别人的内容很好，而自己的很差。一开始写的文章能高级到哪里去呢？哪怕是一个大号，翻出十年前的作品也未必见得有多好。如果你不经历一段“觉得自己很傻”的阶段，大概就是一直在原地踏步。

第二个方法，前期多去测一测各种渠道。比如微信公众号是你的首发平台，那也可以顺手把其他平台同步，可以用“简媒”这个工具实现多平台一键同步。比如你在知乎的文章和回答分享完之后，可以顺手一键制作成视频（知乎新推出的功能，做成短视频非常方便），既增加了一次曝光的机会，还可能会得到官方的推荐扶持。

这么做的好处是，你可以看看各个平台的数据，看看哪个平台的用户比较喜欢你的内容，之后就可以选择该平台作为主攻方向。而且还有个好处，万一你在知乎没火，在微博火了呢？就像当年我开始做个人品牌一样，在公众号封闭式地傻傻写了两年，后来把内容分享在知乎之后突然火了。

（三）冷启动：借力积累第一批种子用户

“冷启动”，简单来说就是我们积累第一批种子用户的过程。几乎每一个创业者都会经历这样一个过程。一开始运营知乎账号，作为一个知乎平台的小白用户，你没有初始粉丝的关注。这时候最快速有效的运营方式是什么样的呢？答案是“冷启动”。

1. 如何做好冷启动？

首先，最关键的是做好前面提到的“知友计划”，可以在确认好自己擅长的领域和话题之后，准备几篇干货多、有趣的内容，然后连续回答几个问题，就很大可能会登上知乎的知友推荐计划。利用好知乎的新人扶持计划，很快就可以积累自己的第一批初始用户。

其次，你只需要邀请一些好友帮助你点赞、收藏、评论，利用好知乎的推荐机制。也就是在前面章节所讲的算法机制。当你创作的内容有了读者的积极反馈，你的分享就有机会让更多的潜在用户看到，甚至心就成为爆款文章。

甚至，你可以拉一个群，在知乎创作了内容之后，直接把链接分享到群里，请大家帮你点赞、收藏等。如果说前期找不到一二十个人帮助你做冷启动，或许你可以考虑在 QQ 上搜索知乎互赞之类的关键词，会有大量这样的群存在。

不论是现在的视频号，还是过去的公众号、抖音等内容平台，都有新人会采用冷启动的方式。

当然，这种方式只是适合新人冷启动。后期最好是让人家关注你，然后通过在知乎找到你，刷到你的内容再进行点赞、收藏。

如果你内容足够优质，或许也不需要找人互动。可以考虑选择用内容强攻的方式。我个人比较推荐用这种方式，靠内容去驱动，让读者觉得有价值而关注。

2. 积累素材：如何持续地创作优质内容？

你是不是会有这样的困惑？

不论是打造个人品牌还是做内容营销，做一两次分享或写几篇文章并不是什么高难度的事情，难的是持续创作优质内容。能坚持分享一个月的人很多，能坚持分享一年的人很少，而能坚持分享三年、十年的人则会更少。

关于如何持续创作内容，大多数人的做法可能是：今天有灵感了就写，明天没有内容了就不写。

然而，内容的生产过程其实并没有那么多人想象的那么有“创意”，很多的创意都是有迹可循，遵循一定原则批量生产出来的。也就是说，内容并不是完全地依赖“突然的灵感闪现”。创意的背后都是有规律的。如果单纯地靠拍脑袋获得灵感，就好像段誉的六脉神剑一样，经常会面临失效。你必须建立自己的知识体系，让内容像一套自动循环的系统，随时可以供自己调用。

那么，如何持续地创作优质的内容？

（1）热爱的事情

你是如何看一个人能不能成一件事情？

我经常跟我的学员分享这样一个观点：我看一个人能不能做好一件事情，首先要看他的决心。当你真的有强烈的动机去做一件事情的时候，往往会不惜一切代价解决遇到的各种问题。

回想一下：你的第一次初恋，第一次追隔壁班的女孩时的状态和情景。你当时追求对方的时候付出了什么代价？我猜大多数人的情况都一样。为了能让心仪的女孩子接受自己付出了很多。你可能厚着脸皮写了一封又一封的情书，你可能为了给对方送一份礼物而省吃俭用了一个学期，甚至你可能愿意为对方做任何事情。

这就是决心。

我们说过打造个人品牌是一件长期的事情，品牌效应也并非一朝一夕能够形成的。你必须长期分享自己的观点、思想。所以找到那件让你废寝忘食的事情，找到那件让你有成就感的事情，找到那个你真正忍不住想分享的领域。热爱，是一切的基础。如果不热爱你可能无法打持久战。

所以，未来你能在哪一个领域成功，要看你在默默无闻的时光里，能在哪些事情上展现出你的小小才华。比如我原本非常不擅长讲课，但在工作的那段时间，公司要求我一周必须讲一节课，还不允许重复，我就这么被锻炼过来了，包括我做社群也是从免费的群开始做的。如果你不能在没人的时候也做，免费的时候就爱上这件事情，那么你永远无法在这个领域取得成就。

我记得张学友说过一句话：我的成功过秘诀就是我非常热爱唱歌，别人不给我钱我也唱。所以，如果你不能找到那件别人不给钱、你也愿意做的事情，你不会取得爆发性的成就。你看那些真正成功的人，哪一个不是默默无闻的时候就疯狂地沉浸其中做事。热爱的事情，就是你无条件愿意去做的事情。

如何找到自己热爱的事情？

这类问题其实非常常见，之前对于这类问题，我说的是不断地尝试，才能找到自己的方向。你只有经常走路，才知道哪条路是捷径，才知道哪条路的风景是你所喜欢的；你八大菜系都没尝过，只吃了你的家乡菜，你怎么会知道除了你的家乡菜，什么中国菜比较好吃？

但其实，通过我的观察，我发现一般总是感到迷茫的人，通常都是因为逻辑思维。逻辑思维强的人，一般不会存在迷茫的问题。如果你目前刚好有这方面的困惑，我建议你按照以下三个方法去尝试：

第一步，你为什么会迷茫？是因为不知道自己做什么比较好？还是因为自己无欲无求没有目标。首先，你肯定是要找根本原因的，稍微有点逻辑的，都知道必须层层归因。如果找不到问题，那也没办法解决问题。

第二步，找到了原因就去解决。如果你是不知道自己做什么比较好，那么你把最想做的行业、职业一一列出来。如果你连自己最想做的是什么也不知道，那就先排除你最不喜欢的行业或者职业，先列出来。

第三步，以最小的成本去尝试。你可以问别人，这个行业、这个职业怎么样。可以问所在行业的朋友，在付费群里问，也可以在百度、知乎等平台提问，只要你真想行动，一定会找到答案。因为不止你一个人对此有疑问。了解这个职业是怎么样的，看看自己喜欢不喜欢，这样又排除了一些，试错成本就比较小了。

任何事情想要做到极致，靠的是“坚持”，而坚持需要你学会“放弃完美”。如果你一直追求完美，在坚持的路上就会困难重重。

比如，假如一篇文章如果你总是想做到100分，那你准备的时间就会越久。准备越久则会想要放弃。而当你放弃完美的时候，每天分享一点点的时候，会非常有利于你的坚持。

（2）建立素材库

我遇到很多人在写文案和内容的时候，写来写去都是同样一个路径，不知道怎么样才能写出一个好文案、好内容。天天逼着自己去寻找灵感，但是脑袋好像卡壳了一样。最后难以坚持只好被迫放弃。

为什么?

一个很重要的原因就是：脑海的知识不够用了，拍脑袋也拍不出一道灵光。比如没有那么多的实战经历，平时也没有足够的积累训练，想依赖灵感却发现“灵感可遇不可求”。

实际上，灵感有时候就跟“爱情”一样，似乎人人都知道爱情是什么，但心中的那个他就是可遇不可求。

那怎么办呢？一个最重要、最有效的方式就是：建立素材库。你没有灵感，你没有思路，是因为肚子里缺少墨水，没有建立好自己的知识库。你应该像建“自来水厂”一样搭建好管道，让水源源不断地流出。

具体该怎么做呢？我提供三个有效方法：

首先，收集行业问题。

未曾在长夜痛哭的人，不足以谈人生。同样的道理，一个连自己行业问题都没有弄明白的人，还谈什么创意，谈什么文案，谈什么解决方案呢？你至少需要知道你的受众是哪些人？他们经常在哪里出现？他们存在什么问题？你能够为他们提供什么解决方案？

比如文案从业者很多都在寻找学习文案的方法，寻找文案的创意。这说明写文案的人大多数很关注创意，这些就是文案工作者所关注的问题。这些行业问题，可以选择去百度、贴吧、知乎平台搜寻相关的问题，看看大家在关心行业内的什么问题，将一些比较常见的问题记录下来，然后不惜一切代价解决它。

因为这些问题之所以会出现在平台上，就说明有很多人遇到同样的问题，很多人都会有同样的疑惑。这样一来，你就知道大家在关心什么，你就会知道大家想要什么。当你真正需要创作内容的时候，不论是销售文案、品牌创意还是解决方案，都能写出大家关心的点。

其次，阅读大量案例。

识得天下武学，才能一一破解。

《天龙八部》里的神仙姐姐，相信很多人都知道，住进了很多人的心里。大家之所以能记住这个角色，不仅仅是因为她的美貌，更是因为她精通天下武学。比如慕容复和别人比武，一到关键时刻，她总是会提醒慕容复小心，并且告诉他对方用的是什么武功，如何去破解。

所以，创作内容其实也一样。经常大量阅读国内外的优质内容，了解他们的写作风格和思路。去其糟粕取其精华为自己所用，关键时刻就能有更好的思路。因为“有输入，才会有输出”。所谓“熟读唐诗三百首，不会作诗也会吟”，说的就是这个道理。

最后，发现一切热点。

网罗天下八卦；

练就“吸睛大法”。

在互联网，追热点是很多新媒体从业者必做的工作，因为热点是一个天然的焦点，可以在短时间内获得大量的关注。

关于热点尽量不要在朋友圈收集，因为当你在朋友圈看到一个热点事件的时候，说明热点基本已经达到了最高点。如果你再花时间去构思，很可能就会晚了一步。

所以，最好的方式是每天查看微博热搜、百度热搜、知乎热榜之类的渠道。你需要注意的是：我们在前面的章节强调过不要一味地追热点，而是应该花更多时间关注那些有长期热度的话题。比如现在视频号很多非常热火的内容，话题源自知乎热门话题，特别是成长类问题，这种是经久不衰的。

然后，多关注自己相关行业的大号。比如你是做情感方面的，你就多关注一下明星的八卦，这是大家都关心的问题。

实际上，建立素材库不是只有以上三种方式，类似的方法还有很多，比如你看过的电影、你看过的风景、别人咨询你的问题等。在生活之中，你接触的每件事物都有可能是你灵感库的来源。

以我自己为例。我有一本自己的人生手册，也有随时做笔记的备忘录。同时我还会置顶自己的个人微信号，然后每天将自己的一些想法发送在微信对话框中，哪怕只有简单的一句话。过后我会将完整的观点分享在朋友圈，甚至用它来当作我公众号创作的素材。这些内容分门别类地储存在文档中。这就像一个“知识抽屉”，当我有需要的时候，随时可以直接从抽屉里提取。

3. 激活灵感库

你可能也会有疑惑：明明自己平时刷了很多热点，阅读了大量案例，却好像解决不了根本问题，最后还是没有灵感。

那是因为你的自来水管道还没有全方位打通，就像你家厨房的水龙头一开，洗手间的水龙头没有水源就得关闭。

就像很多人学了很多知识，看了很多的书，但真正需要用的时候，好像又不知道如何下手——很多人缺的并不是知识，而是关键时刻想不起来。

也就是说，你只建立了灵感库还不够，你还需要激活你的灵感库。

第一步：找到主打的卖点。比如我们还原一下前段时间的事件：一个女车主花了几十万元买了一辆豪车，还没开出大门就发现漏油，结果女车主坐在引擎盖上。通过这起危机事件，如果你想主打“感受”这个卖点，就拿一张纸，或者在电脑文档上先把它列出来。

第二步：找到相关联的词。比如事件中“豪车、场景、感受”是几个主要的内容。那么找到这些词之后，你能想到什么呢？可能说起豪车，大多数人会想到奔驰、宝马、奥迪；说起场景，大多数人会想到引擎盖、漏油、车内。说起感受，可能又会想到哭、笑、闹。

这一步很重要，能不能想到更多的相关词语会非常重要。这就要靠你之前的积累，也就是说你之前建立的素材库就发挥作用了。

第三步，将词汇连接起来。比如豪车、漏油、哭，这三个词连接起来，你就会想到此事件。豪车、车内、哭，这三个词连接起来，你可能就会想到另一件事。然后，有了这些灵感和热点，你就能写出有“创意”的文案。

假设你是一个公关公司，你看到豪车公司的公关声明后，想借助热点写一篇文章讲危机公关的技巧，文案创意也可以信手拈来。

因时间和篇幅都有限，我就不举那么多例子了。可以根据以上所讲的方法，多去尝试连接不同的词语，然后找到最合适的创意。

实际上，以上三步与其说是在教你方法，倒不如说是在告诉你要时刻训练一项绝大多数人都不具备的能力：举一反三。本质上，举一反三是一种深度思考的能力。因为思考的确是一件非常痛苦的事情，所以不少人不愿深度思考，有个很重要的原因就是：喜欢停留在舒适区，习惯性给自己一个想要的答案，而不是打破砂锅问到底。

当你养成了倒逼自己思考的习惯，慢慢地就学会举一反三了。

二、锦囊妙计：如何保持好的成长心态

本书从定位、传播、引流、成交再到知乎的内容营销，我都传授给了你一套系统的个人品牌方法论。尽管前面分享了很多的方法论，但我依然想再给你一个锦囊，我才能放心地让你“下山”。下面的这篇分享是我 2021 年的最后一天所写，希望能帮助那些渴望向上的读者。

在 2021 年的最后一天，分享一个我个人认为非常重要的锦囊。当你真正懂得了这一点，可能会更有利于你的成长，更有利于你的破局。

尽管之前给过很多的建议，但一些人并没有认真去听，也没有认真去思考。所以也就没有了然后。有人说：这个世界上最无用的事情，就是跟大家讲道理。但其实换个角度想想：哪怕只有 1% 的人听取且践行，不也是一种收获吗？

比如我反复在强调：不要因为赚钱，就盲目去进入一个行业，更不要拿辛辛苦苦存下的钱去开店。当你真正进入的时候，很有可能发现不是那么回事。

这里面的环节错综复杂。万一不是你热爱的呢？因为任何一个赚钱的行业，不去死磕都见不到真相，不热爱你就没法坚持死磕。万一人家只是给了你看美好的一面，而没有告诉你糟糕的一面呢？万一你这么想，其他人也都这么想呢？

很遗憾，我经常还会看到这样的现象：我进入了一个行业，之前觉得这个行业会很好，但是进入之后，发现自己没有积累，然后同行又把渠道布满了……

再如，我还说过年轻人不要学太浅的东西，这样真的长不大。可是很多人转身还是喜欢看一些嚼烂喂的课或者文章。我没有鄙视的意思，我只是在强调，如果你真的想成长，一定要学会往上求。那才是对你有用的东西，哪怕你一时领悟不了。

我知道，有很多有事业心的年轻人，有很多想要改变的年轻人，总是会试图去走一些捷径，总是有急于求成的心理。如果说成功有什么捷径，我建议你相信日拱一卒的力量，并且坚定不移地执行，慢慢地积累。

我之前在我的微信朋友圈发表过一个观点：我们能成功，不是因为我们善于解决难题，而是因为我们善于远离难题。我们只不过是在找些简单的事情做。如果你很痛苦，可能是因为你在做复杂的事情。

一直以来，大家都痴迷于各类的锦囊妙计，渴望有什么样的点子能够扭转乾坤。其实哪有什么锦囊妙计呢？锦囊妙计能得到漂亮的结果，一定是因为其他环节在共同发挥作用，一定是因为有其他的前提条件，绝对不是大家想象的那样。只是很多人中所谓的“锦囊妙计”的毒太深。

就像很多人一样，在抖音上的短视频看多了，今天有个视频说用了一招，就赚了多少钱。明天又有个视频说，用了一招，把积压了半年的库存都清空了。

我很想告诉你，这些都不是营销的真相。真正的营销，需要做很多的细节，才会把事情做好。所以，真正良心的营销人，都不会去说那样不负责任的大话。

如果说在追求成功的路上，不少人都存在贪快的心理，那么迷恋低概率的事情也是很多人存在的毛病。

我到底想说什么呢？

2021 年，如果说我最想给你的一个锦囊，大概就是：目标可以很伟大，路上要稳扎稳打。

目标，的确可以很伟大，这点并没有什么错。但走好当下更重要，坚持日拱一卒地去推进，比起你一来就定个庞大的目标，要容易得多。不难发现，很多人有一个毛病：盯着那些传奇故事，羡慕那些遥不可及的人物。结果越走越远，越活越累，直到被现实打败。

比如一些做新媒体的，总想着去写出刷屏文章；很多想做短视频的，总是想着出爆款视频，一夜之间成为网红等。

大家忽略了这些伟大人物的背后，这些“爆款现象”的背后，这些传奇故事的背后，还有非常关键的一环：运气。

大的成功，确实是需要靠运气的。严谨点来说，这叫作概率。

我说出这个真相，真的不是为了打击你。而是想要你看清真相，避免走弯路，甚至以后“不走路”。

举个例子会更好理解：

假设你和另外一个人，同时在抖音发短视频。我们假设你的内容完全一样，但是一两天之后，他的短视频火了，而你的没有火。这能说明是你的内容不行吗？假如你在知乎分享了一篇文章，其他创作者的是高赞，而你的点赞屈指可数，这能说明是你的内容不行吗？

不一定。

很有可能他运气好，比你先一秒进入抖音的流量池，又或者别人的气质更符合抖音的口味，就先把流量给他。然后有了第一波流量的助推，数据也就越滚越好看。知乎也是同样的道理，或许并不是你的内容不行，而是别人已经有了完善的解决方案。

如果你总盯着那些低概率的事件去上路，你就会很累。一年能出几个刷屏事件？能出几个大网红？能出几个百万大号？或许，当你明白了大成功需要运气的时候，你就不会那么执迷不悟。所以，不要一来就想着成为大号，不要一创业就想着马上翻身，你去死磕会更靠谱，会更容易有理想的成功。

比如：

如果你想成为平台上的大号，想成为什么大咖，不如先在某个圈子里成为小咖，会更容易成功；

如果你想有爆款文章，不如每天坚持写一篇，回报会更大，而成为爆款的概率也会更大；

如果你很想赚大钱，不如先找个小项目，先学会把小钱赚到手，离赚大钱自然也就不会远。

对于我们普通人而言，要学会用日拱一卒的坚持，去提升成功的概率。去厚积薄发更靠谱，去以量取胜更靠谱。

即使最后没有大的成功，其实也没有什么关系，因为你有了很多的小成功，已经比大多数人好很多。如果你一开始目标定得太大，一旦没有实现，你就会很容易受到打击，经常怀疑自己，然后放弃。你天天逼着自己做“满分”的题目，你只会越来越想远离。

所以，与其花很多精力去做低概率的事情，不如趁早觉悟，学会远离“难题”。每天进步一点点就好了。今天有个点赞，今天赚了一元钱，今天有几个人关注你，这样一步步积累，是件非常美好的事情。

看似慢，却很快。

因为我就是这样过来的，我不是没有试图走“捷径”，年轻的时候也曾经想过一夜成名，也曾经想过一夜暴富。可最终让我变好的，是一步步积累。

比如在 2020 年这样的特殊时期，不论是我工作室的收入，还是我碎片化时间在互联网运营的知识付费，都比去年增加了一半左右的收入，原因在哪里？

说实话，在于积累，在于我们放弃了很多诱惑。比如服务企业，不论是营销顾问业务还是咨询业务，我都会做筛选，确保自己的能力可以帮助到客户，产生结果。我们今年有几个客户，还没介绍就直接续签了下一年的合同。

比如知识付费项目，如果不是我从 2019 年开始，注重给大家启发感，给大家物超所值的体验，那么一些老学员绝对不可能买我两三个产品。现在我还利用我的企业客户资源，积极给学员对接变现渠道，这点很多人都做不到。

我也想快，也想直接把我的营销顾问费，从现在的 30 万元，变成 100 万元，甚至几百万元。我也想不做课程，直接把学员发展成我的创业合伙人。但是前面不好好打铁，不好好帮助大家出结果，根本没有办法快起来。

相比很多年轻人，我年纪算大了，再加上从创业战场走过，我现在更喜欢一个词：细水长流。我也更体会到了：创业，看似是在冒险，其实是在控制风险。

有人可能会说：“道理都懂，但很难做到。”

关于这点，在本书中提到过知行合一的概念。仅仅止步于知道而没有做到，那其实就是不知道。知道、知道如何去做、能做出结果，是三个不一样的层次。只有真正做到了，才会有深刻的感悟。

谨记这个锦囊，或许它将指引你人生的方向。

在这里，也祝本书的读者在未来变得越来越好。

升级的延伸

互联网思维：想要富，先会“吐”。

很多人都想在互联网赚钱，却很少去思考为什么赚不到钱。如果你在互联网赚不到钱，一定是因为不会吐。什么意思？也就是说，如果你在互联网绞尽脑汁也写不出文章，拍不了视频，开不了直播，那你注定赚不到钱。

几乎每个在互联网赚到钱的普通人，都是肚子里有大量的存货，有大量的经历，随时随地可以调用。写公众号的、拍视频的，开直播的，不断地去分享自己的知识，给别人提供价值。顺便把钱也赚了。

产品是死的，而人是活的。你分享的知识，就是产品的附加值，就是别人购买的理由。在万般精彩的世界里，别人为什么要看你那些平淡无奇的东西？所以在互联网想要富，先会吐。那么，如何学会吐呢？

打造个人品牌，坚持坚持再坚持真的很重要。每个人都可以打造个人品牌，只不过每个人的影响力不一样。退一万步来说哪怕不能成为大咖，你也一定会进步的特别快。因为你要不断的分享不断的输出，而输出需要有输入，你就会保持学习，这样一来，就形成了一个正循环。

如果你只学习，不去思考不去输出不去实践，是没有什么实际作用的。就好像你如果只知道吃饭，但是从来不做任何运动，那积累的就是脂肪、肥肉，而不是肌肉。这就是“只输入不输出”。

复盘

我的线上营收百万心得

复盘：人生无复盘，未来不翻盘。你的个人品牌岂止百万。

这个分享，是之前在一个大咖的社群里，被邀请分享的。我做了一些整理，今天分享给大家，希望对你要帮助。如果你需要打造个人品牌，将自己的技能变成财富，应该会对你比较有启发。

当然，100万元对于很多前辈来说，这也根本不算什么，有的大咖可能一晚上就赚了这个数，不过作为副业来说，我自己还算满意。

因为在这样一个浮躁的时代，我坚守了很多旁人未注意的原则。比如我做到了不赚是非钱，我做到了有些人给我钱，我也没收。

比如当时我在公众号写过一篇文章《君子爱财，取之有道》。我能做到这个，或许也不是因为我人格上有多么高尚，而是因为我的主业和主要收入都不在这里，所以我有资格慢下来做事。

而且，因为我的主业在做营销，大多数时间需要服务企业客户，只能在碎片化时间去运营。所以能有这个成绩，我还算比较知足。

在这里，我也建议你好好打造个人品牌，将自己的技能、知识转化成财富。

那么我是怎样做到这个结果的呢？我认为，我主要做对了以下三点：

一、创业，不仅要接受混乱，也要忍受孤独

每个人对创业的理解可能不一样。这里所说的创业，不一定就是要做生意、开

公司。我认为，一个人想拥有一份自己的事业，都叫作创业。

我是 2016 年下半年开始正式在互联网分享知识的。当时看到一个公众号，觉得很有意思，然后也看到一个大号，一下子赚了几十万元。那时可能正好是有了微信支付和红包不久吧，公众号的知识付费也还是红利期。

由于我之前在移动互联网创业过，而且朋友也叫我在互联网打造个人品牌，所以我当时就有了一些想法，直觉也告诉我，知识变现这条路值得走。所以，没有多想，马上就注册了公众号，然后叫了身边的朋友和同事帮忙关注。

因为创业过，加上之前一直是搞营销的，所以有实战经历的支撑，也能说个一二三出来，基本上每周保持一篇 3 000 字以上的干货。但是很遗憾，一直到 2018 年，最高的一篇文章阅读量也才 300 多。

就这样，我竟然在公众号这样一个封闭的孤岛，傻傻地写了两年。

两年的时间，其实很多人都会放弃的，应该说可以淘汰掉 90% 以上的人。坦白来说，我有过想要放弃的想法：我营销顾问做得好好的，年入百万算比较轻松，还有一些可支配的时间用来享受生活。

比如在互联网打造个人品牌之前，我在碎片时间中也没有在互联网分享经验的习惯。更多时候，我还是在跟一些创业者在泡茶吹牛。

不过，我还是一直在坚持。可能是因为我热爱营销吧，所以才能坚持。

再加上因为创业过几次，所以也懂得创业的路上很孤独，这条路本身就是一个反复无常的过程。所以就踏实地干，没怎么多想。

后来，我也不知道怎么就刷到了知乎，这已经是 2018 年的事情了。开始也是没有目的，没有节奏地瞎写。大概一个月在知乎分享一次，点赞的人数屈指可数。

其实，我也没有抱什么指望。煎熬了这么久，我那个时候已经把公众号当作个人思考空间。也就是不再去想人气这个话题了，有时候我甚至想，想写就写，不想写，我就放弃了。

说来也巧，我突然在知乎有个回答火了。

我亲眼看着那篇回答从几个点赞，到一千多个点赞，然后关注人数几天之后也一下子涨到了 600 多。

这种感觉，就像打了兴奋剂。我的直觉告诉我有戏，马上就调整战略，将知乎作为主战场，那时已经是 2018 年下半年了。

这里呢，我想跟大家说的是，一定要做好自媒体传播。你千万别看我前面两年很孤独，很煎熬，那是因为我守着公众号这个孤岛。

现在的平台，基本上都是去中心化的，只要有好的内容，靠个人品牌放大自己的才能，复制自己的时间，也不是什么难事。

当然，你在做的过程中，会听到很多反对的声音。他们会质疑你，会跟你说：你这个没用的！能赚钱吗？写了有什么用！总之，可能一不小心外界的声音就偷走了你的梦想。

我自己的话，也有人跟我说这些，他们觉得我做营销顾问收入也不错，为什么还要去做这种免费的分享？不过我是选择听听就好。

关键是确定了方向，就要去坚持，并且要享受这个孤独混乱的过程。如果无法忍受孤独与混乱，我觉得不合适去创业折腾，甚至不太适合去追求自己的事业，大概守着自己眼中铁饭碗比较合适。

当然，这只是我个人观点。

二、把一切触点当作课程

我那个回答火了之后，给了我动力，让我开始在知乎持续分享。同时，我也马上做了一个动作，开始引流。

很多人不好意思引流，担心被别人骂。其实真没有必要担心这个。因为一个人之所以关注你，是因为你有价值，没有价值，人家也不会关注你。所以骂你的人，你也没必要去在意。

你看，多简单的逻辑。

还有一点很关键：前面说了，我的工作就是帮企业搞营销的，我知道太多人陷入了流量的误区，总是要等很多人之后去“养熟”，养来养去黄花菜都凉了。

有的几十万关注，万年不买单，有什么用呢?

我想得不一样，如果要打造个人品牌，要的就是能够成交创富。不能创富，算什么个人品牌呢?

而道理非常简单，顾客始终是要买的，无非是买你，还是买他。

当然，成交并不是随便成交的。开头的标题就概括了我的策略：把一切触点当作课程。

这个是什么意思呢?

也就是，我所出现的每个地方，我所要触达用户的渠道，不论是免费的公众号、知乎、朋友圈，还是付费的社群和课程，我都毫无保留地分享。

基本上可以说不存在遮遮掩掩的现象，我跟我的学员也说，我在你们面前基本上是透明的，我有什么方法都分享给你们，甚至还毫无保留地给你们复盘。

再如我每天在朋友圈分享的观点也都是免费的，我把一些我觉得有用的观点和思维，创业路上的思考顿悟分享给大家，没有什么保留，达到课程的效果。这也算是我的一个小创新吧。所以，很多人有了收获，自然就加入我的社群，买我的课进行学习。

有的人突破了自己，找到了好的工作。比如我的一个读者，就是看了我的朋友圈，然后才去做，去突破自己，并且赚到了第一桶金。后来也加入了我的社群。很多人其实都会纠结这样一个问题，文章写点什么？视频拍点什么？要写干货吗?

纠结的原因是因为：如果干货都分享了，别人好像就不会买课了啊?

其实没必要担心，如果你不分享干货，别人也不会关注你，更不会信任你，自然就更不会买你的服务。更何况，一般课程是属于系统的东西，需要老师的指导才能更好吸收。就像你在抖音看了一个健身视频，如果没有教练指导就容易陷入误区，进步较慢。

而且你有这个担心的话，其实是对自己不自信，知识储备得还不够。如果别人能很快榨干你，那更应该继续升级，这是升级的动力才对。

三、做实事，干实事、发心要正

实际上，我这样就是为了做好口碑营销，挺着腰杆把钱赚了。

我很注重口碑营销，是因为我之前的一段经历：

2016 年，我已经从原来的公司离职再次创业，自己做了一段时间的营销项目。有一天，一位之前的同事打电话给我，在他负责的地区新加入了一位非常有实力的加盟商，但对于开业的布局和运营很陌生，希望我过去指导一下营销工作。

去到那里的时候，因为团队都是新人，而且那里有个不好的习惯就是想吃大锅饭，这样对有能力的人是不公平的。所以，我用最快的时间先培训了销售团队，然后再以最快的时间策划了一场成功的预售活动。

对于销售型的公司来说，打了大胜仗肯定是很开心的，因为这意味着赚钱了。但是根据我的工作习惯，在还没有到最后时刻（也就是项目结束），我是不会放松的。

所以，大家都在搞第一次庆功宴，而我的心思全部都放在怎么打好接下来的仗。

准备开业的前一天，忙到下午两点多才想起吃饭，我跟我的助理准备上二楼和员工一起吃工作餐。然后，那位加盟商说：饭店已经预订好了，我们过去吃饭。

我随口说：不用了，哪里还有时间去饭店吃饭，先把开业活动做好了再说吧。

后来，这位加盟商多支付了我几千元的费用。他说：他接触过很多的人，都是每天要招待好，还不一定有结果。而我那天的一个小举动，他就知道我是真正做事的人。

虽然之前有很多次关于口碑的经历，但是这一次让我印象特别深刻。我觉得很平常的一个工作态度，人家花好几万元的费用请你来，本来就是应该解决问题的，而不是为了吃喝玩乐，但是在客户心里却留下了一个“靠谱”的印象。

其实所谓的口碑，无非就是打破了消费者的固有期待。消费者原来想要的是A，而商家给了消费者 A+，所以就有了口碑。

比如我服务的那位加盟商，原来一些人给他的印象是：我把你招待好了，饭吃好了、酒喝足了，你才会给我多出几个绝招搞业绩。

但是，我的举动打破了别人的印象，我不需要他每天花时间、花钱带我去大吃大喝，先有了结果再说。所以，我收获了口碑。

也是因为这次经历，我才更深刻的意识到口碑营销的重要性。也正因如此，我最好的一次老学员复购率是 100%，甚至当时我还在群里吼了一声：如果有谁觉得我不靠谱，现在可以退费退群。结果没有一个人退群。

当然，我一直在做减法，特别是从去年开始变得更聚焦了，学员会变得少一些，因为我知道自己要的是什么。

再加上我个人比较崇尚阳谋，而不是阴谋，也不是很多人以为的“套路”。所以大家会比较信任我。

所谓信任，很多的课程都在教你要怎么与顾客建立信任，但我发现其实很多人都没有理解到点上：信任，就是在一个安全的环境给别人安全感。而阳谋，就能给人这种安全感。

我的东西都说得很明白，比如在社群里，我除了实打实地分享以外，我还会提前说，几百元的价格就是交个朋友。一年后如果觉得值，会自愿向我付更多费用。

总之，这段打造个人品牌的创富经历，让我觉得还是“发心”比较重要。而以上，也确实是让我受益的关键点。

当你坚持住也就坚持了，当你放弃了也就放弃了。把自己想象成是一坛陈年美酒，让酒香四溢，认可你的人自会前来。

后记

如何成长为一个向上生长的人

每条咸鱼都有一个梦想，那就是咸鱼翻身，尽管翻身之后还是咸鱼。可是，谁的青春不狗血，谁的人生不迷茫。

下面我想分享，四段对我影响比较深的经历：

如何在冷眼中保持着上进？

如何成为一个有格局的人？

如何从基层升到营销总监？

如何建立个人品牌影响力？

希望为每个渴求上进的人，带去一些启发。这些经历激励了很多关注我的读者。

一、如何在冷眼中保持着上进

人在平顺之中，难有智慧；人在磨难之中，方可开智。

有一次，我在朋友圈分享了一个观点：

命运的安排总是很巧妙，它悄无声息地给你安排一切磨炼，只为了你日后能够超越常人。使我有洛阳二顷田，安能佩六国相印。他们不懂我，那是他们过得太幸福了，而我的少年，充满了求之不得、动荡别离。所以，他们信的那个道，我早已看透了，也不过是个局。

我大概跟其他的同龄孩子不一样，小时候并没有什么太多的幸福感，用身边很多朋友的话来说：我是一个没有童年的人。

因为父母一直在外地做生意，我小时候就寄养在外婆家长大。因为实在太调皮捣蛋了，是很多人眼中的“坏孩子”，其中也包括我的一些亲戚。甚至，在小学五年级我通过努力，获得一张“三好学生”的奖状，竟然也有亲戚怀疑这不是真正靠自己的努力换来的结果。

明明是通过自己努力学习换来一纸奖状，连一句基本的询问也没有，就如此判定。我没有试图辩解，不。是放弃了辩解。因为在他们眼中，一个“坏孩子”的辩解是多余的、苍白的、无力的。

所以，我的童年有很多跟别人不一样的经历，看起来也不是那么快乐。值得庆幸的是：尽管有糟糕的一面，但也有美好的一面。至少，让我知道了必须自强。

因为这些经历，让我在很早的时候就知道了赚钱的意义，知道了自己以后要走的路一定是创业。

每当我感受到外界的冷眼，我都会暗暗发誓一定要有出息。然后我会开始各种学习，在书中找启发、寻找力量，后来也通过向高人请教以及不断实践、摸索，利用有限的力量，不断地向上成长。

我记得，十几岁的时候，在书上看到一个观点：伟大的老板都是从推销开始做起的（书上大概的意思是这样，时隔太久已记不太清）。那个时候看了很多李嘉诚的自传与经历（尽管并不是他本人所写），刚好李嘉诚也做过推销员。

所以，后来我的人生路线都是以市场为主。先后卖过阿里巴巴的诚信通、做过市场销售、营销策划这样的市场工作，也经历过中间商、创办音乐网、移动互联网以及营销工作室这样的创业之路。

总之，一切的路都是围绕着最有“钱途”而走的。

2009 年，是我人生中的第一次创业，通过信息不对称赚取了第一桶金之后，我奖励了自己一次云南之旅。

那一年，我 19 岁。

事实上，如果你的人生中必有一难，你要相信眼前的磨难，是为了磨炼你。没有经过历练的人，又怎么能担重任?

而当你选择做一件伟大事情的时候，当你选择一条告别过去的路，总会有不同的声音：也许是鼓励，也许是冷眼，也许是嘲讽。你要做的是：一定要多听听自己内心的声音，一定要找到力量扛住质疑。

我常常说：别人毁灭你的梦想，只需付出一句话的成本，而你却有可能，失去了所有。

二、如何成为一个有格局的人

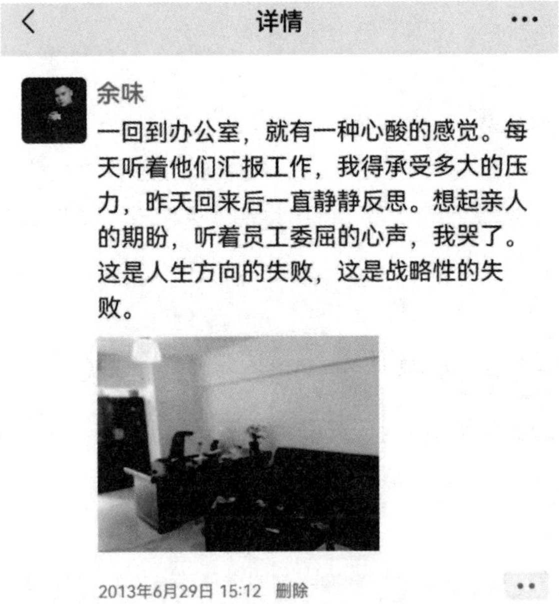

不谋全局者，不足以谋一域；不谋万世者，不足以谋一时。

2010 年底，我洞察到了移动互联网的趋势，联合同学以及他的叔叔。一起在移动互联网领域创业。先从“商联网”开始，之后迅速推出了移动 App，覆盖了全国 100 多个城市。

我追随了一个伟大的时代，却因为技术方面和合伙人的原因，最终不得不宣告失败。我也因此欠下了百万债务。

这次创业的失败，让我经历了人生中最大的一次低谷。最痛苦的时候，甚至觉得自己再也不可能翻身。还好，我所欠下的债务，并不是银行贷款。

当我从创业失败的困境之中挺过来之后，我面临了一个很重要的选择：是应该听从我家人的建议开一个工厂，还是继续一个人出去磨炼闯荡？

我的家人都是开工厂的，那个时候行情也不错，年利润将近一百万元。如果我开工厂，根据当时的行情应该可以在短短几年内，再次赚一个一百万元，甚至第三个、第四个一百万元。

而如果我去外面闯荡，一切未知。

怎么办？这就像在一个岔路口，一条是很安逸的路，可以让自己至少衣食无忧。一条是完全未知的路，路在何方，又会何去何从，就连我自己也不知道。

后来，经过我思考与分析得出：如果选择开工厂，不久之后一定会遇到瓶颈（环保和原料）。而且，最可怕的是：过几年之后，哪怕我身价有几百万元，似乎也没有提升赚钱的能力。

因为家人开工厂已经很久了，销路一直都是稳定的，生产出来就能马上出货。也就是说，我的工作是一个“厂长”，而不是研究市场。长此以往，我可能会跟未来的商业世界脱轨。

我既不看好，也不热爱，所以选择了独自闯荡，一路剑指营销。

果然，现在我的那些开工厂的亲戚，近几年几乎没一个是很顺利的。有的亲戚，甚至手上拿着一两百万元的闲钱，也不知道该做点什么项目。

现在回过头去看，如果叫我再做一次选择：我依然会选择不开工厂，继续一条不确定但却有无限可能的路。

我非常喜欢分享一句话：一个人今天有所成就，是因为过去做对了些什么；一个人未来有所成就，是因为今天做对了些什么。

一个人懂得如何做出取舍，不仅是格局的体现，也是一种战略能力。我们要学会扬长避短。

格局的本质，我觉得应该是有格局的人更能看得清楚短期利益和长期利益，更愿意多一些耐心多一些克制。他们十分清楚自己需要什么，不需要什么。更高的格局就是站得更高、望得更远，更懂得如何做出取舍。

三、如何从基层升到营销总监

如果一件事情你是对的，别人也是对的，往往就没有过大的价值，只有特立独行的人才有独特的价值。

在移动互联网领域创业失败之后，我加入了一家公司做电话销售员。从自己创业做老板到加入公司做基层，我下了很大的决心磨炼心性。

加入这家公司，我原来想的是做市场岗位，但上级却安排我做的是电话销售方面的工作。电话销售工作，就是拿着一张密密麻麻的名单，一个个拨打电话筛选意向顾客。

当时，我观察了一下身边的同事，发现大多数人基本上是打一个电话，被对方拒绝之后，在电话名单上打上一个叉，然后继续打下一个电话。

我思考：如果是这样工作，那就跟机器人没有任何的区别，工作效率非常低。而且被顾客拒绝多了以后，情绪很容易受到影响，最终对工作丧失信心。

于是我先总结遇到的问题，然后通过不断地优化每个阶段的谈话技巧，最终实现提升成交的概率。比如开场如何吸引客户、中间如何铺垫、结尾要埋伏笔等。所以在短时间内，我不仅在业绩方面很出色，也总结出了一套有效的电话销售方法，还获得了在公司给同事培训的机会。

之后，因为业绩出色我也当上了市场部经理、营销总监。从原来的志邦家居公司离职之后，成为一名独立营销顾问，也服务过科勒中国、碧桂园（旗下酒店品牌）之类的大企业。后来，定位为创业公司营销顾问。

这段经历告诉我：如果你想做一件不普通的事情，首先就要避开大多数人的方式。如果大家都在用同样的姿势，凭什么是你成功?

四、如何建立个人品牌影响力

我们每个人都是产品，只是有的人做成了品牌。

2016 年，我开始了人生中的第四次创业。同年 6 月，开始创建了自己的公众号，分享一些关于营销的思考和笔记，基本上保持着每周一篇的更新，正如前面提到的，傻傻地坚持写了整整两年。

两年的时间，是怎样的一个概念？足以让很多人选择放弃。

我也知道写公众号几乎已经没有了流量红利，甚至也曾经想过放弃更新。后来，我转移了分享的动机，把公众号当作是自己个人的思考空间，这就让我有了持续更新的动力。

在这期间，不断地有朋友告诉我，不要只是傻傻地埋头实战，一直默默无名，一定要开始建立自己的个人品牌，将自己的经验、观点传播出去。

2018 年，我开始尝试偶尔在其他平台分享。一个月之后，突然发现一篇分享，在知乎很意外地火了。于是，我在 2018 年 8 月，开始利用碎片时间，每周在平台上写一篇分享，算是正式开始我的个人品牌之路。

用了不到一年的时间，积累了 7 万多读者的关注，迅速成为知乎大 V，目前我的知乎主页收获了近 18 万读者的关注，72 万次的收藏，3 000 多万的阅读。

我的文章也被一些平台、公众号所转载，与此同时，图书公司、出版社也开始找我出书。随着这些不断成长的经历，我的身价也涨了几倍。

这一切看似偶然，其实是顺其自然。

你能看见的是这些数字，而这些数字的背后，都是来自我 2016 年开始坚持在公众号分享，来自我在屏幕前敲下的每个字，来自我过去十年以来的实战经历。我选择毫无保留地分享给了我的读者。

这段经历，让我更加坚信一个真理：如果一个人在正确的方向上努力，时间会给你回报。只是，时间会淘汰掉绝大多数人。时间，是大多数人的对手。

关于回报，我唯一相信的是时间，任何东西都不能逾越时间。没有沉淀的东西，无异于杀鸡取卵，也经不起风雨。

什么叫品牌？沉淀，是对品牌最好的诠释。

正常的思维，得到的是正常的结果。成大事者，首先要让自己变得“不正常”。就好像市场上的产品，如果都长得一个样，消费者也没有理由选择你。

我们每个人都是一个产品，年轻人首先要有产品思维。在无人问津的时候，好好打磨产品；在向上生长的时候，用你的独特价值向市场交换财富。

最后的话：

行动能力，也是一种能力。验证想法，比不停蹦出想法更重要。这个世界之所以不断在进步，就是因为有人不断在行动，用行动去验证想法，一点点在改变。

现在，你已经知道了如何打造个人品牌，建议你做下面 8 件事：

1. 找到一件能持续做的事情，从最简单的方式先开始上路。

2. 疯狂执行“免费极致”的战略，日复一日的积累虚拟资产。

3. 收集行业问题，积累素材库，并且在知乎上树立专家形象。

4. 埋伏在消费者的必经之路，一步步扩大你的影响力入口。

5. 积累头 1 000 个初始用户，在朋友圈之外建立超强势能。

6. 好好重视老用户，偏袒老用户，带一部分人先发展起来。

7. 持续的行动，持续的利他，持续的践行“规则思维”。

8. 教，是最好的学。试试和你的朋友聊聊阅读本书的收获。

总有人要改变，希望会是你。

共勉

读 者 意 见 反 馈 表

亲爱的读者：

感谢您对中国铁道出版社有限公司的支持，您的建议是我们不断改进工作的信息来源，您的需求是我们不断开拓创新的基础。为了更好地服务读者，出版更多的精品图书，希望您能在百忙之中抽出时间填写这份意见反馈表发给我们。随书纸制表格请在填好后剪下寄到：北京市西城区右安门西街8号中国铁道出版社有限公司大众出版中心 张亚慧 收（邮编：100054）。或者采用传真（010-63549458）方式发送。此外，读者也可以直接通过电子邮件把意见反馈给我们，E-mail地址是：lampard@vip.163.com。我们将选出意见中肯的热心读者，赠送本社的其他图书作为奖励。同时，我们将充分考虑您的意见和建议，并尽可能地给您满意的答复。谢谢！

所购书名：______________________________

个人资料：

姓名：________________性别：____________年龄：____________文化程度：__________________

职业：_______________________电话：__________________E-mail：______________________

通信地址：____邮编：_____________________

您是如何得知本书的：

□书店宣传 □网络宣传 □展会促销 □出版社图书目录 □老师指定 □杂志、报纸等的介绍 □别人推荐

□其他（请指明）____

您从何处得到本书的：

□书店 □邮购 □商场、超市等卖场 □图书销售的网站 □培训学校 □其他

影响您购买本书的因素（可多选）：

□内容实用 □价格合理 □装帧设计精美 □带多媒体教学光盘 □优惠促销 □书评广告 □出版社知名度

□作者名气 □工作、生活和学习的需要 □其他

您对本书封面设计的满意程度：

□很满意 □比较满意 □一般 □不满意 □改进建议

您对本书的总体满意程度：

从文字的角度 □很满意 □比较满意 □一般 □不满意

从技术的角度 □很满意 □比较满意 □一般 □不满意

您希望书中图的比例是多少：

□少量的图片辅以大量的文字 □图文比例相当 □大量的图片辅以少量的文字

您希望本书的定价是多少：

本书最令您满意的是：

1.

2.

您在使用本书时遇到哪些困难：

1.

2.

您希望本书在哪些方面进行改进：

1.

2.

您需要购买哪些方面的图书？对我社现有图书有什么好的建议？

您更喜欢阅读哪些类型和层次的书籍（可多选）？

□入门类 □精通类 □综合类 □问答类 □图解类 □查询手册类 □实例教程类

您在学习计算机的过程中有什么困难？

您的其他要求：